| 창조적 **영광** |

하 나 님 창 조 성 의 신 성 한 표 현

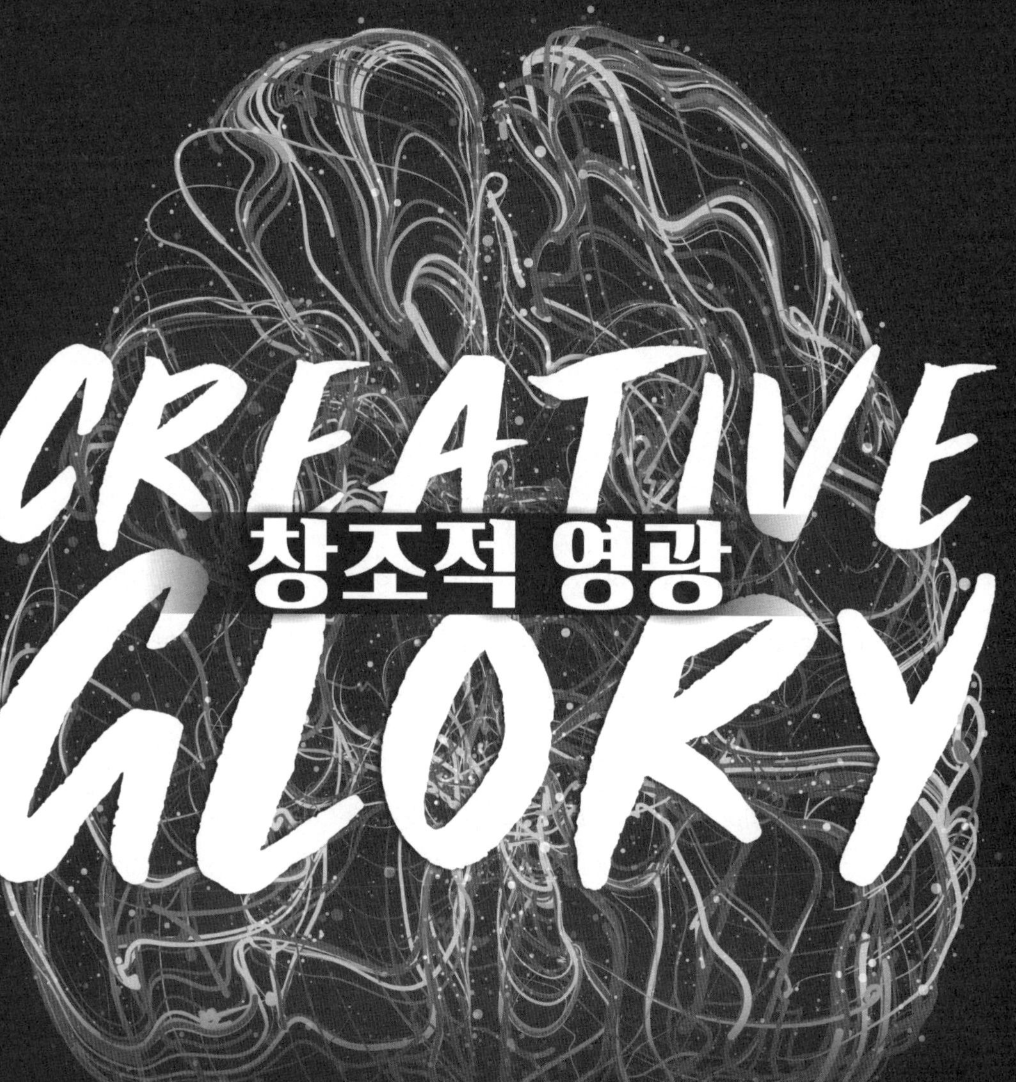

CREATIVE GLORY

창조적 영광

조슈아 밀즈 지음 | 조슈아 김 옮김

순전한 나드

추천의 글

하나님께서 여러분 안에 창조적 영광을 심어 주시면 여러분은 발명하고, 실험하고, 성장하고, 위험을 감수하고, 규칙을 어기고, 실수하고, 즐길 수 있는 용기를 얻게 됩니다. 나는 조슈아 밀즈의 새 책 《창조적 영광》이 정말 기대됩니다. 이 책을 읽을 때 여러분의 창의력은 새로운 방식으로 깨어나고 활성화될 것입니다.

릭 피노(Rick Pino)
하트 오브 데이비드 운동(Heart of David Movement)의 설립자

조슈아 밀스와 그의 사역은 저에게 많은 영감을 주었습니다. 조슈아의 신간 《창조적 영광》은 영감에 관한 내용들로 가득합니다. 음악가, 작가, 화가 등 모든 예술가는 '창의력의 막힘'을 경험할 때가

있습니다. 아이디어의 흐름이 멈추거나 자신의 느낌과 생각을 정확히 표현할 수 있는 그 무언가를 만들어 내는 데 어려움을 겪는 것입니다. 창의력의 막힘은 우리 삶에서도 일어나며 때로는 아주 오랫동안 지속되기도 합니다. 우리는 다음 단계를 어떻게 밟아야 할지, 하나님께서 우리 안에 품으신 아이디어와 꿈을 어떻게 발전시켜야 할지 모릅니다. 《창조적 영광》에서 조슈아는 우리 삶의 모든 필요를 해결하기 위해 영감과 창의성의 아버지께서 예비하신 것들을 어떻게 하면 온전히 받을 수 있는지를 보여 줍니다. 그리고 그분께서 우리에게 주신 고유한 은사들을 통해 우리가 받은 것을 어떻게 다른 사람들에게 돌려줄 수 있는지도 보여 줍니다. 궁극적으로 하나님의 창조적 영광은 그분의 사랑, 즉 우리의 타락을 용서하시고 고통을 치유하시며 우리에게 새로운 희망을 주시고 올바른 방향을 제시합니다. 또한 우리의 창조적 능력을 확장해 주시고 우리에게 새로운 삶을 선사하는 놀랍고 '맹렬한' 사랑입니다.

브라이언 '헤드' 웰치(Brian 'Head' Welch)
그래미상을 수상한 록밴드 콘(Korn)의 공동 창립 멤버, 〈뉴욕 타임스〉 선정 베스트셀러 《제 자신으로부터 저를 구원해 주소서 Save Me from Myself》의 저자, 다큐멘터리 영화 〈크고 강력한 사랑 Loud Krazy Love〉에 출연

저는 조슈아 밀스의 《창조적 영광》을 정말 좋아합니다. 수십 년 동안 조슈아는 하나님의 영광을 이 땅에 드러내기 위해 설교하고, 가

르치고, 책을 저술하는 등 선구적인 사역자입니다. 이 책은 다른 어떤 책보다도 하나님의 창조적 영광의 수많은 유익에 대해 매우 상세하게 설명하고, 하나님 영광의 신성한 기능들에 대한 계시적인 설명들과 함께 그러한 축복을 발견함으로 여러분이 그 모든 유익을 얻을 수 있는 실용적인 조언들로 가득 차 있습니다. 하나님께서 주시는 모든 선한 것을 온전히 받기 위해 이 책을 여러 번 읽을 것을 추천합니다.

조앤 헌터(Joan Hunter)
저자, 복음 전도자

하나님의 영광에 대한 영원한 진리를 담고 있는 《창조적 영광》은 오늘날의 교회에 필요한 책입니다. 이 책은 하나님의 마음속에 있는 창조적 천재성에 접근하는 데 반드시 필요한 계시적 통찰력으로 여러분을 이끌 것입니다. 영광의 차원에는 더 높은 길과 더 높은 생각들이 있습니다. 우리가 오늘날 직면하고 있는 모든 문제에 대한 하늘의 해결책이 그 안에 있고, 우리 개인의 삶에 대한 청사진도 그 안에 있으며, 우리가 창조적 영광에 사로잡힐 때 하나님께서 드러내 보여 주십니다. 조슈아와 자넷 밀즈의 사역은 오랫동안 제 아내와 저에게 개인적으로 큰 축복이 되었으며, 영광이 가득한 이 책을 읽고 진리를 받아들이는 여러분에게도 실제적인 임파테이션이 될 것을 확신합니다.

찰리 샴프(Charlie Shamp)
데스티니 인카운터즈 인터내셔널(Destiny Encounters International) 공동 설립자이자 대표, 르네상스 코얼리션 부대표, 《천사》, 《영성가의 기도》의 저자

성령님의 초대로 여러분은 하나님의 영광 안에서 행위, 아이디어, 임무, 능력 등이 임하는 창조적인 하나님의 초자연적 차원을 경험하게 될 것입니다. 조슈아 밀즈는 수년 동안 영광 가운데서 하나님과 동행하며 이러한 것들을 직접 경험했습니다. 영광의 차원 안에는 하나님과 함께 창조할 기회들이 여러분을 기다리고 있습니다. 조슈아의 책 《창조적 영광》에서 이러한 잠재력을 여는 열쇠를 발견할 수 있을 것입니다.

패트리샤 킹(Patricia King)
저자, 사역자, 미디어 진행자, 제작자

저는 조슈아 밀즈를 사랑합니다. 그의 믿음은 큽니다. 하지만 그의 기쁨은 더 큽니다. 하나님과 그분의 영광에 대한 그의 깊이는 엄청납니다. 《창조적 영광》은 책의 제목이 모든 것을 말해 줍니다. 조슈아는 창조적 영광 속에서 살고 있으며, 이 책은 모든 독자가 하나님

영광의 차원으로 들어갈 수 있도록 인도합니다. 선지자들은 바로 지금이 우리가 미래를 들여다보고, 그곳에서 하나님께서 행하시는 일을 본 후, 이 땅에 그것을 창조하고 풀어놓을 때라고 말해 왔습니다. 조슈아가 이 책에서 말하는 일이 바로 그 일이며, 그 일은 매우 쉽고 즐거워 보입니다. 맞습니다. 쉬운 일입니다. 이 책을 읽는다면 말입니다.

줄리 마이어(Julie Meyer)
《30일간 시편으로 하는 기도 30 Days of Praying the Psalms》의 저자
인투 더 리버(Into The River) 온라인 예배 커뮤니티의 설립자

헌정사

나의 가장 아름답고 소중한 창조물인 링컨, 리버티, 레거시에게

너희의 삶을 통해 나는 천국의 아름다움을 보았고, 받아들이고 또 누렸단다. 창조적 영광은 너희 안에 살아 있단다. 너희를 사랑한다.

그리고 이 책을 읽는 나의 영적인 자녀들에게

창조적 영광을 받으려면 열린 마음과 자원하는 그릇으로 준비되어야 합니다. 이 책에 담긴 계시를 통해 하나님의 경이로움을 알고, 그분의 창조적 영광이 흘러나가는 통로가 되기를 기도합니다.

감사의 글

이 책을 집필하고 출판하는 데 도움을 주신 분들께 감사합니다.

해롤드 맥두걸(Harold McDougal), 로이스 푸글리시(Lois Puglisi), 베키 스피어(Becky Speer), 크리스틴 휘태커(Christine Whitaker).

창조적 영광의 정수를 사진에 담아낸 크리에이티브 팀에게 감사의 마음을 전합니다.

포토그래퍼 라이언 웨스트(Ryan West), 크리에이티브 디렉터 킴 아펠트(Kim Appelt), 스타일리스트 쿠엔틴 피어스(Quentin Fears), 포토그래퍼 어시스턴트 채즈 샌더스(Chaz Sanders).

촬영을 허락해 주신 구원의 산(Salvation Mountain)의 수 휘트마이어(Sue Whitmire)와 팀원들에게 감사합니다.

인터내셔널 글로리 미니스트리(International Glory Ministries) 사역을 기도와 재정적 지원으로 후원해 주시는 미라클 워커 파트너스(Miracle Workers Partners) 여러분께 감사합니다. 나의 창조적 여정에 참여해 주시고 기꺼이 그분들의 창조적 여정도 공유해 주신 시드 크로프트(Sid Krofft), 아키아나 크라마리크(Akiane Kramarik) 그리고 고인이 되신 레너드 나이트(Leonard Knight)에게도 특별한 감사를 전합니다.

    마지막으로 이 책을 세상에 내놓을 수 있도록, 끝없는 사랑과 힘을 실어준 아내 자넷 밀즈에게 큰 감사를 전합니다.

목차

4_ 추천의 글
9_ 헌정사
10_ 감사의 글
14_ 서문
16_ 들어가는 글

PART 1 창조적 영광이란 무엇인가?

Chapter 1 창조의 영	24
Chapter 2 새로운 때와 새로운 방식	45
Chapter 3 영광의 신성한 표현	68
Chapter 4 창조적 생각	92

PART 2 창조적 영광의 흐름

Chapter 5 영의 소리를 일깨우자	118
Chapter 6 제한 없는 공급의 흐름	141
Chapter 7 창조의 천사들	165

CREATIVE GLORY

PART 3 창조적 영광으로 들어가기

Chapter 8 창조적 기적의 차원　　　　　　　　198

Chapter 9 창조적 기적 행하기　　　　　　　　226

Chapter 10 창조적 연결　　　　　　　　　　　　250

Chapter 11 창의성의 부어짐　　　　　　　　　　270

299_ 나가는 글

304_ 주

서문

> 영감은 주로 작업 전보다는 작업 중에 떠오른다. –메들린 랭글(Madeleine L'Engle)

창세기를 보면, 아버지 하나님의 영(하나님의 본질과 충만하심)은 얕음이 아닌, 깊음의 수면 위에서 골똘히 생각에 잠기시어 소용돌이 치고 있었다. 얼굴과 얼굴을 대하는 관계에서 그리고 그러한 관계가 반드시 있은 후에야 비로소 "있으라!"는 창조적 명령이 있었다.

하나님께서는 유리 같은 바다를 바라보시다가 자기 모습이 비친 것을 보셨다. 그리고 하나님은 "그 뜻이 하늘에서 이루어진 것 같이 땅에서도 이루어지리라"는 의미를 가진 "아멘"을 선포하셨다. 그러자 갑자기 천상계 전체가 태초의 노래로 가득 찼다. 분명한 의도를 가지고 이루어진 연합을 통해 무한한 창조성이 탄생하기 때문이다.

나는 대대로 창의적인 가정에서 태어났다. 우리 가족은 내가 독서, 공부, 커뮤니케이션, 하늘의 음성에 귀를 기울이는 것 같은 여러 형태의 예술을 추구할 수 있도록 격려하고 기뻐해 주었다.

하나님의 숨결이 내 마음을 휘감고 깃털 같은 겉옷이 나에게 임하는 것은 언제나 아름다운 경험이지만, 대부분 창작의 과정은 그저 그 자리에서 내 할 일을 하며, 은사를 주신 분께서 내 연약한 손을 인도하실 것을 신뢰하는 것뿐이다. 우리가 창조할 때 주님은 멀리 계시지 않고 우리와 함께 일하신다.

나의 친애하는 친구 조슈아 밀즈가 쓴 《창조적 영광》은 우리가 삶에서 다양한 방식으로 하나님의 창조성을 드러낼 때, 우리가 받게 되는 하나님의 천국의 호흡과 인도하심에 관한 내용이다. 조슈아는 항상 운동화를 신어야 할 만큼 하나님의 영광과 임재를 향해 영원히 달려가는 사람이다. 하늘의 영광은 그의 산소, 즉 절대적으로 필요한 영적 공기다. 그의 창의성은 하늘로부터 비롯되었다. 조슈아는 '그분을 떠나서는 나는 아무것도 할 수 없다'는 매우 중요한 비밀을 배웠다. 그리고 이 책에서 그 비밀을 우리에게 전수해 준다.

나는 《창조적 영광》이 영광스러운 하나님과의 더 높은 차원의 친밀함과 관계를 온전히 이해하고, 지속적으로 추구하는 데 있어서 아주 소중한 도구가 될 것이라고 믿는다.

레바 람보(Reba Rambo)

들어가는 글

> 여호와께서 거하시는 온 시온 산과 모든 집회 위에 낮이면 구름과 연기, 밤이면 화염의 빛을 만드시고 그 모든 영광 위에 덮개(그분의 신성한 사랑과 보호의 방어)를 두시며
> (이사야 4:5, 확대역)

 십 대 때 외할아버지 로버트 데그로(Robert Degraw) 목사님이 내 인생을 바꾼 책 한 권을 선물해 주었다. 책에는 역사하는 힘이 있다. 그 책에서 나는 성령 충만한 성도가 하나님 안에서 경험한 것들을 묘사한 구절들과 내가 앞으로 경험하게 될 영적 여정을 이해하는 데 도움이 되는 교훈들을 보았다. 그 책은 루스 워드 헤플린(Ruth Ward Heflin)이 쓴 《영광: 천상의 대기 경험하기*Glory: Experiencing the Atmosphere of Heaven*》다. 나는 이 책을 셀 수도 없이 많이 읽었고 읽을 때마다 새로웠다. 시간이 흐르면서 느낀 것은, 그 책은 글을 통해 나에게 특별한 임파테이션을 주었고 나의 삶은 그것을 흡수했다는 것이다.

루스 헤플린을 직접 만나지는 못했지만, 그녀의 책을 통해 영적인 차원에서 하나님에 의해 그녀와 연결되었다. 루스 헤플린이 소천한 이후, 그녀의 친한 친구들과 지인들이 하나님의 연결에 의해 나의 친구가 되었다. 그리고 이러한 만남을 통해 나는 점점 더 하나님 영광의 차원이 내 삶을 향한 하나님의 계획과 타이밍의 결실을 수월하게 가져다주는 것을 경험하였다.

결국 나는 루스 헤플린의 가족까지도 만나게 되었다. 그리고 루스 헤플린의 사역 후계자인 제인 로더(Jane Lowder) 박사님은 10년 동안 나를 그녀의 가족이 설립한 버지니아주 애쉬랜드에 있는 갈보리 오순절 장막 교회에 일 년에 최소 두 번씩 초청하고 있다. 나는 그 교회 강대상에 설 때마다 성령님께서 계시와 지혜를 주시는 방식에 놀라며, 그곳에 서는 것이 나에게 영광임을 느낀다. 말의 능력과 책을 읽고 받는 메시지를 통해 하나님께서 여러분에게 행하실 일들을 결코 과소평가하지 마라.

물론 세상에서 가장 강력한 책은 하나님의 말씀인 성경이다. 그 어떤 것도 우리가 살아 있는 말씀을 공부할 때 얻게 되는 무오한 진리와 근본적 지혜보다 나을 수 없다. 하나님의 영광에는 한계가 없으며, 오늘날 성령님은 계속해서 그분의 백성이 하늘로부터 받은 계시들을 기록하도록 인도하신다. 그들이 받은 계시는 그들만을 위한 것이 아니라 모든 사람의 유익을 위한 것이다.

나는 루스 워드 헤플린의 영적 유산을 기리기 위해 이 책을 썼다. 나는 그녀의 글을 통해 새로운 영적 차원에 발을 들여놓을 수 있었고 새로운 영광의 차원에 대해 인식하게 되었다. 그리고 개인적 체험과 성령님과의 직접적인 만남을 통해 영광에 관한 새로운 책들을 썼다. 《창조적 영광》은 루스 헤플린의 책이 끝맺은 곳에서 연결되는 책이다. 이처럼 우리는 "영광에서 영광으로"(고후 3:18) 나아간다.

이 책을 통해 여러분은 하나님의 새로운 계시를 발견하고 하나님의 영광을 운반하고 발산할 수 있는 새로운 임파테이션을 받게 될 것이다. 성령님이 부어 주시는 영감은 지구상의 모든 상황과 영적 분위기에 하나님 희망의 빛을 비출 수 있다. 그 빛은 언제나 생명을 부여하고 큰 기쁨으로 가득 차 있다. 여러분이 창조적 영광의 기류 속에 있을 때, 새로운 생각을 하게 되고 천국의 아이디어들, 즉 하나님의 마음과 생각의 대기 속으로 들어갈 수 있다.

하나님께서는 우리를 영원한 창조적인 천국의 분위기로 초대하시기 때문에 우리는 주님과 협력하여 그분의 임재를 자연계에 나타나게 할 수 있다. 창조적 영광은 모든 하나님의 백성이 하나 되어 그 흐름에 동참하고 그분의 능력과 지혜와 아름다움을 전파할 수 있게 한다.

나는 창조적 영광의 지속적인 역사가 여러분의 삶에 계속해서 펼쳐지기를 기도한다. 창조적 영광은 우리에게 하나님 안에서 우리의 가장 위대한 가능성을 깨달아 앞으로 나아갈 수 있는 기회를 제공한다. 그리고 하늘의 지혜와 공급하심을 제공한다. 그리고 우리 미래의 성공을 보장한다. 창조적 영광은 계속해서 부어지고 있으며, 결코 제한되지 않는다. 그렇기에 창조적 영광이 흐를 수 있도록 우리가 허용해 드리는 모든 영역에는 초자연적인 형통함이 있게 될 것이다.

> **창조적 영광은 계속해서 부어지고 있으며, 결코 제한되지 않는다.**
> **하나님의 영광이 여러분의 삶에 찬란하게 펼쳐지도록 초대하라.**

최근에 성령님께서 창조적 영광에 관한 다음과 같은 예언적 메시지를 주셨다. 여러분도 이 말씀으로 격려와 영감을 받아 하나님의 창조적 영광으로 들어가 그 영광이 여러분 안에서 일어나기를 바란다.

나는 지금 나의 백성을 찾고 있고, 나의 족속을 부르고 있다.
나는 나의 영광 안에서 피어날 창조적인 자들을 찾고 있다.
나의 불꽃 한가운데 서서
내 이름을 향한 순수한 열정으로 불타오를 자들,
나의 기름 부음이 다시 한 번 부어질 때
하늘에서 내리는 황금 이슬을 받아들일 자들을 찾고 있다.
나의 강과 함께 흐를 사람들,
나의 바람과 함께 불어갈 사람들,
나의 영이 내면에서 일어날 때
치유의 기름을 풀어낼 자들.

그렇다! 나의 영이 오늘날 다시 일어날 것이며,

내가 바로 그곳에서 일어날 것이다.

창조적인 형식으로

창조적인 소리로

창조적인 해법과 아이디어들로

창조적인 말과 글로

창조적인 표현과 예술로

창조적인 청사진과 계획들로

창조적인 꿈과 환상으로

창조적인 춤으로

마지막 날에 이렇게 될 것이다,
내가 내 영을 모든 사람에게 부어 줄 것이다.
그러면 너희의 아들, 딸들이 예언할 것이다.
나는 창조적 영광에 목소리를 부여할 것이다.
너희는 그것을 듣게 될 것이다.
너희의 젊은이들은 환상을 보게 될 것이다.
그리고 너희의 노인들은 꿈꾸게 될 것이다.
나는 창조적 영광에 눈을 줄 것이다.
너희는 그것을 보게 될 것이다.
너희는 그것을 느끼게 될 것이다.
너희는 그것을 맛보게 될 것이다.
너희는 그것의 냄새를 맡게 될 것이다.

너희는 그것을 알게 될 것이다.

그리고 나의 창조적 영광을 통해,
나는 나의 백성을 새로운 방식으로 세상에 보낼 것이다.
창조적인 기적들과 함께,
창조적인 노래들과 함께,
창조적인 표적과 기사와 함께,
나는 창조적인 공급으로 너희를 인도할 것이다.

그들은 이런 자들이 될 것이다.
새로운 소리를 가진 자들,
새로운 춤을 추는 자들,
새로운 비전을 가진 자들,
새로운 광채를 가진 자들,
자신의 야망이 없는 자들,
오직 나의 영광에 헌신한 자들,
명성이나 개인적인 권력이 아닌,
나의 이름과 천국의 복음이
이때 선포되는 것을 갈망하고,
나의 하늘의 보좌에 시선을 고정한 자들.

창조적 영광은 역사를 창조한다.

정체성을 회복시킨다.
순결함을 풀어낸다.
창조적 영광은 하나님의 능력을 부어 주고
영적 성숙함을 가져다준다.
생명력 있는 사랑의 소용돌이로
하나님의 신비를 열어 준다.

모든 영역에서 충만한 창조적 영광
너희에게 필요한 모든 것은 나의 영광 안에 있다.
그러니 그저 이렇게 선포하라.
'창조적 영광이여, 내 안에서 일어나라!'

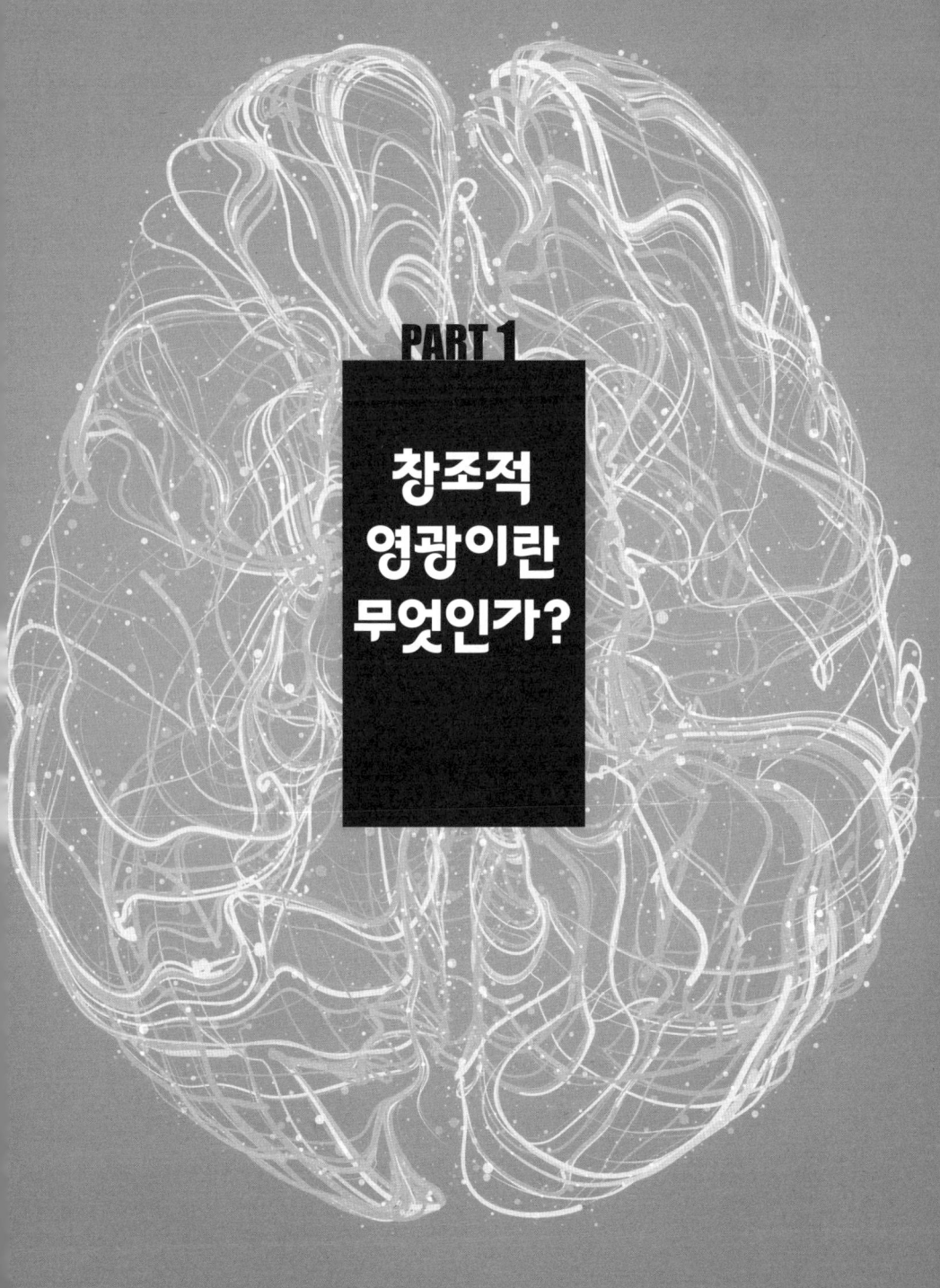

CHAPTER
1 **창조의 영**

> 태초에 하나님이 천지를 창조하시니라. 땅이 혼돈하고 공허하며 흑암이 깊음 위에 있고 하나님의 영은 수면 위에 운행하시니라 (창세기 1:1-2)
>
> *CREATIVE GLORY*

캘리포니아주 팜스프링스에는 내가 즐겨 찾는 18미터 높이의 멋진 폭포가 있다. 1월부터 5월까지 산 자킨토(San Jacinto) 산맥에서 흘러내리는 맑은 물이 흐르는 폭포다. 폭포 아래쪽에 있는 웅덩이는 몇몇 사람이 수영할 수 있는 만큼 물이 흘러넘친다. "왜 겨울과 봄에만 물이 흐르나요?"라고 물을 수도 있다. 이 물에는 특정한 원천이 있다. 이 물의 원천은 산의 가장 높은 곳에 내리는 신선한 눈이다. 그 눈이 녹아 산에서 굽이굽이 내려오는 시원한 시냇물이 되어 아름다운 사막의 오아시스를 만들어 낸다.

인간의 창의력을 포함한 모든 것에는 근원이 있다. 어떤 사람들은 자신의 아이디어가 갑자기 어디선가 튀어나온다고 생각하겠지만, 사실은 그렇지 않다. 우리가 하는 모든 창의적인 생각, 충동, 표현, 동기는 어딘가에서, 무언가에서 비롯된 것이다. 산에서 흘러내리는 물처럼 창의성에도 모든 것이 시작되는 근원, 즉 출발점이 있다. 인간이 창조할 수 있는 능력의 궁극적인 원천은 인류에게 알려진 가장 높은 곳, 즉 하나님의 영광에서 비롯된다.

하나님의 영광이란 무엇인가?

그리스도인들은 종종 '하나님의 영광'에 대해 이야기한다. 하나님의 영광은 임재의 선하심, 충만함, 찬란함을 말한다. 하나님의 영광에는 성령님께서 우리에게 드러내고자 하시는 아름답고 놀라운 면이 많다. 이 책에서는 그중 일부를 살펴볼 것이다. 하나님은 영광이시며, 영광은 곧 하나님이시다.

성경에서 하나님 영광의 움직임을 처음 볼 수 있는 장면은 창조 때의 모습이다. "하나님의 영은 수면 위에 운행하시니라." 하나님께서는 이 세상과 사람들에 대한 하늘의 뜻을 이루시기 위해 이 땅의 영적 기류를 준비하고 계셨다.

모든 피조물은 하나님의 영광을 선포한다.

하늘이 하나님의 영광을 선포하고 궁창이 그의 손으로 하신 일을 나타내는도다 (시 19:1)

우리가 누군가에게 하나님을 소개할 때 많은 이름과 직함, 묘사를 사용할 수 있다. 하나님은 시작도 끝도 없이 영원하시고, 하나님은 전지, 즉 모든 것을 아시며, 전능, 즉 모든 것을 하실 수 있는 능력이 있으시며, 무소 부재, 즉 모든 장소에 언제나 온전히 계시는 분이다. 이러한 설명은 계속 이어질 수 있다. 하지만 성경 맨 처음에서 우리는 창조주로서 하나님의 본질적인 면을 엿볼 수 있다. "태초에 하나님이 천지를 창조하시니라."

하나님은 창조의 영이시다. 그분 자신이 바로 창조성의 본질이다. 하나님 자신의 영광을 통해 비로소 하늘은 이 땅의 영역에서 그 신성한 실체를 드러내신다. 성경은 모든 씨앗은 각기 그 종류에 따라 그 열매를 맺는다고 말한다(창 1:11-12). 그 때문에 창조주께서 먼저 자신으로부터 피조물을 낳지 않으셨다면 이 땅에는 창조하는 사람이나 창조성 자체가 존재하지 않았을 것이다. 우리는 궁극적인 창조자이신 하나님의 형상대로 창조되었다. 따라서 우리도 창조하고, 발명하고, 새로운 가능성을 탐구할 수 있는 능력이 있다. 다윗은 다음 시편을 주님께 불러 드리며 하나님의 놀라운 창조를 표현했다.

> 주께서 내 내장을 지으시며 나의 모태에서 나를 만드셨나이다 내가 주께 감사하옴은 나를 지으심이 심히 기묘하심이라 주께서 하시는 일이 기이함을 내 영혼이 잘 아나이다 (시 139:13-14)

따라서 진정한 인간의 창의성은 하나님으로부터 임한 신성한 영감이다. 하나님 영광의 차원에서 흘러들어와, 우리를 통해 흘러나가기 때문이다. 어떤 사람들은 이 과정을 '창조적 영감'이라고 부를 수도 있겠지만, 영감 이상의 더 큰 의미가 있다. 이는 하나님의 본성에서 비롯되었기 때문이다. 그래서 나는 '창조적 영광'이라고 부른다.

하나님은 우리를 둘러싸고 있는 신성한 빛과 색이시다.

그분은 찬란한 아름다움의 핵이시다.

그분은 음악이시다.

그분은 가장 순수한 형태의 모든 창조성이시다.

'창조적 영광'은 하나님의 생각, 마음, 감정, 육체적 그리고 영적 표현을 말한다. 하나님은 영원하시므로 창조적 영광이 나타날 때 가능성과 기회의 영적 차원은 무한해진다.

> **진정한 인간의 창의성은 하나님으로부터 임한 신성한 영감이다.
> 하나님 영광의 차원에서 흘러들어와,
> 우리를 통해 흘러나가기 때문이다.**

창조적 운명 풀어내기

하나님은 그분의 아름다움과 혁신, 가능성뿐만 아니라 그분의 진리를 드러내시기 위해 그분의 창조적 영광을 우리에게 부어 주기 원하신다. 창조적 영광을 통해 우리는 하나님 안에서 우리가 누구인지에 대한 진리를 배우고 받아들일 수 있는 자유를 경험한다. 성령님은 우리 자신이나 다른 사람에 대해 믿어온 잘못된 생각을 직면하고 버리기 바라신다. 그렇게 하면 우리는 영의 차원으로 가는 다리를 만들고 능력의 문을 열어 그분으로부터 받은 신성한 지혜와 지식을 다른 사람들에게 연결할 수 있다.

어느 날 저녁, 버지니아주 애쉬랜드에서 열린 여름 집회에서 설교 전에 나의 소중한 중보 기도자 중 한 분인 마마 빌리 덱(Momma Billie Deck)에게 전화했다. 마마 빌리는 나와 함께 이런 집회에 자주 참석했지만, 이번에는 집에 머물고 있었다. 나는 "마마, 오늘 저녁 집회 전에 저를 위해 기도해 주시겠어요?"라고 물었다.

마마는 그러겠다고 대답하고 기도를 시작했다. 그리고 성령님의 계시를 받았다. 바로 이러한 것이 창조적 영광에서 일어날 수 있는 일이다. 여러분의 손과 마음이 하나님께로 향하고 기도에 들어가면 영적으로 볼 수 있는 영역이 열린다. 하나님께서 여러분 앞에 그림을 그려주시고 원하시는 바를 계시하실 때 여러분은 환상을 볼 수도 있다. 다음은 하나님께서 마마 빌리에게 계시하신 내용이다. 그녀는 붓을 든 하나님의 손이 그날 밤에 참석할 사람들에게 그림을 그려주시는 것을 보았다. 하나님께서는 우리의 삶 속에 창조적인 운명(destiny)을 풀어놓고 계셨다.

화면이 바뀌면서 필름 릴이 돌아가는, 그녀가 '구식 영사기'라고 묘사한 것을 보았다. 프로젝터에서 빛이 나오고 있었고, 그 빛이 우리 마음의 스크린에 영사되는 것처럼 보였다. "여러분 중에 길을 잃은 것처럼 느끼거나 불편한 상황에 처해 어떻게 앞으로 나아가야 할지 모르는 분들이 있습니다. 하나님께서 오늘 밤 여러분에게 빛을 비추시고 여러분의 미래에 대한 것들을 보여 주실 것입니다. 이는 미래에 대한 소망입니다. 하나님께서 여러분에게 운명과 구체적인 임무에 대해 말씀하실 것입니다." 그녀는 하나님의 영광이 하나님의 계시와 확증, 영감과 임파테이션을 가져다주고 이 같은 것들이 사람들 마음의 스크린에 투영될 것을 보았다. 하나님의 창조적 영광이 우리 위로 흘러넘칠 것이었다.

그날 밤, 마마 빌리가 예언한 대로 되었다. 우리가 더 많은 것을 주님께 드릴 때, 주님도 더 많은 것을 우리에게 부어 주신다. 그분은 우리에게 미지의 세계를 알려 주셨다. 하나님은 우리의 영을 열어 우리 삶에 대한 그분의 계획을 인식하고 받아들이도록 하셨다. 그분의 창조적 영광은 이전과는 새로운 방식으로 운행하셨는데, 이는 마치 우리 위로 흐르는 강물처럼, 우리 안에서 타오르는 불처럼 움직였다. 하나님은 그분 숨결의 바람을 보내서 우리를 휩쓸게 하시고 그분의 형상으로 더욱 변화시키셨다. 하나님은 우리에게 말씀하기 원하시지만, 우리가 마음을 열어야만 그분의 메시지를 진정으로 받을 수 있다. 여러분이 열린 마음으로 이 책을 읽으면 여러분에게도 이런 일이 일어날 것이라고 믿는다.

또 한 번은 온타리오주 런던에서 특별한 집회를 주최하면서 케빈 모팻(Kevin Moffat)이라는 예술가를 초청해 찬양 시간에 그림을 그리도록 했다. 케빈은 단상에 오를 때마다 하나님을 향한 경건한 경외심을 가지고 이젤 앞에 선다. 기도하는 마음과 영적으로 세심한 태도로 손가락에 물감을 묻혀 마치 그의 마음으로 천국을 만지듯 캔버스를 만지기 시작했다. 이러한 접근 방식의 가장 놀라운 점은 그가 영감을 받아 그려내는 이미지는 집회가 진행되는 동안 그 의미가 점점 더 분명해진다는 것이다. 사역자들이 설교하고 예언의 말씀이 선포될 때, 그 메시지들은 모두 케빈의 작품에서 시각적으로 형성되어 가는 메시지와 완벽하게 일치했다.

예술가가 창조적 영광의 길을 통과하며 그림을 그릴 때, 붓의 모든 터치는 예언적이 되며, 색들은 영감을 받은 색이 된다. 그리고 캔버스에 이미지가 그려지면 보는 사람들의 눈과 마음속에 계시가 임하게 된다.

> 창조주께서 자신으로부터 피조물을 창조하지 않았다면 땅에는 창조하는 사람이나 창조성 자체가 존재하지 않았을 것이다.

창조적 영광에 자신을 내어 드리는 예술적 창작자들에게는 놀라운 영적 체험들이 펼쳐진다.

시각 예술을 하는 사람에게 그림이나 드로잉은 예배다.

요리사에게 요리는 경배다.

음악가에게 음악적 표현은 거룩한 행위다.

작가에게 글쓰기는 자신을 구별해 드리는 행위다.

춤을 추는 자에게는 동작 하나하나가 하나님의 은혜로 가득 차 있다.

발명가에게 디자인과 장인 정신은 거룩한 것이다.

하나님이야말로 궁극적이고 영원한 예술가이시기 때문에 예술에서도 하나님을 발견할 수 있다. 그리고 하나님의 백성이 일상생활에서 그분의 창조적 영광을 그들에게 또는 그들을 통해 부어지도록 허용해 드릴 때 하나님은 지구상의 모든 곳에서 발견되신다. 언제부터 참된 예배는 우리가 지은 교회, 성전, 성막 안에서만 드려질 수 있다는 결론을 내렸는가? 참된 예배는 어디에 있든, 무엇을 하든 하나님의 이름에 합당한 영광을 그분께 드리는 것에 자신을 열어 드린 사람들의 마음에서 흘러나온다. 우리 모두 그런 삶을 살아야 하지 않겠는가?

하나님의 다양한 창조성

어쩌면 여러분은 "저는 예술가가 아닙니다. 저는 가수도 아닙니다. 저는 음악가도, 화가도, 작가도 아닙니다. 저는 당신이 말하는 '창의적인 일'은 아무것도 하지 않습니다"라고 말할 수 있다. 위에서 든 예가 다양한 유형의 예술가들이긴 하지만, 내가 말하는 창조적 영광은 단지 우리가 '창의적인 예술'이라고 부르는 것을 통해 자신을 나타내시는 하나님에 대해서만 말하는 것은 아님을 이해하기 바란다. 창조적 영광에는 매우 다양한 차원이 있으며, 하나님께서는 매우 독특하고 개인적인 방식으로 여러분에게 주기를 원하신다. 이것은 여러분의 삶과 은사에 맞춰진 것이며, 여러분이 하나님 안에서 책무를 완수하도록 주시는 것이다.

모든 사람은 근본적으로 창조주를 따라 지어졌기 때문에 창의적인 존재다. 하지만 그 능력을 스스로 인식하고 있는지는 전혀 다른 이야기다. 어떤 사람들은 창의력이 자연스럽게 나오지만, 어떤 사람들은 창의적인 흐름에 들어가기 전에 더 많은 준비와 연습이 필요하다. 여러분의 창의력을 더 일깨우고 싶다면 창조주께 더 가까이 나아가 그분이 여러분을 통해 그분을 표현하실 수 있도록 내어 드려라. 영광의 차원에 조금 더 자신을 열어 드리는 법을 배워 성령님으로 하여금 그분이 주시는 독특한 능력과 관점으로 여러분의 삶을 통해 흘러나오게 하라.

창조적 영광은 여러분의 진정한 정체성, 부르심, 은사를 발견하고, 기름 부음 안에서 포용받는 느낌을 받을 수 있는 곳이다. 그 안에서 여러분은 용기와 담대함을 얻고, 분리의 장애물과 벽을 허물 수 있으며, 도움과 치유를 줄 수 있다. 창조적 영광은 다른 사람을 돕고 치유할 뿐만 아니라 여러분 자신도 도움받고 치유받을 수 있게 한다. 이 진리를 받아들이고 여러분의 삶에서 결실을 맺을 수 있도록 허용해 드려야 한다.

하나님께서는 새로운 발명, 새로운 노래, 새로운 소리, 새로운 리듬을 여러분의 마음에 다운로드해 주실 것이다. 직업을 바꾸거나 지금 하는 일을 성공적으로 잘할 수 있는 새로운 방법을 찾으라고 말씀하실 수도 있다. 새로운 사업으로 인도해 주실 수도 있고, 그 사업을 어떻게 시작하고 발전시킬지를 안내해 주실 수도 있다. 깨어진 관계를 회복하는 방법을 알려 주시거나 하나님의 사랑을 전하는 창의적인 방법을 알려 주실 수도 있다. 그리고 하나님께 영광을 돌릴 수 있는 새로운 방법을 보여 주실 수도 있다. 하나님은 여러분을 형통하게 하시고 축복하기 원하신다.

여러분이 창조적 영광을 접하게 되면 다른 렌즈를 통해 삶을 바라보게 된다. 그리고 하나님이 하시는 일을 볼 뿐만 아니라 듣고, 느끼고, 냄새 맡고, 맛보게 될 것이다. 모든 감각이 열리게 된다. 창조적 영광은 여러분이 살아 있음을 느끼게 해준다.

나는 이 책이 여러분을 하나님 영광의 차원으로 인도하는 하나님이 주신 연결고리라고 생각한다. 창조적 영광은 여러분의 삶을 향한 그분의 목적 안에서 위로와 안전을 찾을 수 있는 곳이다. 창조적 영광의 인도를 통해 여러분은 새로운 공동체를 찾을 수도 있다.

> **여러분이 창조적 영광의 기류 속에 있을 때,
> 여러분은 하나님의 마음과 생각을 경험하게 된다.**

꿈은 실천해야만 이루어진다

　수년 동안 내가 실천한 가장 영적인 일 중 하나가 가족과 함께 시간을 보내는 것이다. 나는 가족이라는 안전한 울타리 안에서 진정으로 나 자신이 될 수 있었다. 나는 자유롭게 즐기고, 자유롭게 사랑하고, 자유롭게 웃고, 하나님께서 나에게 주신 사람들에게 나를 자유롭게 내어줄 수 있다. 가족과 함께 있을 때 나는 가장 창의적이 된다고 느낀다. 창조적 영광이 내 안에 살아 있고, 아내와 아이들 안에도 살아 있다. 우리가 함께할 때 경험하는 하나님의 임재는 내 마음에 큰 평안을 가져다준다.

　나는 아내 자넷과 아이들에게 꿈을 크게 꾸고, 더 크게 꾸라고 권면한다. 창조적 영광에 연결된 사람은 누구나 큰 꿈을 꾸기 시작한다. 창조적 영광은 우리를 우리가 만든 제한적인 상자에서 끌어내며, 우리 삶에는 처음부터 상자가 존재하지 않았다는 사실을 인식하도록 도와준다. 우리가 경험하는 한계는 인간이 만든 것이지만, 성령님의 차원에서는 하나님께서 우리 안에, 우리를 통해 하실 수 있는 일에는 한계가 없다. "…이는 하나님이 성령(의 은사)을 한량없이 (후하고 제한 없이) 주심이니라!"(요 3:34, 확대역)

　자넷과 나는 아이들에게도 "꿈은 실천해야만 이루어진다"고 가르친다. 다시 말해 하나님께서 꿈이나 아이디어, 계획을 주시면 실행해야 한다는 뜻이다. 여러분이 받은 감동이 어쩌면 이상하게 보일 수도 있고, 하나님께서 그 꿈에 대해 어떤 계획이 있으신지 지금은 알지 못할 수도 있지만, 그분께 순종할 때 여러분, 혹은 다음 세대들은 그분의 신성한 목적이 펼쳐지는 것을 보게 될 것이다.

이전 집(우리는 항상 집에 이름을 지어주는 데 이 집은 '영광의 저택(Glory Manor)'이라고 불렀다)에서 살던 몇 년 동안 나는 어린 시절에 본 텔레비전 프로그램을 바탕으로 아이들을 위한 놀이방을 만들고 싶다는 생각이 들었다. 나는 1970년대 후반에 태어났지만, 토요일 아침 만화의 황금기였던 80년대에 자라났다. 어렸을 때는 애니메이터가 되고 싶어서 〈우주 가족 젯슨The Jetsons〉이나 〈허클베리 하운드 쇼The Huckleberry Hound Show〉를 시청할 때 주요 장면들을 마음속에 담아두었다가, 프로그램이 끝나면 연필과 종이를 들고 만화 속 캐릭터들을 스케치하곤 했다. 내가 어린 시절부터 간직한 오래된 작품 중 하나는 마트에서 주는 갈색 종이봉투를 멋진 프레드 플린스톤(80년대 미국 만화영화 〈고인돌 가족 플린스톤〉의 주인공-역자 주) 옷으로 만든 것이다. 나는 이것을 다섯 살 때 만들었다. 부모님은 다른 사람의 도움을 받았을 거라고 생각하셨지만, 오로지 나 혼자 해낸 것이다.

그때나 지금이나 나는 '한나-바베라'(위에 언급된 만화들을 제작한 프로덕션-역자 주) 만화를 좋아해서 집 지하실을 '한나-바베라 랜드'로 만들고 싶었다. 하나님과 함께라면 무엇이든 가능하며, 상상력만 있다면 많은 것을 이룰 수 있다. 감사하게도 나는 두 가지 모두를 가지고 있다. 그러나 하나님께서 내가 영감받은 그 아이디어를 통해 그분의 목적을 이루시는 방식은 상상 그 이상이었다.

나는 먼저 그 공간에 대한 계획을 짜기 시작했다. 주황색과 검은색 삼각형 커튼과 램프로 플린스톤 구역을 꾸미기로 했다. 이 공간에서는 영화를 볼 수도 있게 했다. 그 옆에는 다양한 색의 공이 있는 성인용 볼 풀장을 만들고, 그 위에는 커다란 무지개가 떠 있고, 벽에는 만화 캐릭터들이 춤추는 장면을 연출하기로 했다. 동전으로 작동하는 디노(Dino) 캐릭터 목마, 돌리면 무작위로 장난감 캡슐이 나오는 뽑기 기계, 우주 가족 젯슨 테마의 핀볼 기계를 설치하면 재미있을 것 같았다. 계단 아래의 공간은 요기 베어(Yogi Bear) 동굴이 될 것이다. 벽을 통과해 들어갈 수 있는 작은 입구를 만들고, 그 동굴 내부를 레인저 스미스(Ranger Smith), 부-부(Boo-Boo), 신디 베어(Cindy Bear)와 친구들의 그림을 야광 페인팅으로 그려 완성할 계획이었다. 아이디어는 끝없이 솟아났다.

이것이 바로 창조적 영광이 작동하는 방식이다. 영광의 차원에서 성령님께 자신을 내어 드리면 그분의 창조적 흐름을 타고 있는 자기 자신을 발견하게 될 것이다. 어떤 때는 너무도 많은 아이디어의 흐름 때문에 멈출 수 없을 정도였다. 멈출 이유도 없었다.

나는 동네 철물점에서 페인트와 합판들을 구입했다. 그런 다음 인터넷에서 아주 저렴하게 판매하는 오래된 작은 놀이기구들을 찾았다. 필요한 모든 아이템을 찾기 위해 여기저기를 샅샅이 검색했고, 조금씩 나의 꿈이 구체화되기 시작했다.

벽에 그림을 그릴 때 아들 링컨(Lincoln)이 지하실로 내려와 "아빠, 왜 이걸 하세요?"라고 물었다. 나는 아들에게 내가 어떤 아이디어에서 영감을 받았고, 지금 실행에 옮기는 중이라고 말해 주었다.

다시 말하지만, 창조적 영광이 찾아왔을 때 여러분은 하나님이 주신 것을 표출할지, 아니면 거부할지를 선택할 수 있다. 나는 내 삶의 모든 영역을 창조적 영광에 내어 드리고 싶다.

창조적 영광은 사역에 영감을 준다.

창조적 영광은 글을 쓰도록 인도한다.

창조적 영광은 불러야 할 노래를 선사한다.

창조적 영광은 삶 전체를 신성한 빛으로 인도한다.

> 영광의 차원에서 성령님께 자신을 내어 드리면
> 그분의 창조적인 흐름을 타고 있는 자기 자신을 발견하게 될 것이다.

능동적인 창의력

성령님은 우리를 창조적 영광으로 인도하시는 분이다. 예수님께서는 다음과 같이 선포하셨다,

보혜사 곧 아버지께서 내 이름으로 보내실 성령 그가 너희에게 모든 것을 가르치고 내가 너희에게 말한 모든 것을 생각나게 하리라
(요 14:26)

만약 여러분이 어떤 일을 하는 방법을 알아야 한다면, 그에 대한

계시를 가지신 성령님께서 알려 주실 것이다. 그분은 창조의 영이시다. 그분 영감의 작은 불씨 하나가 여러분이 그 일을 시작하는 데 필요한 전부다. 성령님의 기름 부음을 통해 여러분은 그 불씨를 받을 수 있다. 문제는 그 불씨를 큰 불로 일으키기 위해 부채질하는 노력을 하는 사람들이 별로 없다는 것이다.

바울은 믿는 자들의 기름 부음 받은 손이 우리 머리에 얹어질 때 우리에게 임하는 영감의 불씨에 대해 쓰면서, 디모데에게 다음과 같은 하나님의 조언을 말해 주었다.

> 그러므로 (너의 안수식에 함께했던 다른 장로들과 함께) 내가 나의 안수함으로 네 속에 있는 하나님의 은사(그 안에 특별히 넣어 주신 불)를 다시 불일듯 하게 하기 위하여 너로 생각하게 하노니 하나님이 우리에게 주신 것은 두려워하는 마음이 아니요 오직 능력과 사랑(의 영)과 (평온하고 균형 잡힌 생각을 주는) 절제하는 마음이니 (딤후 1:6-7, 확대역)

우리에게 창조적 영광이 임하면 하나님 영감의 불씨를 부채질해야 한다. 실질적 단계의 행동들을 취해야 하는 것이다. 우리 마음에 새겨진 비전을 행동으로 옮겨야 한다. 앞서 기술했듯이 우리는 때때로 무언가를 하도록 이끌림 받는 이유를 이해하지 못할 때가 많다. 마치 예술가가 창작물의 최종 결과가 어떤 모습일지 모르는 것처럼 말이다. 최종 결과물에 도달하기 위해서는 기꺼이 빈 캔버스와 마주하고 붓에 물감을 묻혀 그리기 시작해야 한다. 이것이 바로 행동하는 믿음이다. 창조적 영광에는 믿음이 필요하며, 믿음은 행동을 통해 드러난다.

한나-바베라 랜드에 대한 나의 영감은 영광의 저택 지하실에서 완전히 실현되었다. 결과는 처음 상상했던 것보다 훨씬 좋았다. 하나님의 목적 안에서 그 놀이방은 사역과 교제의 장소가 되었다. 우리는 종종 다른 가족들을 초대했고, 아이들이 볼 풀(ball pool) 안에서 뛰어다니고 아케이드 게임을 하는 동안 우리는 부모들과 함께 기도하고 그들에게 사역할 수 있었다. 우리는 그 방에서 생일 파티도 했고 십 대 아들과 그의 친구들은 그 어느 곳보다 여기서 노는 것을 좋아했다.

몇 년 후 아버지께서는 암 진단을 받았고 곧바로 치료에 들어갔다. 힘들었던 그 시기에 어머니는 요기 베어 동굴을 자신만의 특별하고 기름 부음이 있는 기도 골방으로 바꾸었다. 어머니께 그곳은 하나님과 시간을 보내시는 은밀한 처소가 되었다. 동굴 안에서 반짝이는 보석들과 움직이는 곰 캐릭터와 함께 어머니는 주님께 마음을 쏟아냈고, 주님은 그 기도를 들으셨다. 그곳에서 많은 눈물을 흘렸고, 기도가 응답되었고, 치유가 찾아왔다. 그곳은 작은 기적의 공간이었다. 내가 프로젝트를 시작했을 때는 그 동굴이 내 가족과 친구들에게 얼마나 중요한 장소가 될 것인지는 전혀 알지 못했다.

창조적 영광이 작동할 때 성령님은 우리가 전에 해보지 않은 일들을 하도록 인도하시며, 우리는 "네"라고 말하고 그분의 인도에 따라 그 일을 해야 한다. 창조적 영광은 우리가 반드시 가야 할 새로운 길을 열어 준다. 영감으로 받은 아이디어를 행하기 시작할 때 여러분이 하는 일에 대한 계시를 받지 못한 사람들에게 비난, 심한 말, 조롱 등을 들을 수도 있다. 이러한 세상 소리에 마음 두지 마라. 여러분은 오직 하나님의 인도하심에 대한 자신만의 여정, 자신만의 반응만 하면 된다.

여러 해 동안 자넷과 나는 초자연적으로 기름이 흐른 손을 천 조각에 대고 잃어버린 자들이 구원받고, 병든 자들이 치유되며, 원수에게 눌린 자들이 해방되기를 기도했다. 그리고 그 천 조각들을 사람들에게 나누어 주었을 때 하나님은 기적을 행하셨다. 이는 지극히 성경적 행위다. 사도행전에 보면 바울 사도의 기름 부음 받은 옷을 통해 사람들이 치유되고 자유롭게 되는 역사가 일어났다.

> 하나님이 바울의 손으로 놀라운 능력을 행하게 하시니 심지어 사람들이 바울의 몸에서 손수건이나 앞치마를 가져다가 병든 사람에게 얹으면 그 병이 떠나고 악귀도 나가더라 (행 19:11-12)

몇 년 전, 성령님께서 병든 사람들에게 전과 비슷하지만 새로운 방식으로 강력한 치유 사역을 할 수 있는 창의적인 아이디어를 주셨다. 《영광 안에서 전진하라 Moving in Glory Realms》의 출간을 준비할 때, 나는 책 홍보를 위해 인플루언서들에게 보낼 선물 상자에 무엇을 넣을지 고민하고 있었다. 의미가 있으면서도 '전진'에 대한 이미지를 전달할 수 있는 물건을 넣고 싶었다. 성령님께서 선물 상자에 양말을 넣으라는 아이디어를 주셨고, 생각하면 할수록 이걸 꼭 해야 한다는 확신이 강해졌다. 예언적 의미를 담은 다양한 색상으로 양말을 디자인하면, '믿음으로 걸을 때' 성령님께서 그들과 동행하신다는 것을 상기하기 위해 신을 것 같았다. 나는 텍사스주 오스틴에서 양말 제작 회사를 찾았고, 초자연적인 영감을 받은 이 아이디어는 드디어 탄생할 수 있었다.

양말은 홍보용으로 제작된 한정판이었음에도 불구하고 큰 인기를 끌었다. 사람들은 양말 구입을 원했고 우리가 천 조각에 기름을 발라 사역의 접촉점으로 사용했던 것처럼, 이 양말을 영적 연결고리로 사용할 수 있을 것 같았다. 그들은 양말에 손을 얹어 기도하고 기적이 절실히 필요한 사람들에게 나누어주었다.

그때 나는 성령님께서 '치유 안에 걸어가기'라고 부를 또 다른 양말을 제작하도록 인도하시는 것을 느꼈다. 새로운 성장, 새 생명, 새로운 시작, 온전함을 상징하는 아름다운 초록색으로 디자인했다. 양말에는 일곱 개의 치유 성경 구절을 넣었다. 이 양말을 신은 사람들은 치유의 약속에 대한 하나님 말씀을 지속적으로 상기할 것이다.

이 양말을 출시하자마자 며칠 만에 매진되었다. 아무도 만들지 않은 제품을 판매했기 때문에 수요가 많았던 것 같다. 그 이후로 거의 매주 그 양말을 신었거나 혹은 가까운 사람들에게 선물한 후 놀라운 치유의 기적을 경험한 사람들의 간증을 들었다. 양말은 큰 인기를 끌었고, 지금도 계속되고 있다. 하지만 양말을 발매하게 된 동기와 의도를 이해하지 못한 사람들의 저항과 부정적 반응들도 감수해야 했다.

모든 사람이 창조적 영광이 우리를 이끄는 방식을 이해하리라고 기대할 수는 없다. 하지만 영광의 차원에서 오는 초자연적인 초대를 무시해서는 안 된다. 위험이 수반될지언정 하나님의 높은 뜻이 펼쳐지는 것을 보는 것은 그 모든 희생을 감수할 가치가 있다. 창조적 영광을 누리기 위해서는 성령님께 받을 수 있는 민감성과 그분이 주신 것들을 지상의 영역에 풀어놓고자 하는 우리의 의지가 필요하다. 우리는 부분적으로 보지만(고전 13:12), 우리의 아버지께서는 시작과 끝을 아시며(사 46:10), 끝을 염두에 두고 시작하신다. 우리가 그분의 과정을 신뢰할 수 있다는 것은 얼마나 멋진 일인가!

창조적 영광은 어려운 문제를 해결하는 데 도움이 되며, 필요를 채워 주고 오랫동안 씨름한 문제들을 해결하는 새로운 방법을 제시한다. 우리에게 새로운 혁신을 만들도록 이끌어준다. 그리고 혁신가는 삶 속에서 오해받을 수 있다는 사실을 기억하라. '정상은 외롭다'는 말이 있지만, 나는 더 나은 관점을 제시하고 싶다. 모든 것은 관점의 문제이기 때문이다. 고립되었다고 느낄 수 있지만, 하나님과 그분의 천사들이 함께하며, 하나님은 여러분이 하는 일의 이유가 되기 원하신다는 사실을 기억해야 한다.

하나님의 흐름 속으로 들어가라. 그럴 때 모든 한계가 사라지고, "난 못 해!" "이건 할 수 없는 일이야!" "한 번도 해본 적이 없어!" "내 능력 밖이야!"라는 말을 더 이상 하지 않게 될 것이다. 빈센트 반 고흐는 "당신의 내면에서 '너는 그림을 그릴 수 없어'라는 목소리가 들리면, 무슨 수를 써서라도 그림을 그려라. 그러면 그 목소리가 잠잠해질 것이다"[1]라고 말했다.

나는 주님께서 우리에게 "담대하라! 한계를 벗고 나의 창조적 영광이 너와 네 주변에 흘러들어 가게 하라. 그리고 너를 통해 흘러나오게 하라"고 말씀하신다고 믿는다. 하늘의 뜻은 여러분이 하나님이 주신 운명과 목적을 성공적으로 완수하는 것이다.

> **하나님의 흐름 속으로 들어가라.**
> **창조적 영광이 흐르게 하라!**

하나님의 소망과 기쁨의 빛

창조적 영광은 하늘의 지혜이며 미래의 성공에 대한 보장이다. 창조적 영광의 흐름은 우리가 처한 모든 상황과 분위기에 소망의 빛을 비춘다는 사실을 기억하라. 지금 이 순간도 성령님 안에서 새로운 기쁨이 흘러나와 우리의 영·혼·육을 강건하게 한다. 하나님의 기쁨이 우리의 머리에서부터 발끝까지 온전히 채워질 것이다. 우리는 기쁨으로 가득 찬 나머지 창의적인 표현이 넘쳐 나올 것이다.

다시 말하지만, 우리가 창조적 영광이 흐르도록 내어 드리는 곳에는 모든 면에서 초자연적인 번성함이 있다. 하나님은 우리를 그분의 창조적 영광으로 이끌기 원하신다.

창조적 영광이여, 내 안에서 일어나라!

CHAPTER
2 | # 새로운 때와 새로운 방식

> 보라 내가 새 일을 행하리니 이제 나타낼 것이라 너희가 그것을 알지 못하겠느냐 반드시 내가 광야에 길을 사막에 강을 내리니 (이사야 43:19)

CREATIVE GLORY

작가들은 책을 쓴 동기와 책을 쓸 때 어디서 영감을 받았는지에 대해 자주 질문받는다. 나는 예배 사역에 대한 내 생각을 단순히 지면에 옮기는 것으로 글을 쓰기 시작했다. 담임 목사님께서 예배 워크숍 강의를 요청하셨고, 참가자들에게 요점 정리된 노트가 있으면 유용할 것 같았다. 그 몇 장의 노트는 결국 작은 예배 매뉴얼이 되었다. 첫걸음을 내딛자 좀 더 긴 책을 쓸 수 있겠다는 자신감이 생겼다. 다음 프로젝트는 하나님께서 나의 삶과 내가 속한 교회 공동체 속에서 행하신 초자연적인 일들에 대한 개인적인 간증을 엮는 것이었다. 그때 당시 나는 설교자도 아니었고 큰 집회에서 말씀을 전한 적도 없었다. 그저 다른 사람들과 나누고 싶은 하나님과의 개인적인 체험들이 있었을 뿐이다. 나는 계속해서 책을 쓰고 음반 녹음을 했다. 책과 음반은 적재적소의 사람들에게 전달되었고 널리 퍼지게 되었다. 그리고 초자연적인 과정을 통해 가장 유명한 무대에서 설교하고 노래하며, 전 세계에 있는 하나님의 백성에게 사역할 수 있는 문이 열리게 되었다.

나의 책과 노래가 사람의 힘으로는 결코 도달할 수 없는 곳까지 퍼지게 된 것은 언제나 놀라운 일이었다. 창조의 영광은 여러분의 창의적인 작품들을 가장 필요한 장소와 사람들에게 전달되도록 길을 만들어 낸다. 수년 동안 나는 서른 권이 넘는 책과 영성 훈련 매뉴얼을 집필했고, 수십 개의 음반과 그림, 애니메이션, 영화 등 개인적인 예술 작업을 진행했다.

나는 내 인생에서 늘 창의적이었지만, 내가 지금까지 발휘한 창의성은 자연적이고 인간적인 것이 아님을 깨달았다. 그것은 성령님께서 초자연적으로 주신 것이었다. 나의 경험담을 통해 여러분의 삶에도 창조적 영광이 초자연적으로 임파테이션되기를 바란다.

창조적이며 예언적인 인도

어머니는 내가 태어나기도 전에 조슈아(Joshua, 여호수아)라는 이름을 지어 놓았다. 어머니가 나를 임신했을 때, 성령님께서 어머니에게 타자기 앞에 앉아 메시지를 쓰라고 하셨는데, 그 메시지는 어머니에 대한 예언의 말씀이었다. 주님은 뱃속에 있는 아이는 아들이며, 이스라엘 백성의 지도자였던 여호수아의 이름을 따서 조슈아로 지으라고 말씀하셨다.

성령님은 어머니에게 여러 가지 다른 것들도 말씀하셨는데, 그중 하나는 원수가 이 아이를 해치려 하겠지만 주님께서 여호수아에게 말씀하신 것처럼 두려워하지 말라는 것이었다. "…두려워하지 말라 놀라지 말라…"(수 8:1). 어머니는 메시지 전문을 타이핑해서 봉투에 넣어 주님께서 주신 예언의 말씀으로 간직했다. 하나님께서는 어머니가 앞으로 몇 달, 몇 년 후에 그 말씀이 필요하게 될 것을 알고 계셨다.

부모님은 '새 언약의 자녀들'이라는 매우 재능 있는 복음 성가 그룹에 속해 있었다. 아버지와 어머니 모두 노래를 하셨고 아버지는 드럼까지 연주하셨다. 실제로 양수가 터지던 날 밤에도 어머니는 찬양을 부르셨다. 그날 저녁 교회로 가는 길에 어머니는 아버지에게 "우리 아이가 태어나기 전에 하는 마지막 노래가 될 것 같아요"라고 하셨다. 그 말을 들은 아버지는 놀라셨다. 그때는 1월이었고 나는 3월에 출산 예정이었기 때문이다.

어머니는 첫 출산이었고, 부모님이 느낀 두려움은 어쩌면 당연하였다. 지금은 의학 기술이 발달해서 미숙아나 조산아 사망률이 낮지만, 1970년대 후반에는 생존율이 높지 않았다. 하지만 어머니는 내가 신생아 중환자실로 옮겨졌을 때 한 치의 두려움도 없었다고 하셨다. 어머니는 나의 미래에 대해 말씀하신 주님의 약속을 붙잡았기 때문이다.

나는 어머니께 조산 상황을 어떻게 대처했는지에 여러 번 물어보았다. 어머니는 성령님께서 타자기 앞에서 주신 말씀이 너무나 설득력이 있었기 때문에 단 한 순간도 불안하지 않았다고 말씀하셨다. 다른 사람들은 걱정했지만, 어머니는 그 모든 상황 속에서도 침착함을 잃지 않았다.

굳건히 서기

여러분은 아주 중요한 진리를 이해해야 한다. 여러분이 삶의 여정 어디쯤 있든, 어떤 과정을 통과하고 있든, 이 세상에서 무엇과 대면하고 있든, 여러분은 하나님의 말씀 위에 서 있다는 점이다. 예레미야 29장 11절에서 주님께서는 "너희를 향한 나의 생각을 내가 아나니 평안이요 재앙이 아니니라 너희에게 미래와 희망을 주는 것이니라"고 말씀하신다. 이것이 하나님의 약속이며, 이 말씀을 받을 때 여러분의 상황에 적용되는, 오늘날 여러분에게 주시는 하나님의 레마 말씀이다. 앞으로 다가올 날들을 위해 이 말씀을 붙잡아라. 예레미야 29장 11절을 적어서 자주 볼 수 있는 곳에 붙여 두어라. 그러면 부정적인 상황에 생각이 사로잡힐 때마다 이 세상의 일들 때문에 걱정하지 않아도 된다고 상기시켜 줄 것이다. 하나님은 여러분을 향한 계획이 있고, 그 계획을 이루시기 위해 신실하게 일하신다.

세상에 충만한 영적 무거움과 눌림에 대해 걱정하지 마라. 요즘 뉴스를 보거나 신문을 읽으면, 실제로 몸이 아플 수 있다. 악의 영역에서는 소용돌이치는 악의 깔때기가 우리의 안녕을 위협하고 있다. 하지만 절망의 수렁으로 여러분을 끌어들이는 문제들에 집중하는 대신 성령님 안에서 기도하고 성경을 읽으며 하나님의 말씀을 여러분의 삶에 선포해야 한다. 천국이 우리 안에 열려 있고, 우리는 우주의 창조주를 만나 뵐 수 있다. 창조적 영광은 여러분에게 다른 이들이 보지 못한 새로운 방법으로 행할 수 있게 한다. 하나님께서는 이전에는 생각하지도 못했던 것, 가능하다고 생각하지도 못했던 것들을 여러분을 통해 풀어내기 원하신다.

하나님께서 현재 우리가 직면한 국내외의 상황들을 고려하지 않는다고 생각하지 마라. 오늘날 세상에서는 무엇이 옳고 그른지, 무엇이 참이고 거짓인지에 대한 많은 논쟁이 벌어지고 있다. 내가 말할 수 있는 것은 성령은 진리의 영이시며, 우리를 모든 진리 속으로 인도하겠다고 약속하셨다는 것이다(요 16:13). 여러분이 하나님의 진리를 선포하면 성령님께서 여러분을 인도하시도록 허용해 드리는 것이다. 하나님께서는 그분의 창조적 영광이 진리와 함께 여러분을 통해 흐르기 원하신다. 그 영광이 여러분을 통해 흐를 때, 다른 사람들이 그것을 볼 것이고, 그 영광으로 인해 지혜와 도움을 받고, 하나님을 찬양할 것이다.

지금 이 시대에는 많은 어려움이 있지만, 우리가 직면한 각각의 문제에 대한 해결책을 찾는 것은 새로운 사고방식, 새로운 행동 방식, 새로운 삶의 방식이 필요하기 때문에 흥미롭다. 하나님은 그분의 백성에게 이러한 해결책을 주기 원하신다. 하나님은 그분의 영을 통해 우리를 들어올리기 원하신다. 하나님과 함께할 때 더 나은 길, 하늘의 길, 창조적인 삶의 방식이 우리에게 열리며, 우리는 영광 안에서 이 길을 찾을 수 있다.

여러분이 그리스도 안에 있을 때, 여러분의 삶이 무너지지 않는다는 것을 확신해도 좋다(골 1:17). 모든 것이 제자리를 찾아가고 있다는 사실이 진리다. 우리가 우리의 능력으로 위대한 업적을 이루려고 하면 실패할 수밖에 없다. 우리는 종종 성령님을 내가 원하는 대로 '프로그램'하려고 하지만 절대 성공할 수 없다. 우리는 성령님 없이 상황을 통제하려 하지만 그러면 열매도 없고 성공하지도 못한다. 우리는 주님께서 우리의 결혼, 가족, 사업, 직장, 그 외 우리 삶의 모든 것을 직접 세우시도록 허용해 드려야 한다. 주님께 허용해 드리지 않고 우리의 노력으로 우리의 삶을 건설하는 것은 '헛된 수고'(시 127:1)일 뿐이다. 하나님께서 하나님의 일을 하시도록 허용해 드리고 그분의 창조적 영광이 우리를 통해 흐르도록 내어 드릴 때, 그분께서는 반드시 아주 놀라운 결과로 우리를 놀라게 하실 것이다.

지금은 우울함으로 가득 찬 때가 아니라, 큰 기회의 때다. 하나님의 자녀여, 일어나라. 오늘은 여러분의 날이다.

여러분이 하나님의 진리를 말할 때,
성령님께서 여러분을 인도하시도록 허용해 드리는 것이다.

새로움을 위한 차원

오랫동안 교회 지도자들은 하나님께서 우리에게 '새로운 것'을 가져다주신다고 말했다. 우리는 '새로운 것'에 대해 설교하고, 예언하고, 가르치고, 노래해 왔다. "주님, 우리는 '새로움'을 원합니다. 하나님, 우리에게 '새로운 것'을 주세요." 우리는 이사야서 43장 19절 말씀을 아주 좋아한다.

> 보라 내가 새 일을 행하리니 이제 나타낼 것이라 너희가 그것을 알지 못하겠느냐 반드시 내가 광야에 길을 사막에 강을 내리니

창조적 영광은 우리의 삶에 '새로운 것'을 위한 분위기를 조성한다. 그리고 우리 마음과 생각에 하나님의 신성한 빛을 밝혀준다. 그 '새로움' 안에서 우리는 이전에 보지 못한 것을 보고, 이전에 맛보지 못한 것을 맛보게 된다. 그러면서 예수님을 우리와 우리 주변의 세상에 드러내기 위해 임하는 영광의 표현을 받아들이게 된다.

창조적 영광의 기류 속에 있으면 갑자기 강한 영감이 우리 마음에 각인되면서 새로운 아이디어가 떠오른다. 새로운 길을 만들기 위한 '새로운 것'이 임한다. 창조적 영광은 하나님 안에서 더 큰 가능성으로 들어갈 기회를 가져다주며, 이는 우리 모두에게 필요한 하나님의 공급이다.

물론 우리의 힘으로는 이것을 해낼 수 없다. 다시 말하지만, 이는

우리 안에 계시는 성령님을 통해서만 이루어질 수 있다. 하나님은 그분의 창조적 목적이 이 땅에 실현될 수 있도록 길을 만들어 가신다.

신명기 28장 12절에서 하나님은 다음과 같이 선언하신다.

여호와께서 너를 위하여 하늘의 아름다운 보고를 여시사 네 땅에 때를 따라 비를 내리시고 네 손으로 하는 모든 일에 복을 주시리니 네가 많은 민족에게 꾸어줄지라도 너는 꾸지 아니할 것이요

'네가 많은 민족에게 꾸어줄지라도 너는 꾸지 아니할 것이요'라니, 놀라운 말씀이지 않은가! 우리가 어떻게 하면 이렇게 할 수 있을까? 창조적 영광을 통해 하나님은 그분의 백성이 꼬리가 아닌 머리가 되기를 원하신다. 그분은 우리가 내려가는 것이 아니라 올라가기를 원하신다. 그분은 우리가 바닥이 아닌 정상에 있기를 원하신다.

여호와께서 너를 머리가 되고 꼬리가 되지 않게 하시며 위에만 있고 아래에 있지 않게 하시리니 오직 너는 내가 오늘 네게 명령하는 네 하나님 여호와의 명령을 듣고 지켜 행하며 (신 28:13)

우리는 영적 개척자로 부르심 받았고, 이전에는 길이 없던 영적·육체적 차원의 영역들에서 길을 만들도록 파송받았다. 하나님은 여러분과 여러분 주변에 새로운 것을 창조하실 준비가 되어 있다. 여러분은 준비되었는가?

직관적 창의성

창조적 영광은 우리에게 자기 발견과 개인적 각성을 경험하게 하고 '새로움'을 가져다준다. 전도서 3장 11절은 말한다. "사람들에게는 영원(하나님의 뜻)을 사모하는 마음(해 아래 하나님 말고는 그 무엇도 충족시켜 줄 수 없는 신비한 갈망)을 주셨느니라"(확대역). 이 영원한 하나님의 뜻 안에서 우리는 창조적 영광에 직접적으로 연결되어 있다.

나는 어렸을 때부터 이러한 창조적 연결을 느꼈다. 나는 여러 면에서 다른 아이들과 같았지만, 앞으로 성장해 나갈 창조적 리더십이 내 안에 있음이 일찍부터 보였다.

예를 들어 여름에 친구들과 할 일이 없어 심심하면, 나는 창의적인 활동을 구상하고 열정적으로 실현해서 활기를 불어넣곤 했다. 돈이 많지 않았던 우리가 기획한 활동은 집집마다 돌아다니며 동네 아이들을 모아 퍼레이드를 하는 것이었다.

온 동네 아이들이 우리집 뒷마당에 모여 손수레, 세발자전거, 자전거 등 우리가 찾을 수 있는 모든 것을 이용해 큰 마차를 만들었다. 그런 다음 우리집 옷장을 뒤져 코스튬으로 활용할 수 있는 모든 것을 꺼내 왔다. 다른 아이들도 집에서 의상을 가져왔다. 우리는 우리가 상상할 수 있는 모든 캐릭터 코스프레(게임이나 만화 속의 등장인물로 분장하여 즐기는 일-편집자 주)를 준비했고, 이렇게 퍼레이드는 시작되었다.

우리는 길 끝에 있는 우리집에서 출발해 길 반대편 끝까지 행진했다. 그런 다음 다시 왔던 길로 행진해서 돌아왔다. 동네 사람들이 거리를 따라 모여들었고, 우스꽝스러운 캐릭터로 분장한 아이들이 탬버린과 북을 치면서 신나게 노래하며 행진하는 모습을 보며 즐거워했다. 정말 멋진 시간이었다.

퍼레이드가 끝나면 곧바로 다른 아이디어가 떠올랐다. 나는 동네 친구들을 모아 지루함에서 탈출하기 위한 또 다른 기획을 했다. 우리는 동네 서커스나 인형극도 했고, 뒤뜰에 놀이공원을 만들어 입장권을 팔기도 했고, 우리집 놀이방에 사탕 가게를 차리기도 했으며, 심지어 민들레와 여러 야생화로 아름다운 꽃다발을 만들어 집집마다 다니며 팔기도 했다. 창의적인 아이디어는 끝이 없이 샘솟았다. 이 모든 것이 하나님께서 나의 삶에 주신 소명의 일부였다는 것을 이제는 안다. 당시에는 내가 하는 일이 사람들을 하나로 모으는 것임을 몰랐다. 우리의 수많은 모험에는 아주 놀라운 연합이 있었다. 또한 우리가 이웃들에게 얼마나 큰 기쁨을 주었는지 그때는 알지 못했다. 우리의 장난은 사람들을 기분 좋게 만들었던 것 같다. 창조적 영광은 나의 어린 시절부터 흐르고 있었다.

이러한 창의적 흐름은 나의 가계에도 흐르고 있다. 증조할아버지 닐 데그로(Neil Degraw)는 동네 아이들이 즐길 수 있도록 집 앞 잔디밭에 실물 크기의 회전목마를 만들었다. 증조할아버지의 집은 그리 크지 않았고 회전목마가 작동하면 집을 가릴 정도였다. 목수였던 증조할아버지는 회전목마를 직접 만들었고, 그 위에 로잔나 이모가 그림을 그렸다. 증조할아버지는 군대에 있을 때 뭔가를 만드는 기술들을 배우긴 했지만, 증조할아버지의 영감의 원천은 창조적 영광이었다. 부모님의 가스펠 음반을 회전목마에서 나오는 음악으로 사용했다.

증조할아버지가 주신 아이스크림을 먹으며 아주 행복하게 회전목마를 탄 추억을 절대 잊지 못할 것이다. 그 회전목마는 동네 아이들뿐만 아니라 지역사회 전체에 큰 기쁨을 가져다주었다. 증조할아버지는 지쳐서 격려가 필요한 지역 목사님에게 "목사님께 지금 필요한 것은 회전목마입니다!"라고 하셨다. 목사님께 아이스크림 한 그릇을 들려주고 놀이기구로 안내하셨다. 가스펠 음악과 아이스크림을 먹으면서 회전목마를 몇 바퀴 타고 나면 목사님의 기분은 훨씬 나아졌던 것 같다.

하나님께서는 개인적·영적 재충전을 가져다주는 많은 방법을 알고 계신다. 그분께서는 여러분의 삶에도 그분의 창조적인 아이디어들이 흐르고 넘쳐 다른 사람들에게 영향을 미치기 원하신다. 내가 그랬던 것처럼, 어릴 때부터 창조적 영광에 연결되었음을 느꼈든 그렇지 않든, 하나님은 성령님을 통해서 여러분 안에 그분의 창조성을 심어 놓으셨다. 이것을 받아라! 다시 말하지만, 영광의 차원에서 받은 창의적 아이디어들은 여러분에게 특이한 방식으로 특이한 일들을 하게 만들 수 있다. 하지만 괜찮다. 그런 일들이 연합과 큰 기쁨과 재충전을 가져다주기 때문이다.

> **하나님은 여러분과 여러분 주변에 새로운 것을 창조하실 준비가 되어 있다. 여러분은 준비되었는가?**

영광에 영감받은 아이디어들

　성경에서 하나님의 영광이 계시될 때 우리는 창조주로서 움직이시는 하나님의 모습을 볼 수 있다. 하나님의 영광스러운 영이 이 지구라는 걸작의 창조를 준비하실 때 깊은 수면 위를 맴도셨던 것처럼, 하나님의 영은 오늘날도 우리에게 수많은 창조적 표현을 동반하고 임하신다. 인류를 만드신 하나님의 창조성을 생각해 보라. 하나님은 최초의 인간인 아담을 땅의 흙으로 창조하셨다. 또 다른 독특한 방법을 사용하셔서 아담의 갈비뼈 하나로 하와를 창조하셨다.

　하나님께서 우리에게 그분의 창조적 영광의 아이디어를 불어넣고자 하시는 어떤 방법이든, 우리는 열린 자세를 취하는 것이 최선이다. 우리가 하나님 영광의 기류 안에 있을 때 천국의 혁신적인 아이디어들이 자유롭게 흘러 우리의 영에 계시된다. 예를 들어 내가 예배에 깊이 빠져 있으면, 때때로 하나님께서는 내가 구하는 질문에 대한 답변을 나의 마음에 불쑥 말씀하시곤 하신다. 혹은 강단에서 기도에 전념하고 있을 때, 성령님께 나 자신을 내어 드리거나 바닥에 누워 임재에 젖어 있을 때 하나님께서는 나의 영에 말씀하시며 새로운 것을 느끼거나 알 수 있게 하신다. 하나님의 영에 의해 우리 안에 창의적인 아이디어들이 떠오른다면, 바로 창조적 영광이 역사하는 것이다.

　창조가 시작될 때 하나님께서 "빛이 있으라"고 말씀하시자 온 우주가 순식간에 밝아졌다(창 1:3). 창조적 영광은 우리가 이전에 볼 수 없었던 것들을 볼 수 있게 한다. 또한 오랫동안 숨겨져 있던 것들을 되찾게 해준다. 예를 들어 창조적 영광은 성경 말씀을 새롭고 생생한 방식으로 우리에게 재조명해 준다. 같은 구절을 수없이 읽었지만 이전에는 매번 같은 의미로 다가오다가, 어느 날 하나님의 영광이 임하는 것을 느끼고 그 성경 구절을 다시 보면, 완전히 새로운 의미로 다가오는 것이다. 전구가 켜지면서 이전에는 알지 못했던 무언가를 말씀 속에서 보게 되는 것이다. 나는 이런 일을 늘 겪는다.

하나님은 우리 모두를 그분의 마음과 생각 속으로 더 깊이 데려가기 원하신다. 계시의 영이신 그분은 계시를 가져다주기 원하신다. 하나님과 하나님 나라에는 보이는 것보다 훨씬 더 많은 것이 존재한다. 마찬가지로 여러분의 삶에도 여러분이나 다른 사람들에게 보이는 것보다 훨씬 더 많은 것이 내재되어 있다. 그분의 계시를 받기 위해 우리는 하나님 안으로 조금 더 깊이 파고들고 마음을 더 열어 드려야 한다.

코드를 뽑고, 재부팅하고, 재설정하라!

주님은 종종 우리 삶의 상황들을 사용해서 그분의 신실하심과 선하심을 더 깊이 깨닫게 하신다. 그러나 우리에게 주시고자 하는 새로운 것을 받으려면, 우리는 그분이 우리의 삶을 '재설정'하시도록 허용해 드려야 한다.

몇 달 전, 아들 링컨이 집에서 인터넷으로 무언가를 하는데 인터넷이 연결되지 않았다. 비밀번호를 다시 입력해 보았지만 여전히 연결이 되지 않았다. 나는 잠시 생각한 후에 공유기의 전원 코드를 뽑고 몇 분 후에 다시 연결해 보았다. 전자 장비는 종종 재부팅을 하면 문제가 해결되는데 이날 이 방법은 효과가 있었다.

며칠 뒤 이번에는 프린터가 작동하지 않았다. 컴퓨터는 프린터로 파일을 보냈지만 응답하지 않았다. 나는 전원을 끄고 몇 분 후에 다시 켜야 한다는 계시를 온전히 이해했다. 그리고 그렇게 했더니 출력이 되었다. 재부팅의 힘은 정말 놀랍다. 재부팅으로 많은 문제를 해결할 수 있다.

이러한 법칙을 인지하고 전 세계적으로 유행한 코로나바이러스를 생각해 보았다. 원수는 이 어려운 시기를 파괴적인 목적, 특히 사람들에게 두려움을 느끼게 하는 데 이용하고자 했던 것이 분명하다(눅 12:4 대조). 그러나 하나님은 우리에게 창조적 영광을 주셔서 전 세계적 규모의 공격을 포함한 원수의 모든 악한 계략을 이겨낼 수 있게 하셨다.

원수는 저주를 내리고, 파멸을 가져오고, 문제를 일으키고, 잔학한 일을 일삼고, 사람들의 삶을 무너뜨리려 했지만, 하나님은 그 상황을 이용해서 그분을 믿는 자들에게 새로운 기회를 주셨다. 하나님은 우리에게 새로운 것을 부어 주셔서 우리를 통해 창조적인 방식으로 흘러갈 수 있도록 만드셨다.

코로나 팬데믹이 시작되자 우리 삶의 방식이 갑자기 많이 달라졌다. 하나님께서 바이러스를 일으키신 것은 아니다. 하지만 나는 하나님께서 격리와 제한, 부족 등을 통해 우리의 삶에 우리가 찾고 있었던 새로움을 가져다주셨다고 믿는다. 많은 사람이 병에 걸리고 상실감을 느꼈던 그 어렵고 고통스러운 시간 속에서도, 하나님은 사람들이 그 상황을 이용하여 창조적이고 혁신적인 능력을 키울 수 있게 하셨다. 그리하여 그저 생존이나 삶을 유지하는 것을 넘어 자신과 타인들의 삶을 개선할 수 있는 새로운 아이디어와 방법들을 개발하게 되었다. 그럼에도 불구하고 우리는 종종 하나님께 어떻게 대응하기 원하시는지를 묻기보다는 불편함을 저주했다. "하나님, 도대체 무슨 일이 일어나는 겁니까? 저는 이 상황이 싫습니다. 이 모든 상황이 매우 불편합니다"라고 불평했다. 하지만 창조적 영광은 어려운 상황이 우리에게 유익이 되도록 바꿔주기 위해 임한다.

많은 고통을 겪은 요셉은 자신을 노예로 팔아넘긴 형제들에게 다음과 같은 진리를 말했다.

> 당신들은 나를 해하려 하였으나 하나님은 그것을 선으로 바꾸사 오늘과 같이 많은 백성의 생명을 구원하게 하시려 하셨나니 (창 50:20)

이 세상은 참으로 문제가 많다. 심지어 그리스도의 몸 된 교회 안에도 많은 무질서와 문제들이 있지만 바뀔 수 있다. 하나님께서는 우리를 경건치 못한 관행들과 건강하지 않은 연합해 코드를 뽑으시고, 잠시 휴식을 취하고 재충전한 뒤, 다시 연결해서 원래 계획대로 행하고 삶을 살 수 있도록 하신다. 그분은 우리가 더 높은 역량을 발휘할 수 있도록 새로운 일을 행하신다. 하나님 안에서는 결코 잃어버림이나 빼앗김이 없다는 사실을 기억하는 것이 중요하다. 우리에게 창조적 영광이 있는 한, 우리는 우리 삶에 일어나는 어떤 일과도 맞설 수 있다.

창조적 영광은 나에게 실패의 씨앗을 뿌리고 그것으로 수확을 얻으라고 가르쳐 주었다. 나는 과거의 실패를 보내 버리고 하나님과 그분의 계시를 구하며, 그분의 말씀에 순종하고 범사에 감사하며, 다른 사람들에게 그분의 긍휼을 보여 줌으로써 이를 실천한다. 우리가 하나님의 영광 안에 있으면, 하나님께서는 우리의 어려운 상황을 영광스러운 상황으로 바꾸어 주실 것이다. 그리스도를 믿는 우리는 항상 유리한 위치에 있다. 우리는 원수보다 항상 우위에 있다. 우리는 그리스도 안에서 "넉넉히 이긴다"(롬 8:37)고 말하지만, 이 진리를 정말로 믿고 있는가?

> 창조적 영광은 나에게 실패의 씨앗을 뿌리고 그것으로 수확을 얻으라고 가르쳐 주었다.

하나님은 놀라운 솜씨를 가진 분이며, 그분의 창조의 영을 여러분 안에 넣어 두어 이 땅에서 놀라운 것들을 창조해 내고 혁신적인 일들을 할 수 있게 하셨다. 창조적 영광이 여러분을 통해 흐를 때, 하나님께서는 여러분의 문제들에 대한 하나님의 해결책을 주실 수 있고, 그 누구도 생각하지 못한 독창적인 생각과 아이디어를 주실 수 있다. 이 시대에 창조적 영광이 폭발적으로 터져 나오는 것을 볼 준비를 하라!

그렇다. 하나님은 여러분에게 이것을 주기 원하신다. 하나님은 여러분에게 자녀를 교육하는 창의적인 방법을 보여 주기 원하신다. 하나님은 여러분에게 정직하면서도 충분한 급여를 받을 수 있는 창의적인 방법을 알려 주기 원하신다. 하나님은 여러분의 삶에 재정이 흘러 들어가는 창의적인 방법을 알려 주기 원하신다. 그분은 여러분이 그저 먹고 살기에 충분한 것만으로 만족하지 않으신다. 여러분을 향한 하나님의 뜻은 부요함이다. 하나님은 생활비 정도가 아니라 여러분이 가는 곳마다 흘러넘치는 축복이 되기를 원하신다. 복음이 전파되는 데 필요한 사업 아이디어를 주실 수도 있다. 그런 아이디어들은 마음을 열고 기꺼이 받으려는 자들에게 흘러갈 것이다. 여러분이 해야 할 일은 그저 영광 안에 손을 뻗어 붙잡아 취하는 것이다. 모든 의심을 버리고 믿음이 일어나라. 그리고 하나님의 창조적인 해결책이 흘러나오도록 허용해 드려라.

천국의 전략

여러분이 성령님께 완전히 젖어 들면, 하나님께서 여호수아에게 여리고성을 승리로 취하도록 전략을 주신 것처럼, 하늘의 전략을 보내주실 것이다. 하나님께서 그에게 주신 전략은 보편적이지 않지만 여호수아는 순종했다. 여호수아와 이스라엘 백성은 하루에 한 번씩 6일 동안 여리고성을 돌아야 했다. 그리고 일곱째 날에는 그 성을 일곱 번 돌아야 했다. 일곱 번째 돌 때는 제사장들이 쇼파르를 불어야 했고, 그렇게 했을 때 성벽이 무너져 내렸다(수 6:1-21).

여호수아가 육신의 생각을 하는 사람들에게 이 계획을 말했다면 여호수아를 비웃으며 절대 일어날 수 없다고 했을 것이다. 그러나 하나님의 말씀은 반드시 이루어진다. 그러므로 우리가 하나님의 음성을 듣고 그에 따라 행동할 때, 창조적 영광이 우리 삶에 개입하여 우리를 압도적인 승리로 인도할 것이다. 창조적 영광 안에서 하나님께서는 우리의 자연적 능력에 그분의 '초능력'을 더하시며, 그로 인해 초자연적 능력이 역사하게 된다. 성령님의 '특별함'이 여러분의 평범함에 기름을 부어서 여러분의 능력을 비범하게 만드시는 것이다.

바울과 실라가 감옥에 갇혔을 때, 그들은 어려운 상황에 놓인 것처럼 보였다. 그들은 아무 잘못도 하지 않았고 오히려 선을 행하다가 감옥에 갇혔다. 하나님께서는 그들에게 감옥에서 그분을 찬양하고 그분의 이름을 크게 외쳐 부르게 하셨다. 그들이 순종했을 때 창조적 영광이 역사했다. 땅이 흔들리고 쇠사슬이 풀리고 감옥 문이 활짝 열렸다. 바울과 실라는 자유를 얻었을 뿐만 아니라 간수와 그의 가족 전체가 구원을 받았다(행 16:16-33).

창조적 영광이 여러분을 통해 흐를 때 여러분에게 도움을 줄 뿐 아니라, 다른 사람들에게도 그 축복이 흘러간다는 것을 기억하라. 여러분의 도시, 지역, 국가 전체에 축복이 흘러넘칠 것이다. 왜냐하면 창조의 영이신 하나님의 영과 함께 움직이기로 여러분이 선택했기 때문이다. 창조적 영광은 우리가 해야 할 모든 일에 필요한 천국의 도구로 우리를 무장시키고 준비시킨다. 시편 51편은 다음과 같이 찬양한다.

> 하나님이여 내 속에 정한 마음을 창조하시고 내 안에 정직한 영을 새롭게 하소서 나를 주 앞에서 쫓아내지 마시며 주의 성령을 내게서 거두지 마소서 주의 구원의 즐거움을 내게 회복시켜 주시고 자원하는 심령을 주사 나를 붙드소서 (시 51:10-12)

다윗이 이 기도를 드린 것은 예수 그리스도를 통해 우리 각자에게 주어지는 구원의 섭리를 알기 훨씬 이전이었다. 오늘날 새 언약 아래에서 우리는 다윗의 기도를 다르게 할 수 있다. "하나님이여 내 속에 정한 마음을 창조하시고 내 안에 정직한 영을 새롭게 하소서"라고 똑같이 시작하지만 "주님, 예수님 덕분에 주님 앞에서 살 수 있게 해주시고, 주님의 성령을 내게서 거두지 않아 주셔서 감사합니다. 주님의 구원의 즐거움을 내게 회복시켜 주시고, 주님을 향한 첫사랑으로 돌아가게 해주십시오"라고 기도할 수 있다(계 2:4).

오늘날 믿는 자들의 삶은 매우 복잡하고 혼란스럽다. 우리의 삶에는 너무도 많은 번잡함이 우리를 짓누르고 하나님의 뜻에서 우리의 생각이 멀어지게 한다. 창조적 영광은 이러한 번잡함을 없애고 기초로 다시 돌아가 다른 사람을 축복할 수 있게 한다. 다윗은 "그리하면 내가 범죄자에게 주의 도를 가르치리니 죄인들이 주께 돌아오리이다"라고 기도했다(시 51:13).

창조적 영광은 우리가 다시 궤도에 오를 수 있도록 도와준다. 때때로 우리가 좋은 결과 없이 한 방향으로만 나아가고 있을 때, 하나님께서는 "내게로 돌아오라, 내가 너와 함께 경주하고 승리의 한 바퀴를 함께 돌겠다. 이리 와서 네가 태어나기도 전부터 받은 부르심을 행하라"고 말씀하실 것이다. 이 땅에서 삶을 향한 우리의 좋은 의도도 나쁘지 않지만, 우리의 삶을 향한 하나님의 계획은 초자연적이고 영원하다. 하나님께서는 우리가 창조적 영광의 흐름을 탈 수 있도록 그분의 계획을 우리에게 주기 원하신다.

나의 친한 친구인 조(Joe)와 벨라 가르시아(Bella Garcia) 목사 부부는 유쾌하고 성령으로 충만한 이들이다. 이분들은 종종 "우린 재미없는 것을 원치 않아"라고 말한다. 우리는 매일 실제적인 영적 전투를 치르고 있지만, 무엇보다도 주님의 기쁨이 이 전투를 이겨내고 승리할 수 있는 초자연적인 힘을 준다는 사실을 항상 기억해야 한다(느 8:10). 어떤 믿는 자들은 평상시에 매우 슬픈 표정으로 걸어 다닌다. 그들은 부정적인 언론 보도와 다양한 분야의 소위 전문가들이 말하는 끔찍한 세계 상황과 미래에 대한 두려움에 눌려 버렸다. 하지만 두려워할 필요가 없다. 하나님께서는 우리에게 유리한 상황을 만드셨다. 그분의 영광은 기쁨으로 충만하고 우리는 이미 하나님에 의해 승자의 위치에 놓여 있다. 하나님은 이미 우리의 성공을 결정하셨다. 우리는 그저 그분의 창조적 영광의 흐름에 따라 살기로 선택하면 된다.

영광의 씨앗

창조적 영광은 씨앗이다. 씨앗을 받아 믿음과 순종 그리고 하나님을 구하는 마음으로 심으면 자라게 된다. 곧 꽃을 피우고 열매를 맺을 것이다.

> 하나님이 말씀하시기를 말세에 내가 내 영을 모든 육체에 부어 주리니 너희의 자녀들은 예언할 것이요 너희의 젊은이들은 환상을 보고 너희의 늙은이들은 꿈을 꾸리라 그 때에 내가 내 영을 내 남종과 여종들에게 부어 주리니 그들이 예언할 것이요 (행 2:17-18)

이 성경 구절은 하나님의 영이 임할 때 찾아오는 창조적 흐름에 관해 이야기하고 있다. 창조적 영광은 다음과 같은 일들을 통해 하나님의 '새로운 것'을 가져온다.

- 꿈과 비전을 풀어낸다.
- 보는 영역을 열어 준다.

- 눈을 가리고 있는 것들을 제거한다.
- 부정적인 것과 어두움을 제거한다.
- 하나님 영광의 빛을 볼 수 있는 눈을 열어 준다.
- 하나님의 창조적인 능력과 아이디어들을 드러낸다.
- 우리의 영혼을 새롭게 한다.
- 우리를 격려한다.
- 하나님 임재의 기쁨을 가져다준다.
- 우리 안에서, 우리를 위해, 우리를 통해 기적을 일으킨다.
- 우리의 삶 속에서 성령님의 계획을 가속화한다.

여러분의 삶에 흘러들어 가는 창조적 영광의 차원을 받아들일 것을 기도한다. 그렇게 할 때 하나님의 표현들이 여러분을 통해 전파될 것이다. 오늘부터 계속해서 창조적 영광의 흐름이 여러분 주변을 둘러싸기를 기도한다. 하나님께서 여러분에게 더 나은 배우자, 더 나은 부모, 더 나은 사역자, 더 나은 직원, 더 나은 사업가, 더 나은 학생, 더 나은 예술가가 될 수 있는 창의적인 방법을 보여 주시기 기도한다. 하나님의 영광을 위해 부르신 그 모든 일을 할 수 있는 창의적인 방법을 보여 주시기 기도한다.

나는 여러분의 눈이 열려 영의 세계를 볼 수 있고 하늘의 환상을 보게 되기를 선포한다. 이제 여러분의 마음이 열려 성령님을 인식하고 영적인 꿈을 꾸게 될 것이다. 이제 여러분의 입이 열려 주님의 말씀을 예언하고, 그 말씀을 통해 하나님께서 초자연적인 영역에서 여러분에게 주신 것들을 자연적인 영역에서 창조하고 재창조하게 될 것이다. 여러분을 통해 영광이 흐르게 하라.

창조적 영광이여, 내 안에서 일어나라!

CHAPTER

3 영광의 신성한 표현

주 우리 하나님의 은총을 우리에게 내리게 하사 우리의 손이 행한 일을 우리에게
견고하게 하소서 우리의 손이 행한 일을 견고하게 하소서 (시편 90:17)

CREATIVE GLORY

캘리포니아주 팜스프링스에서 동쪽으로 1시간 30분 정도 가서 솔튼 씨(Salton Sea) 호수를 지나면 마치 닥터 수스(Dr. Seuss, 미국의 유명 동화 시리즈-역자 주)의 동화 속 세계가 총천연색의 무지개와 함께 땅에서 솟아오른 듯한 언덕이 있다. 구원의 산(Salvation Mountain)이라고 불리는 이곳은 영적 몽상가이자 민속 예술가인 레너드 나이트(Leonard Knight)의 평생에 걸친 작업의 산물이다.

하나님은 사랑이시다

여러 해 전, 자넷과 나는 이 특별한 관광 명소에 대해 처음 듣고

캘리포니아를 방문 중인 부모님을 모시고 이곳으로 여행을 떠나기로 결심했다. 우리가 구원의 산에 도착했을 때 정말 멋진 광경이 펼쳐져 있었다. 인공적으로 만든 작은 산은 황금빛 햇살을 받고 화려하게 솟아 있었다. 산꼭대기에 높고 자랑스럽게 서 있는 흰색 십자가 아래에는 '하나님은 사랑이시다'라는 강렬한 문구가 대담하게 그려져 있었다. 대담하게 쓰여 있는 문구 아래로는 붉은색 큰 하트 문양이 있었고, 하트 안에는 레너드가 사도행전 2장 38절을 재구성한 영접 기도가 적혀 있었다.

"예수님, 저는 죄인입니다. 제 몸과 마음속에 임하여 주소서."

손으로 그린 그림은 아주 흥미로웠고 경의로웠다.

우리가 구원의 산에 도착했을 때 손에 페인트가 잔뜩 묻은 레너드와 우리 외에 다른 사람들은 없었다. 그는 새로운 작업을 하느라 바빴다. 우리를 본 레너드는 반가워하며 자기와 자기 작품을 보러 왔다는 사실에 기뻐했다. 그는 이곳저곳을 안내해 주면서 자기 이야기도 들려주었다. 그는 관광 명소를 만들 생각은 전혀 없었고 그저 사람들에게 하나님 사랑의 메시지를 전하고 싶었을 뿐이라고 설명했다.

우리는 1967년 남부 캘리포니아에서 레너드 나이트와 그의 여동생이 예수 그리스도를 영접했음을 알게 되었다. 인생을 바꾼 경험 후에 레너드는 잃어버린 영혼을 구원하려는 열정으로 불타올랐다. 강한 복음 전파의 기름 부음을 받은 그는 영혼 구원에 대한 열망이 매우 컸다. 그가 출석하고자 한 대부분의 교회에서는 그를 어떻게 대해야 할지 몰랐다. 1970년에 부르심에 대한 답답함을 느낀 레너드는 하나님 사랑의 메시지를 아무 저항 없이 전파할 방법이 고민하던 중에 '하나님은 사랑이십니다'라는 메시지를 열기구에 담아 미국 전역은 물론 전 세계로 날려 보내는 원대한 아이디어를 생각해 냈다. 이 비전을 재정적으로 후원해 줄 사람들을 찾아 전국을 돌아다녔지만, 끝내 찾지 못했다. 그럼에도 불구하고 언젠가는 방법을 찾을 수 있을 거라고 확신했다. 창조적 영광이 계속해서 역사하고 있었다.

레너드가 네브래스카주에 있을 때 열기구용 천 조각을 구할 수 있는 곳을 알게 되었다. 그는 몇 년 동안 자투리 천 조각들을 모으면서 바느질을 배웠고 그 조각들을 이어 붙였다. 가내 수공업으로 만든 열기구는 다양한 색상의 요셉의 채색옷처럼 보였다. 그 모습은 경이롭기까지 했다.

레너드는 16년이라는 긴 시간 동안 열기구 제작에 매달렸고, 천 조각들을 더 구입하기 위해 여기저기서 허드렛일도 했다. 하지만 그 모든 작업과 그 오랜 세월이 흐른 뒤에도 그의 비전을 하늘로 띄울 수 없었다. 시간이 지날수록 여름의 습도와 겨울의 습기로 인해 천 조각들은 썩고 찢어지기 시작했다. 그의 꿈은 이제 끝났다고 생각했다.

오색찬란한 아이디어

레너드는 실망의 시간을 보냈다. 자신이 원하는 만큼 하나님 사랑의 메시지를 전할 수 없을 것 같았다. (많은 예술가가 이런 시기를 겪을 것이다. 하지만 절대 포기해서는 안 된다.) 레너드는 패배감에 사로잡힌 나머지 문제에서 회피하기 위해 캘리포니아 사막으로 이사했다. 그런데 슬랩 시티(Slab City)에 도착했을 때 또 다른 아이디어가 떠올랐다. 이번에는 하나님의 사랑을 전할 수 있는 기념비를 만들어야겠다고 생각했다. 원래 그는 시멘트 반 포대를 들고 올라가 언덕에 작은 기념비 하나만 세우고 떠나려 했다. 하지만 이 새로운 프로젝트는 도저히 그만둘 수 없었다. 그는 한정된 재료를 늘리기 위해 시멘트에 모래를 추가해서 언덕을 더 높게 쌓았고, 거기에 그림을 그리고 장식도 했다. 그런데 헌신과 노력을 쏟아부은 지 3년이 지난 시점에 구조물이 전부 무너지면서 그의 계획은 또다시 비참하게 실패하였다.

대부분의 사람에게 이러한 실패는 완전히 좌절의 시간이지만, 레너드는 이 일을 성공적으로 마치기로 결심했다. 그는 사막의 천연 점토를 이용할 새로운 방법을 연구했고, 30년 동안 작업해서 완전히 새로운 구조물을 만들어 냈다. 그 결과 100만 리터 분량의 페인트를 사용해 수작업으로 그린 폭포, 강, 꽃, 파랑새, 성경 구절들로 덮인 15미터 높이의 진흙으로 만든 산이 탄생했다. 그리고 이 예술 작품은 '구원의 산'으로 알려졌다. 2002년에는 구원의 산에 대한 이야기가 미국 의회 기록에 '국보'로 등재되었다.[2)]

우리 가족이 구원의 산을 방문했을 때 레너드는 건초 더미, 나뭇가지, 사막에서 주운 '고물' 조각들을 이용해 산 옆에 작은 구역을 만들고 있었다. 결국 그는 하나님의 사랑에 대한 비전을 성취하였다. 지금도 소셜 미디어, 인터넷, 입소문 등을 통해 수천 명의 관광객이 다채로운 색들로 꾸며진 구원의 산을 방문하고 있다. 흥미진진한 이야기가 있는 이 산은 이제 사막에서 특별한 경험을 하고 싶은 사람이라면 꼭 가봐야 할 명소가 되었다.

레너드는 2014년에 소천하였고, 구원의 산은 후원자들과 이곳을 방문하는 사람들의 기부금으로 유지되고 있다.[3] 레너드의 끈기에 대한 간증은 우리가 성령님께 굴복하고 하나님 및 다른 사람들과 사랑으로 연결될 때, 하나님의 목적은 우리의 삶에서 성취된다는 것을 일깨워 준다. 창조적 영광이 길을 찾아줄 것이다.[4]

과정에 순복하기

욥은 인생의 시련 속에서 우리가 겪는 연단의 과정을 예술적 언어로 표현했다. "그러나 내가 가는 길을 그가 아시나니 (관심을 가지시니) 그가 나를 단련하신 후에는 내가 (정련되어 순결하고 빛이 나는) 순금같이 되어 나오리라"(욥 23:10, 확대역). 창조적 영광을 통해 우리는 큰 어려움 속에서도 성령의 인도하심을 따라 앞으로 나아갈 수 있는 기회를 얻게 된다. 우리가 하나님과 함께한다면, 결국 우리는 처음 보다 더 나은 사람이 되어 나오게 될 것이다. 중요한 점은 우리가 하나님께 집중하고 신실하게 있는 것이다.

우리의 삶은 현재 만들어지는 과정 중에 있는 예술 작품이다. 그림이나 조각품이 완성되기도 전, 아직 만들어지는 단계에서 판단하는 것은 잘못된 일이다. 하지만 우리는 하나님이 우리를 빚고 계시는 중에 우리 자신을 비난할 때가 많다(살전 5:23-24). 성경에 의하면 하나님은 토기장이시고 우리는 진흙이다.

> 그러나 여호와여, 이제 주는 우리 아버지시니이다 우리는 진흙이요 주는 토기장이시니 우리는 다 주의 손으로 지으신 것이니이다
>
> (사 64:8)

진흙은 토기장이에게 저항하지 않는다. 마찬가지로 우리도 하나님의 세심한 사랑의 손길에 우리를 내어 드려야 한다. 하나님은 이 땅에서 살아가는 동안 우리를 빚으시고, 변화시키고, 성화시키는 것을 매우 좋아하신다. 우리는 창조주의 인도하시는 손길에 우리 자신을 내주는 법을 배워야 한다. 하나님께 우리 자신을 내어 드릴 때 비로소 그분이 세상에 보여 주고 싶은 걸작이 되는 것이다.

우리의 삶은 현재 만들어지는 과정 중에 있는 예술 작품이다.

천국의 비전 표현하기

나는 아키아나 크라마리크(Akiane Kramarik, 세계적으로 유명한 화가이자 시인이다. 네 살 때 첫 그림을 그렸고, 여덟 살 때 첫 작품을 1만 달러에 팔았다-편집자 주)가 열두 살일 때 처음 만났다. 아이다호주 코들레인에서 사역할 때, 아키아나는 나를 초청한 교회에 왔다. 어느 날 집회 후에 아키아나는 자기 집에서 그림 몇 점을 보여 주겠다고 했다. 나는 어린아이가 그린 그림을 예상했는데, 내가 본 그림들은 아주 놀라웠다. 아키아나의 집 벽면은 놀랍도록 생생한 예수님의 그림으로 가득 차 있었다.

아키아나는 어머니와 아버지 모두 무신론자인 가정에서 자랐고 네 살 때 천국에서 환상 중에 주 예수님을 만났다. 아키아나가 천국에 들려 올라갔을 때, 주님께서는 그녀의 손에 연필을 쥐어 주시며 그림을 그리라고 말씀하셨다.

예수님과의 만남 이후, 아키아나는 그림을 그리기 시작했다. 아키아나의 그림은 모두를 놀라게 했다. 아키아나의 어머니는 자기 딸이 그런 그림을 그렸다는 사실을 믿을 수 없었다. 아키아나는 미술 교육을 받은 적이 없기 때문이다. 아키아나는 자기에게 어떤 일이 있었는지 어머니에게 이야기했다.

이후 아키아나는 다른 환상을 보았고, 몇 년 후 주님께서는 그녀를 천국으로 데려가 붓을 주며 "나는 네가 이제 페인팅을 했으면 좋겠구나"라고 말씀하셨다. 그리고 아키아나는 붓을 들고 환상 중에 본 예수님의 얼굴을 숨이 멎도록 놀랍게 그려내기 시작했다.

아키아나는 아침 일찍 일어나 지하실에서 하나님께서 환상으로 보여 주시는 것들을 아무도 보지 않을 때 그린다. 그녀가 그린 예수님 이미지는 매우 사실적이며, 각각의 그림들은 모두 빛이 난다. 그림들을 본 사람들은 주님과의 개인적인 만남을 체험했는데, 이는 모두 아키아나의 예술 작품에 있는 특별한 기름 부음 때문이다.

그날 아키아나는 작은 키보드를 보여 주면서 "주님께서 목사님께 피아노 치는 법을 가르쳐 주셨다고 들었어요. 저도 피아노를 배우고 싶어요"라고 말했다. 나는 아키아나에게 손을 얹고 축복해 주었다. 내가 떠나자마자 아키아나는 작은 피아노 앞에 앉아서 연주하기 시작했다.

현재 아키아나는 시각 예술과 음악 예술 모두에서 재능을 발휘하고 있으며 시를 쓰기도 한다. 그녀의 작업들은 매우 깊이가 있다. 아름답게 그림을 그리고 능숙하게 연주하는 아키아나는 전문적인 교육을 받은 적이 없다. 내게 아키아나는 하나님께서 창조적 영광을 통해 그분의 백성에게 어떤 일을 하고 싶어하는지를 보여 주는 아주 좋은 예였다.[5]

영광의 구름

《능력의 문*Power Portals*》을 집필할 때 노스캐롤라이나 애쉬빌에 사는 존 알마게르(John Almaguer)에게 연락했다. 그는 하나님의 영광을 투영하고 표현하는 유리 공예품을 만드는 사람이다. 오래전에 존은 나에게 열린 천국의 문(portal)을 표현한 아름다운 작품을 선물해 주었다. 나는 몇몇 친구에게 새 책과 함께 '유리로 된 열린 천국'을 선물하고 싶었다. 나는 그 특별한 천국 문을 책꽂이에 보관하는데, 볼 때마다 그리스도께서 자신을 통해 우리에게 열어 주신 열린 천국을 생각한다. 기름 부음 받은 예술 작품들은 우리에게 하나님의 약속을 기억하게 하고 우리 마음을 깊이 만져준다. 유리 문을 선물받은 친구들은 이 작품이 찬양과 기도, 열린 하늘이 지닌 능력을 매일 상기시켜 주는 선물이 되었다는 감사 편지를 보내왔다.

존과 하나님 아버지와의 관계는 그의 창의성을 통해 잘 드러난다. 그는 웹사이트를 통해 다음과 같이 말한다,

"이제껏 한 번도 본 적 없는 것을 창조하는 일은 매우 흥분됩니다. 저는 보이지 않는 것을 현실의 영역에서 살아 움직일 수 있게 합니다. 제가 첫 숨을 쉬기도 전에 하나님께서 저를 통해 창조하려고 꿈꾸셨던 작품들을 제 몸짓을 통해 창조되는 것이 얼마나 기쁜 일인가요. 그리고 이제 저는 숨을 쉬고 작업하고 있으며, 그로 인해 예술이 만들어집니다."[6]

브리티시컬럼비아주 밴쿠버에 사는 재살린 쏜(Jasalyn Thorne)은 예술가이자 수상 경력이 있는 사진작가다. 그녀의 작품은 〈보그 Vogue〉, 〈엘르Elle〉, 〈헬로 캐나다Hello Canada〉, 〈패션Fashion〉 등의 잡지에 수록된 바 있다.[7] 자넷과 내가 캐나다 서부에 살고 있을 때, 우

리는 재살린을 처음 만났다. 작년에 나는 소셜 미디어를 통해 재잘린이 다양한 모양과 크기 및 색상의 아름다운 소용돌이들을 그리는 것을 알았다. 처음에는 자신이 무엇을 그리는지 정확히 몰랐지만, 특이한 방식으로 계속 그림을 그려야 한다는 강한 이끌림을 느꼈다고 말했다.

나는 그 소용돌이들을 처음 보았을 때 재살린이 무엇을 그리는지 바로 알 수 있었다. 빨간색, 파란색, 금색, 검은색, 흰색, 보라색 등으로 된 능력의 문들(power portals)이었다. 그 문들은 상상할 수 있는 모든 색과 하나님이 주신 약속으로 그녀의 작품을 통해 예언적으로 열리고 있었다. 재살린도 이를 깨달았다. 그녀의 독특한 그림들은 그녀의 내면에서 열리는 영적인 문들을 창의적으로 표현한 것이었다. 성령님의 인도하심으로 그려진 이 예술 작품은 창조적 영광의 본질을 담고 있었다. 이 그림에 임한 강력한 기름 부음에 깊은 감명을 받은 나는, 재살린에게 앞으로 발매할 기도 음반 〈문을 열다 Opening the Portals〉의 커버로 사용할 금빛 문을 그려 달라고 부탁했다. 이 그림의 원본은 우리집 현관에 걸려 있고 영광의 영역으로 오는 손님들을 맞이하고 있다.

하나님은 창조적인 은사들을 통해 사람들을 축복하시고 격려하시고 치유하시며 심지어 기름 부음을 임파테이션하신다. 물론 그 물건들 자체가 주인공이 되는 제단을 짓거나 우상 숭배적인 그림을 그려서는 안 된다. 하지만 하나님께서 주신 은사를 활용해 만든 예술을 통해 하나님 영광의 구름을 만들도록 부름 받았다. 우리는 성경을 통해 성령님의 인도하심을 따라 만들어진 물건들은 성령님께 기름 부음 받을 수 있다는 것을 알고 있다(출 40:9). 예술을 통해 열린 영적인 문들은 만유의 주님과 연결되어 그분을 보고, 알 수 있는 다리가 되어 준다.

창조성을 위한 능력의 문

하나님은 우리가 어디에 있든 그분의 창조적 영광을 부어 주실 수 있지만, 나는 주님과 더 가깝게 연결되는 장소들이 존재한다는 것을 알게 되었다. 다른 많은 사람들도 이런 사실을 경험하였다. 예를 들어 아내 자넷은 해변에 가는 것을 좋아한다. 자넷이 생각하는 이상적인 휴가는 일주일 동안 하와이의 수영장이나 모래사장에 앉아 따뜻한 햇살을 받으며 태평양의 푸른 파도를 바라보는 것이다. 자넷은 하와이의 아름다운 자연을 즐기는 것 이상으로, 그저 그곳에 있는 것만으로 평안함을 느낀다. 자넷은 하와이에 있으면 하나님의 알로하(사랑과 숨결)에 둘러싸인 느낌을 받는다고 여러 번 이야기했다. 그곳에서 특별히 하나님의 아름다움이 전달되는 것과 하나님이 사랑으로 마음을 감싸주시는 것 같은 영적인 연결, 즉 능력의 문을 느끼는 것이다.

여러분도 영감을 주는 구체적인 장소, 즉 창의력을 자극하는 장소, 활력을 불어넣는 장소를 찾아보라. 여러분만의 창의적인 공간,

즉 이 세상의 방해 요소들에 영향받지 않고 영광의 차원으로 연결될 수 있는 장소를 이미 찾았는가?

물론 우리는 하나님께서는 어디에나 계시다는 것을 알고 있다. 그분께는 장소도 중요하며, 우리 모두에게 세상에서 한 발짝 떨어져 창조주와 거룩하게 연결될 수 있는 특정하고도 은밀한 장소들을 만들어 주셨다는 사실도 알아야 한다. 여러분만의 특별한 장소를 발견했을 때, 그곳이 특별한 장소임을 바로 알아차릴 것이다.

능력의 문 안에 있는 하나님의 신성한 기운은 앰프(amplifier)와 같은 역할을 한다. 앰프의 사전적 의미는 '(음향 시스템과 같은 기기에서) 전압, 전류 또는 전력을 증폭하기 위한 전자 장치'다.[8] 즉 앰프는 신호를 받아서 더 강하게 만들어 주는 역할을 한다. 우리가 능력의 문 안에 있으면, 그 안에서 가져오는 것은 무엇이든 하나님의 임재를 증폭시킨다. 그것이 영적인 것이든, 정신적인 것이든, 육적인 것이든 말이다. 나는 이러한 열린 문들에 들어설 때 영적으로 더 강건해지고, 나와 다른 사람들을 향한 하나님의 사랑에 대한 새로운 확신으로 가득 차는 것을 느낀다. 그때 필요한 모든 공급과 함께 하나님이 주시는 지혜와 개인적인 계시가 충만하게 임한다. 이러한 차원으로 들어가면, 생각이 명료해지고, 영감을 주는 아이디어가 강물처럼 흐르며, 깊은 평강과 기쁨, 천국의 안정감으로 충만해진다. 창조적 영광이 살아나는 것이다. 또한 육체적으로도 활기찬 느낌이 든다. 우리가 능력의 문 안에 들어설 때, 그 어느 때보다 강건하고 생생하게 살아 있다는 느낌을 받는다. 열린 문 안에는 어떠한 통증이나 불편함, 질병도 존재하지 않는다.

'열린 문(portal)'이라고 부르며, 종종 방문하는 나만의 특별하고 은밀한 장소가 있다. 나의 책 《능력의 문》을 준비할 때 종이와 펜을 들고 그곳에 있는 멋진 바위에 앉아 글을 쓰기 시작했다. 그 장소는 선인장, 안개 나무 등 많은 동식물이 있는 가파르고 험준한 지형을 지나서 약 3킬로의 등산로 내에 위치해 있다. 돌계단을 오르내리는 이 코스의 궁극적 보상은 1장 초반에 언급한 산 자킨토(San Jacinto) 산 기슭에 있는 숨막히도록 아름다운 폭포를 만나는 것이다. 겨울철 눈이 녹아 산 아래로 흘러내리는 물은 정말 깨끗하다(그리고 정말 차갑다). 수영하기에는 매우 차갑지만 아주 황홀한 경험이다. 그곳에는 내 생각과 영이 성령님의 음성을 듣고 연결될 수 있게끔 하는 무언가가 있다.

최근에 한 사역자 친구가 그곳으로 가는 길을 물었다. 어려움을 겪고 있던 그는 그저 주님과 단둘이 기도할 시간이 필요했다. 그곳에서 며칠을 보낸 그는 이같이 고백했다. "그곳에서 천사의 방문을 세 번이나 받았어!" 그곳에서 주님께서는 부르심과 그를 향한 주님의 뜻을 재확인시켜 주셨고, 그에게 인생의 전환점이 되었다.

나는 열린 문이 있는 곳에서 천사들을 만났다는 친구의 이야기를 듣고도 놀라지 않았다. 천사들은 항상 하나님의 영광이 있는 곳에 머물기 때문이다. 이곳을 방문할 때마다 머리에 무지갯빛 후광을 띠처럼 두른 키 큰 천사가 폭포 중앙에 서 있는 것을 자주 목격한다. 무지개가 허리춤에 벨트처럼 둘러 있을 때도 있다. 요한계시록 10장에는 무지개 후광을 가진 천사에 대한 이야기가 나오는데, 그 천사의 주된 메시지는 다음과 같다. "더 이상 지체되지 않을 것이다"(계 10:1-7). 열린 문에 서 있는 천사의 역할은 이 땅에서 하나님의 뜻이 가속화되는 것을 격려하는 것인 듯하다.

처음으로 사람들을 그곳에 데리고 갔을 때가 생각난다. 그곳에 성령님께서 강하게 운행하셨기 때문에 사람들은 그 폭포의 못에서 세례를 줄 수 있겠냐고 물어볼 정도였다. 그리스도께 온전히 헌신하고자 하는 열망이 그곳에서 더욱 가속화된 것이다. 세례식을 준비하지는 않았지만, 우리는 하나님께서 원하시는 일을 하시도록 하였다. 창조적 영광이 여러분이 있는 장소에 임할 때는 성령님의 흐름에 즉흥적으로 따라갈 마음의 준비가 되어 있어야 한다.

창조적 영광이 일어나고 있다

하나님께서는 백성들을 통해 그분의 영광을 드러내기 원하신다. 하나님의 영광은 사회의 모든 영역에서 창조적 영광이 흐를 수 있도록 내어 드릴 때 표출된다. 그리고 창조적인 예배가 항상 받아들여져야 하는 장소는 바로 하나님의 집, 즉 교회다. 다시 말하지만, 창조적 영광의 차원에는 제한이 없다. 하지만 교회는 너무나 오랫동안 예술과 영성을 분리해 왔다. 이 둘은 분리될 수 없다. 하나님은 순수한 창조성의 본질이며 창조적 영광은 그분에게서 흘러나온다.

하나님께서는 예술을 사용해서 사람들을 그분께로 더 가까이 이끄시고 그리스도 안에서 구원받도록 이끄신다.

나는 교회에서 '예배용 깃발'이 처음 사용되기 시작했을 때, 논란이 있었던 것을 기억한다. 몇몇 사람은 이런 스타일의 예배를 받아들이는 것을 불편해했고, 전 세계의 교회와 교회 지도자 회의에서는 예배 중에 깃발과 배너를 사용해도 되는지에 대한 이야기로 가득했다.

교회에서 드럼 같은 현대 악기들을 사용하는 것과 관련해서도 같은 논란이 있었다. 세상 음악에 사용되는 악기들을 사용해도 주님께서 영광을 받으실까? 춤에 대해서도 비슷한 논란이 있었다. 우리 모두는 춤에 대한 선입견이 있었고, 일반적으로 교회에서 춤을 추는 것은 눈살을 찌푸리게 하는 것이었다. 우리는 댄스파티에 가 본 적도, 집에서 음악에 맞춰 춤을 춘 적도 없다. 당연히 교회에서도 춤을 춘 적이 없다. 그때 우리는 춤은 세속적이며 세속적인 사람들만 추는 것으로 생각했다.

교회에서 사람들이 춤추는 모습을 처음 본 것은 열 살 때 조부모님의 교회에서였다. 그 교회 사람들은 매우 자유로웠고 춤을 출 때 즐거움으로 가득 찬 것을 보고 깊은 인상을 받았다. 그들은 정말 행복하게 하나님의 선하심을 찬양하는 것 같았다. 나는 그 분위기가 좋았고, 우리 교회 사람들도 춤을 췄으면 좋겠다고 생각했다. 나는 하나님께서 우리의 예배 중에 우리가 받아들이지 않았던 무언가를 하실 수 있다는 가능성에 마음이 열렸다.

이 경험이 있은 지 얼마 지나지 않은 어느 주일, 나는 교회에서 성도들과 주님을 찬양하고 있었는데 갑자기 모든 사람에게 기쁨이 충만하게 임했고 사람들이 처음으로 주님 앞에서 춤을 추기 시작했다. 내 작은 발이 마치 1분에 160킬로미터는 갈 것 같은 속도로 움직이는 듯했고, 작은 몸을 앞뒤로 흔들고 위아래로 뛰면서 주님을 찬양했다. 나는 성령님 안에서 춤추고 있었고, 큰 자유와 기쁨을 느꼈다.

우리는 더 이상 교회에서 춤추는 것이 문제가 되지 않았다. 창조적 영광이 교회에 임하여 성령 안에서 춤추는 것이 괜찮을 뿐만 아니라 환영받을 일이라는 것을 분명히 알게 되었다. 이제 우리는 다음 성경 구절을 이해하고 동의할 수 있게 되었다.

> 다윗이 여호와 앞에서 힘을 다하여 춤을 추는데 그 때에 다윗이 베에봇을 입었더라 다윗과 온 이스라엘 족속이 즐거이 환호하며 나팔을 불고 여호와의 궤를 메어오니라 (삼하 6:14-15)

여러분은 창조적 영광의 모든 가능성에 마음을 열어 드렸는가? 하나님은 이전에 그분께 허용해 드린 것들보다 훨씬 더 많은 일을 여러분의 삶에서 행하기 원하신다. 여러분은 하나님이 우리의 머리를 지나 마음속으로 들어오시도록 기꺼이 허용해야 한다. 하나님께서 여러분의 마음에 창조적인 일을 하시도록 해라. 그러면 하나님께서 그 일을 행하실 때 여러분의 머리도 이해하게 될 것이다.

모든 예술을 통해 하나님을 찬양하자. 창조적 영광의 차원은 무한하다.

깃발 흔드는 사람들은 깃발을 흔들어라!

음악가들은 연주하라!

춤추는 사람들은 춤을 추어라!

주님께서 영광을 받으시도록 하라!

창조적 영광이 일어나고 있다!

창의력과 민감함

몇 년 전, 자넷과 나는 로마 바티칸에 있는 웅장한 시스티나 성당을 둘러볼 기회가 있었다. 미켈란젤로의 걸작은 숨이 멎을 정도로 아름다웠다. 그리고 로마 전역에 전시된 그림, 벽화, 조각품에 묘사된 천사들과 성화의 수는 셀 수조차 없었다. 유럽의 여러 도시도 마찬가지다. 창조적인 예술적 표현은 우리가 더 높은 영적 실재와 연결될 수 있도록 도와준다.

창의적인 사람들은 일반적으로 영적인 세계와도 더 밀접한 경향이 있는 것 같다. 혹은 그 반대일 수도 있다. 영적인 사람들이 더 창의적일 수도 있다. 수 세기 동안 수많은 예술가는 하나님, 예수님, 천사들을 소재로 아름다운 걸작들을 그려왔다.

한편 내가 아는 사람 중 가장 고통받는 사람들도 예술가들이다.

이는 그들이 알든 모르든 자신들의 상상을 활용해 어둠의 장소로 향하는 사탄의 문을 열었기 때문일 수 있다. 우리의 상상력을 지키고 우리에게 주어진 선견자의 은사를 보호해야 한다. 하나님의 보이지 않는 영역을 볼 수 있는 눈을 열어 주는 우리의 상상력은 조심하지 않으면 거룩하지 않고 파괴적인 요소들에 눈뜨게 할 수도 있다.

어렸을 때 나는 음란물에 노출된 적이 몇 번 있다. 아주 오래전 일임에도 불구하고, 처음 접했던 때가 기억난다. 우리는 도시 외곽에 살았는데, 우리집 옆에 큰 밭이 있었다. 형과 나는 종종 그 밭에서 동네 아이들과 미로를 만들거나, 늦여름 높이 자란 옥수수 대 사이에 요새를 만들어 놓았다. 어느 날 그 미로를 따라가다 밭 한가운데 있는 공터에 들어서게 되었다. 공터 한가운데에는 낡은 트랙터 타이어가 있었고 그 타이어 안에는 도색 잡지들이 있었다.

그날 발견한 것은 우리가 보기에 부적절한 것들이었다. 이전에는 이런 것들이 세상에 있다는 사실조차 몰랐지만, 더러운 이미지들을 보는 것은 잘못된 일임을 알았다. 나의 양심과 성령님의 음성이 나에게 말해 주었기 때문이다. 내가 '더럽다'고 표현한 이유는 그 이미지들을 보았을 때 내가 느낀 느낌이 그랬기 때문이다.

얼마 후, 형과 이웃집에서 놀고 있었는데, 한 남자아이가 자기 아버지의 '특별한 컬렉션'을 보자며 우리를 그의 부모님 침실로 데려갔다. 그 방에 들어서자 나는 속이 불편해졌다. 아이들을 따라 들어간 방 안에는 더러운 잡지들이 수북이 쌓여 있었다. 서랍과 침대 밑에도 쌓여 있었다. 침실 곳곳에 온갖 종류의 외설적인 사진들이 가득했다.

형과 나는 집으로 돌아가 부모님께 무슨 일이 있었는지, 무엇을 보았는지 말씀드렸다. 부모님은 다시는 그 집에 가지 말라고 하셨다. 그리고 그 이미지들의 잔상은 이미 내 혼에 각인되었다. 지금도 가끔 그 이미지들이 떠오를 때가 있는데, 그때마다 영적 권위를 가지고 모든 헛된 생각을 사로잡아 복종하게 한다(고후 10:5). 원수가 사람들의 순수함과 순결함을 훔치는 방법의 하나는 이러한 경험을 통해서다. 여러분이 인식하든 못하든 본 것들은 여러분의 혼에 잔상을 남긴다.

이는 순수한 것과 부정한 것 모두에 적용된다. 그렇기 때문에 영화나 텔레비전, 비디오 게임, 인터넷에서 무언가를 보거나 책을 읽을 때 주의를 기울여야 한다. 여러분이 무엇을 보는지는 매우 중요하다. 거룩하지 않은 이미지와 생각이 상상력의 민감한 세포에 각인된 후 지우거나 잊기보다 처음부터 피하는 것이 훨씬 쉽다.

여러분의 눈을 지키고 보호해야 한다. 눈은 영혼의 문이다. 창의적인 사람에게는 새로운 것을 보고, 새로운 가능성을 탐색하고, 이전에 해왔던 것의 한계를 뛰어넘고자 하는 하나님이 주신 갈망이 있다. 이것을 알고 있는 원수가 악용하기 때문이다. 그러므로 여러분을 안전하게 인도하고 원수의 공격에서 보호하시는 하나님의 음성에 귀를 기울여야 한다.

만약 이와 같은 문제로 어려움을 겪거나 외설적인 이미지에 노출되어 트라우마를 경험한 적이 있다면, 여러분은 혼자가 아니며,

하나님께서 깨끗하게 하실 수 있다는 것을 기억하라. 지금 나와 함께 기도해서 놓임과 자유, 보호를 누리자.

아버지, 정결하게 하는 그리스도의 보혈의 능력으로 제 마음을 씻어주셔서 감사합니다. 저의 상상력과 창의력 위에 주의 보혈을 덮으소서. 지금 이 순간 원수가 창의적인 혼에 넣으려 했던 모든 헛된 생각, 상상력, 이미지들을 주님께 내어 드립니다. 제가 주님과 주님의 길을 구할 때 순결함과 거룩함으로 창조할 수 있는 자유를 주신다는 것을 압니다. 예수 그리스도의 이름으로 기도합니다. 아멘!

하나님이 계획하신 모든 것을 여러분이 창조할 수 있도록 눈의 문(다른 모든 감각의 문들)을 악으로부터 보호하는 것은 매우 중요하다. 우리는 지금 그 어느 때보다 창조적 영광이 필요하다. 구속받은 창의적 예술은 하늘의 차원을 들여다보고자 하는 사람들에게 새로운 차원을 열어 주는 데 있어서 아주 중요한 역할을 한다. 여러분이 초자연적 차원에서 본 것은 자연계에서 창조할 수 있다. 그림은 사람들에게 천국을 경험할 수 있는 열린 창이 될 수 있다. 음악은 치유의 차원으로의 초대장이 될 수 있다. 문학 작품은 하나님 안에서 새로운 장소들을 발견하는 문을 열어 줄 수 있다. 하나님은 여러분의 은사가 무엇이든, 여러분이 성령님 안에서 본 것들을 많은 이들도 보기 원하신다.

여러분이 초자연적 차원에서 본 것은 자연계에서 창조할 수 있다.

창조적 영광에 의해 변화받다

사역 초기에 나는 일리노이주 록포드 근처에서 강력한 사역자인 에드거와 홀리 베일리(Edgar and Holly Baillie) 부부를 만났다. 베일리 부부는 놀라운 기적을 행하는 사역을 하고 있었고, 그들의 사역은 나의 삶에 큰 영향을 미쳤다. 에드거 목사님은 소천하셨지만, 홀리 사모님은 하나님께서 연결해 주시는 곳들에서 지금까지도 성령의 능력으로 사역하고 있다. 이 책을 쓸 때 성령님께서 오래전에 에드거 목사님이 나와 개인적으로 나눈 간증을 생각나게 하셨다. 나는 홀리 사모님에게 이 간증을 이 책에 실어도 되는지 여쭈었고, 감사하게도 기꺼이 허락해 주었다. 이 간증은 에드거 목사님이 어떻게 구원받았는지, 깊은 절망의 순간에 어떻게 창조적 영광이 열리게 되었는지에 대한 아름다운 이야기다. 이 간증을 에드거 목사님의 말을 인용하여 공유한다.

사업상 거래에 문제가 생겼는데 심각한 상황이었네. 큰돈을 마련하지 못하면 사업과 가족에게 큰 문제가 될 수 있다는 것을 알았지. 출구가 보이지 않아서 목숨을 끊기로 결심했네.

나는 오래된 경찰용 리볼버 권총을 꺼냈네. 수년 전 캘리포니아 콜튼에서 경찰로 근무한 적이 있었고 지금까지 그 권총을 보관하고 있었거든. 총으로 생을 마감하기 위해 계단을 오르는데 벽에 있는 무언가가 내 눈에 들어오는 거야. 내 딸이 그린 캘리포니아의 산 루이스 레이 교회당의 아름다운 그림이었어. 건물 꼭대기에 있는 십자가가 빛나는 것처럼 보이더군. 한 번도 그렇게 보인 적은 없었고 당연히 불가능한 일이지. 그 빛을 자세히 들여다보는데 세상에 십자가가 더 밝게 빛을 내는 것이 아닌가.

그때는 이해할 수 없었지만, 지금 생각해 보면 그 그림을 통해서 초자연적인 일이 일어나고 있었던 것 같네. 그리고 '에드거, 교회 안으로 들어가라'고 말하는 신비한 음성을 들었네. 그리고 나는 그곳에 서서 계단에 엎드려져 있는 내 몸을 내려다보고 있었지. 나는 그림 속으로 들어가 교회 안으로 들어갔고, 그곳에서 예수 그리스도 영광의 본체와 얼굴과 얼굴을 마주 보았다네.

그분은 이 땅의 그 누구, 그 무엇보다도 실제적이고, 내가 경험한 그 어떤 만남보다도 더 사실적이었네. 예수님은 나에게 '에드거, 돌아가거라! 나에게는 네가 행해야 할 크고 놀라운 계획이 있다'라고 말씀하셨네.

나는 '주님, 어떻게 하면 제 몸으로 돌아갈 수 있죠?'라고 물었고, 주님은 '너의 생각을 통해 돌아가라'고 말씀하셨네.

나는 내 몸으로 돌아왔고, 처음으로 살아 있는 기분을 느꼈다네. '그분은 진짜야! 그분은 진짜로 진짜였어!'라고 외치면서 집 안을 뛰어다녔지. 오래전 세상을 떠난 첫 번째 아내 샬롯(Charlotte)은 거듭난 그리스도인이고, 그녀는 나를 위해 15년 동안 기도했네. 이전에는 예수 그리스도가 정말로 실재한다는 것을 알지도, 이해하지도 못했네.

식료품점에서 일하는 샬롯에게 이 소식을 알리고 싶어서 차를 몰고 나갔네. 샬롯이 차문을 열고 나를 보자마자 '당신에게 무슨 일이 있었죠?'라고 물었네. 그녀는 내가 오랫동안 결혼 생활을 한 그 남자가 아니라는 것을 알았던 거지. 나는 예수님의 영광으로 완전히 변화되었다네!

창조적 영광은 여러분을 변화시킬 것이며, 창조적 영광은 여러분을 격려할 것이며, 창조적 영광은 여러분에게 영감을 줄 것이며, 창조적 영광은 여러분에게 새로운 문을 열어 줄 것이다. 여러분의 삶에 창조적 영광의 차원이 흐르기를 기도한다. 그렇게 할 때 여러분을 통해 하나님의 표현이 풀어질 것이다.

창조적 영광이여, 내 안에서 일어나라!

CHAPTER

4 창조적 생각

> 믿음(즉, 하나님의 능력과 지혜와 선하심에 대한 본질적이고 지속적인 신뢰)으로 모든 세계(우주의 시공간)가 하나님의 말씀으로 지어진 줄을 우리가 아나니 보이는 것은 나타난 것으로 말미암아 된 것이 아니니라 (히브리서 11:3, 확대역)
>
> CREATIVE GLORY

    하나님은 우주 만물을 창조하셨다. 말씀은 "보이는 것은 눈에 보이는 것들로 만들어진 것이 아니다"라고 표현한다. 그렇다면 하나님은 무엇으로 우주를 만드셨을까? 하나님은 여러분을 만드신 것과 동일한 것, 즉 그분의 생각으로 만드셨다.

    인류는 하나님의 놀라운 아이디어의 산물이다. 그분은 인간을 '물건들'로 창조하지 않으셨다. 여러분은 그분의 상상력의 나타남 그 자체다. 성령님께서는 예레미야 선지자에게 다음과 같이 말씀하셨다.

내가 너를 모태에 짓기 전에 너를 알았고 (그리고 너를 나의 선택된 도구로 인증하였고) 네가 배에서 나오기 전에 너를 (나의 것으로, 나를 위해) 성별하였고 너를 여러 나라의 선지자로 세웠노라 하시기로 (렘 1:5, 확대역)

하나님은 예레미야 선지자가 모태에서 형성되기도 전에 그를 알고 계셨다. 여러분과 나의 경우도 마찬가지다. 하나님은 우리가 살과 피가 되기 전부터 알고 계셨다. 정말 놀랍지 않은가! 하나님은 우리가 세상에 태어나기도 전에 어떻게 알았을까? 그분은 생각 안에서 우리를 이미 알고 계셨고, 그분의 마음으로 우리를 창조하셨다.

하나님께서는 그분의 신성한 상상력으로 이 세상에 존재하는 모든 것을 창조하셨다. 여러분도 영광의 차원에서 성령님의 인도하심을 따를 때 성화된 상상력으로 창조할 수 있다. 성화된 상상력은 하나님을 보고, 그분의 방식을 이해하고, 창조주께 영광을 드리는 신성한 표현을 구상할 수 있게 한다.

인간의 눈으로는 하나님을 볼 수 없기 때문에 '하나님은 완전히 보이지 않는 분이다'라고 생각할 수 있다. 물론 하나님은 우리가 사는 삼차원의 세계에서는 보이지 않지만, 그분은 원하는 만큼 우리에게 자신을 보이실 수 있다. 왜일까? 하나님은 보이지 않는 분이 아니기 때문이다. 그분은 스스로를 보이실 수 있다. 성경은 천사들이 그분을 볼 수 있다고 말한다. 천국의 생물들도 그분을 볼 수 있다고 말한다. 천국의 장로들도 그분을 볼 수 있다. 그룹과 스랍들도 그분을 볼 수 있다(계 4장). 따라서 하나님은 보이지 않는 분이 아니라 영적인 눈으로 볼 수 있는 분이다. 또한 사람의 지각과 상상을 통해서도 '볼 수' 있다. 이와 같은 방식으로 볼 수 있다면, 그분은 전적으로 보이지 않는 분은 아니신 것이다.

히브리서 11장 6절은 "믿음이 없이는 (하나님과 동행하며) 하나님을 기쁘시게 하지 못하나니"(확대역)라고 말한다. 이 땅에 있는 동안 여러분은 믿음과 확신으로 하나님을 바라보아야 한다. 예수님은 도마에게 "너는 나를 본 고로 믿느냐. 보지 못하고 믿는 자들은 복되도다(기쁘고, 영적으로 안정되며 하나님의 은총을 입은)"라고 하셨다(요 20:29, 확대역). 이것이 바로 오늘날 하나님께서 우리에게 기대하시는 것이다. 그분은 여러분이 마음과 생각, 여러분의 속사람으로 그분을 믿기 원하신다. 나는 이러한 믿음을 '상상력'이라고 부르는데, 내가 말하는 상상력은 일반적으로 사용되는 것보다 더 넓은 의미를 가진다. 이것은 우리가 생각 안에서 만들어 내는 것뿐만 아니라 하나님의 실재와 영적 차원에 기반하여 우리가 생각하고 그려내는 것을 의미한다.

새롭게 생각하기

우리의 상상력으로 하나님을 보려면 생각이 거룩해지고 새로워져야 한다. 바울은 로마인들에게 쓴 편지에서 다음과 같이 말했다.

너희는 이 세대(의 하찮은 가치들과 관습을 더 이상) 본받지 말고 오직 마음을 새롭게 함으로(하나님의 가치와 윤리적 행동에 마음을 둠으로) 변화를 받아(영적으로 성숙해져서) 하나님의 선하시고 기뻐하시고 온전하신 뜻(너를 위한 하나님의 계획과 뜻)이 무엇인지 (너 자신을 위하여) 분별하도록 하라 (롬 12:2, 확대역)

하나님은 여러분의 영·혼·육이 온전히 변화되기를 원하신다. 창조적 영광의 차원을 통해 꿈꾸고 상상하고 아이디어를 받을 수 있는 여러분의 내면을 하나님께서는 만지기 원하신다. 그분은 여러분의 생각을 그분의 생각으로 새롭게 하기 원하신다. 그리고 그분의 방식과 말씀을 묵상할 때, 그분은 여러분을 변화시키실 것이다.

이사야는 다음과 같이 선언한다.

주께서 심지가 견고한 자(즉 성향과 성품 모두에서 하나님께 헌신하고 집중하는 자)를 평강하고 평강하도록 지키시리니 이는 그가 주를 (희망과 확신을 가지고) 신뢰함이니이다 (사 26:3, 확대역)

하나님께서는 여러분을 '완전하고 지속적인 평강'으로 지켜주시는 동시에 이 땅에서 천국을 선포하고 풀어놓을 수 있는 차원으로 올려 주실 것이다. 어떻게 하면 이런 일이 일어날 수 있을까? 이는 오직 여러분의 생각이 성화되었을 때, 즉 거룩하게 구별되어 드려졌을 때, 여러분의 상상력이 그분께 집중되고, 그분을 신뢰하며, 하나님의 말씀을 받아들이고, 그 말씀이 여러분을 통해 나타날 때 일어날 수 있다.

성경에 "물로 씻어 말씀으로 깨끗하게 하사"라고 일컬어지는 과정이 있다(엡 5:26). 여러분은 성경을 읽고, 묵상하고, 암송하고, 공부함으로 하나님께서 말씀의 물로 씻겨 주시도록 허락해 드렸는가? 이러한 씻김은 여러분의 생각을 새롭게 하고, 여러분은 새롭게 된 생각에 따라 변화된다. 여러분은 하나님의 생각을 생각하고, 하나님의 꿈을 꾸고, 하나님의 비전을 보기 시작한다. 여러분의 마음은 하나님의 계시로 불타오르고 여러분의 상상력은 살아나게 된다.

> 하나님은 꿈꾸고, 상상할 수 있는 여러분의 내면을 만지시고 여러분에게 창조적 영광의 차원에서 아이디어를 받기 원하신다.

더 높은 기준을 위해 솟아오르다

여러분과 나에게는 선택권이 있다. 우리의 생각이 이 세상을 닮아가도록 허용하거나, 아니면 더 높은 수준을 갖도록 올라갈 수 있다. 하나님은 다음과 같이 선언하셨다.

이는 하늘이 땅보다 높음 같이 내 길은 너희의 길보다 높으며 내 생각은 너희의 생각보다 높음이니라 (사 55:9)

만약 여러분이 원한다면 자기 생각과 이해에 얽매여 제한적이고 자연적인 삶의 방식에 갇혀 지낼 수도 있다. 하지만 그것을 선택하면 하나님께서 여러분을 위해 예비하신 더 큰 것들을 향해서는 절대 나아가지 못할 것이다. 창조적 영광은 넓고 광대하며 초자연적인 기회들로 넘쳐난다. 하나님의 생각은 우리의 생각보다 높고, 하나님의 길도 우리의 길보다 높다. 그분의 말씀으로 여러분을 씻어 주시도록 내어 드려라. 그분이 여러분의 생각을 새롭게 하고 변화시키도록 허용해 드려라. 그분의 창조적 영광으로 여러분의 생각과 상상력을 만지도록 내어 드려라.

예수님은 기름 부음 받은 말씀으로 사람들의 상상력을 사로잡은 재능 있는 이야기꾼이다. 그분이 말씀하시면 기적이 나타나고 놀라운 일들이 일어났다. 그분의 말씀은 진리이고 능력이 있다. 그분은 사람들의 육신의 즐거움을 채워 주시지 않는다. 그분은 사람들의 마음과 생각에 도전을 주신다.

오늘날 하나님께서는 그분의 백성을 통해 수백만 명의 마음을 사로잡아 그분과 그분의 영광으로 인도할 수 있는 일들을 행하고 말씀하기 원하신다. 하나님은 그저 우리를 즐겁게 하려는 것이 아니라, 우리의 상상력을 자극해서 창조적 영광의 찬란한 색들을 경험하기 원하신다. 왜냐하면 잠언 29장 18절은 다음과 같이 선포하기 때문이다. "묵시가 없으면(하나님과 그분의 말씀에 대한 계시가 없으면) 백성이 방자히 행하거니와 (하나님의) 율법을 지키는 자는 복이 있느니라"(확대역). 다른 역본에는 "비전이 없으면 백성이 망하거니와"(흠정역)라고 말한다. 그저 교회에서 많은 프로그램을 만들고 활동에 참여하는 것만으로는 충분하지 않다. 하늘의 비전이 있어야 한다. 여러분의 교회에서 많은 일이 일어나고 있을지 모르지만, 하나님이 주신 비전, 즉 계시가 있는가? 아니면 교회에 비전이 없어서 사람들이 죽어가고 있는가? 하나님의 상상력에 대해 이해하지 못한다면 사람들은 여러 가지 방식으로 멸망하게 될 것이다. 그러나 하나님의 비전을 받으면, 사람들은 하나님의 무한한 능력 안에서 형통하게 될 것이다. 하나님은 하늘의 상상력을 이 땅에 있는 그분의 교회에 계시해 주기 원하신다. 성령님께서 그분의 생각을 여러분에게 계시해 주시도록 하라. 그분이 여러분의 영과 연결하여 창조적 영광의 차원을 여러분에게 풀어내시도록 하라.

요한은 초대 교회에 이같이 편지하였다.

> 사랑하는 자여 네 영혼이 잘됨(을 내가 아는 바와) 같이 네가 범사에 잘되고 (육신적으로도) 강건하기를 내가 간구하노라 (요삼 1:2, 확대역)

우리의 혼, 즉 우리의 상상력이 성공하고 형통해야만 현실에서도 비로소 성공하고 형통할 수 있다. 그러기 위해서는 우리의 상상력은 하나님의 영광과 연결되어야 한다. 창조적 영광에는 수많은 좋은 것이 우리를 기다리고 있다. 바울은 다음과 같은 말로 초대 교회를 격려했다. "나의 하나님이 그리스도 예수 안에서 영광 가운데 그 풍성한 대로 너희 모든 쓸 것을 (가득 찰 때까지) 채우시리라"(빌 4:19, 확대역). 하나님은 어떤 방법으로 우리의 모든 필요를 아낌없이 공급하실까? 그분은 이 땅의 한정된 자원이나 우리의 재정적 부요함에 비례하여 공급하지 않으신다. 그분은 '그리스도 예수 안에서 영광 가운데 그 풍성한 대로' 공급하실 것이다. 하나님께서는 하늘의 비전, 영광의 환상을 통해 이러한 '풍성함'을 생생한 색채로 우리에게 계시하실 것이다. 우리는 그저 그것들에 대해 열려 있으면 된다. 나는 이것이 요한계시록에 여러 번 반복되는 이유라고 생각한다.

> 귀 있는 자는 성령이 교회들에게 하시는 말씀을 들을지어다 (계 2:7, 확대역. 2:11, 17, 29, 3:6, 13, 22 참조).

성령님이 오늘날 여러분에게 하시는 말씀을 귀 기울여 듣고 있는가?

창조적 영광은 넓고 광대하며 초자연적인 기회들로 넘쳐난다.

하나님께서 보여 주는 것 말하기

하나님께서 내게 무언가를 말씀하셔도 귀 기울여 듣지 않으면 유익이 되지 않는다. 하늘의 비전을 기꺼이 인식하고 받아들일 수 있는 생각을 가져야 한다. 또한 그 비전을 말하고, 선포하며, 그것의 실제로 나아갈 수 있어야 한다. 내가 하나님의 생각들을 믿고 말하기 시작할 때, 하나님의 생각이 나의 말 속에 좌정하시는 것이다. 나는 그분이 말씀하시는 것을 말하며, 따라서 내 말은 그분의 비전을 담게 되는 것이다.

'태초'에 관한 창세기의 첫 두 구절로 돌아가 보자.

> 태초에 하나님이 천지를 창조하시니라 땅이 혼돈하고 공허하며 흑암이 깊음 위에 있고 하나님의 영은 수면 위에 운행하시니라 (창 1:1-2)

하나님의 영이 수면 위를 '운행하고' 계셨다. 그분의 임재가 그곳에 있었고, 그분의 영광이 그곳에 있었고, 그분의 능력도 그곳에 있었다. 하지만 창조는 아직 일어나지 않았다. 창조를 이루시기 위해 하나님은 또 다른 일을 하셨다. 창조가 일어날 것을 말씀하신 것이다. "하나님이 이르시되 빛이 있으라 하시니 빛이 있었고"(창 1:3). 하나님의 생각이 그분의 말씀의 옷을 입고 나왔을 때, 하나님의 상상력은 물리적으로 현실화되었다.

하나님은 그분의 계시로 여러분의 정신, 상상력, 생각들을 사로잡기 원하신다. 그렇게 할 때 여러분은 그분의 뜻이 이 땅 위에 생겨나도록 선포함으로 놀라운 일들이 성취되게 할 수 있다. 주님이 보여 주신 것들을 선포할 때, 즉 하나님의 뜻, 하나님의 능력, 하나님의 상상을 선포할 때, 여러분이 말하는 것들이 놀라운 방식으로 여러분 주변을 둘러싸기 시작할 것이다. 여러분에게 필요한 연결들이 이루어질 것이다. 필요한 공급들이 올 것이다. 필요한 기회들이 찾아올 것이다.

하나님께서는 말씀을 통해 자신을 계시하고 가르치지만, 많은 경우 우리의 생각을 통해서도 직접 우리와 소통하신다. 요엘 선지자를 통해 예언하셨듯이 말이다.

> 그 후에 내가 내 영을 만민에게 부어 주리니 너희 자녀들이 장래 일을 말할 것이며 너희 늙은이는 꿈을 꾸며 너희 젊은이는 이상을 볼 것이며 (욜 2:28)

많은 사람이 하나님이 그들에게 주신 말씀을 뒷전으로 미루는 실수를 저지른다. 하나님이 주신 말씀인지 '확신하지 못한' 나머지 그와 관련하여 아무 말도 하지 않거나 아무 행동도 하지 않는다. 그들은 적을 생각조차 하지 않는다. 그러고는 왜 자신의 삶이 형통하지 않는지 의아해한다. 여러분의 삶을 형통하게 하는 것은 여러분 자신의 비전이 아니다. 하늘의 비전이 여러분을 더 큰 방식으로 올라설 수 있게 하는 것이다. 따라서 하나님께 받은 말씀이 있으면, 뒷전으로 미루지 말고 그에 대해 기도하고, 지혜로운 조언을 구하고, 그 말씀이 확증되면 믿음으로 전진하라. 하나님께서는 창조적 영광을 통해 여러분에게 계시해 주기 원하신다. 그분은 자신이 어떤 분인지에 대한 비전을 여러분에게 주기 원하신다. 그분은 여러분의 생각, 말, 행동을 통해 그분의 생각을 나타내기 원하신다. 세계 역사를 통틀어 하나님은 항상 이 땅에서 그분을 위해 말하고 행동할 사람들을 선택하셨고, 지금도 그분을 위해 말하고 행동할 사람들을 선택하고 계신다. 그리고 오늘날 그분은 여러분을 선택하셨다.

하나님의 백성에게 성령님이 부어지면 어떤 결과가 나타날까? 사람들은 예언, 꿈, 환상을 받게 되는데, 이 모든 것은 인간의 상상력과 관련이 있다. 이러한 계시들은 창조적 영광의 영에 의해 우리에게 다운로드된다. 요엘서 2장 30절은 '이적', '피와 불', '연기 기둥'에 대해 말한다. 하나님의 비전을 믿고 선포하면 우리 주변의 자연적인 세계에 초자연적인 일들이 일어난다.

창조주께 사로잡히다

예수 그리스도는 만왕의 왕이며 만주의 주다. 그분은 모든 창조자 중의 창조자다. 그분은 모든 디자이너 중의 디자이너다. 그분은 모든 화가 중의 화가다. 그분은 모든 조각가 중의 조각가다. 그분은 모든 애니메이션 제작자 중의 제작자다. 그분은 모든 가수 중의 가수다. 그분은 모든 무용가 중의 무용가다. 그분은 모든 저술가 중의 저술가다. 그분은 모든 엔지니어 중의 엔지니어다. 그분은 모든 발명가 중의 발명가다. 그분은 모든 참된 창조성 표현의 근원이시며, 그분의 신성한 임재로 여러분의 생각과 감정을 사로잡기 원하신다. 그분은 여러분이 세상과 소통할 수 있는 하나님의 생각과 마음, 새롭고 신선한 표현을 주고 싶어하신다.

과거에는 여러분도 소셜 미디어, 텔레비전, 영화, 라디오 또는 음악을 즐겼을(entertain) 것이다. 우리의 삶에 이러한 것들도 필요하지만, 오늘은 모든 엔터테이너 중 엔터테이너이신 하나님으로 인해 '즐겁게' 되는 날이다. 하나님은 그분의 창조적 영광으로 여러분의 영혼을 즐겁게 하기 원하신다.

몇 년 전, 자넷과 나는 서울에 있는 온누리 교회 설립자인 고)하용조 목사님의 초청을 받아 도쿄 인근 사이타마 슈퍼 아레나에서 열린 영혼 구원을 위한 큰 행사(러브 소나타-편집자 주)에 참석했다. 수만 명의 사람이 모였다. 훌륭한 사역자들이 많이 참석하였고 나에게도 오후 예배 때 15분 동안 사역할 수 있는 시간이 주어졌다. 나는 하나님을 찬양하고 경배하며 예언했는데, 내가 예언할 때 경기장에 하나님의 영광이 임하기 시작했다. 치아에 문제가 있던 사람들의 입에 금 인레이(inlay, 이에 봉 박는 합금 또는 충치에 봉 박는 일-편집자 주)와 금니가 나타났다. 온갖 종류의 창조적인 기적들과 함께 특별한 기사와 이적들이 일어났다. 하나님께서 이러한 기적을 행하시는 동안, 남녀 배우들, 즉 아주 인기 있는 한류 드라마 속의 배우들이 분장실에서 공연을 준비하고 있었다. 그들은 경기장에서 벌어지고 있는 일들을 분장실 모니터로 보면서 영광의 영을 느끼고 하나님의 만지심을 받았다.

내가 예언의 말씀을 전하자 많은 공연자가 눈물을 흘렸다. 그중 몇몇은 자넷과 나에게 와서 자신들의 직업은 세속적이며, 신앙생활은 직업과는 철저히 분리되어야 한다고 생각했다고 말했다. 그들은 그리스도인이었지만 자기 직업에서 진정한 신자처럼 살지 못했다. 그들은 일터에 갈 때 옷을 갈아입고 연예인의 '가면'을 써야 했다. 하나님께서는 그들을 연예인으로 사용하기 원하시며, 특히 기름 부음 받은 연예인이 되기 원한다고 말씀하셨다. 그분은 그들이 언제나 진정한 믿는 자로 살아가며 삶의 모든 면과 그들이 가는 모든 길과 장소에서 그분의 창조적 영광이 임하기를 원하셨다.

그들은 울면서 말했다. "목사님은 모르겠지만, 우리는 항상 그런 생각을 했어요. 우리는 이를 위해 기도하고 성령님께 간구했습니다. 하지만 교회는 사역하는 사람과 그렇지 않은 사람을 매우 엄격하게 구분하기 때문에 그런 일이 일어날 수 있을지 확신할 수 없었어요. 교회 안에서 하는 일은 성스러운 일로 간주하고, 교회 밖에서 하는 일은 세속적인 일로 간주하거든요."

얼마나 안타까운가! 잘못된 생각이다. 예수님을 믿는 사람이라면, 어디를 가든 그분의 영광스러운 복음을 전하는 사역자다. 하나님께서는 여러분의 발이 닿는 모든 곳을 그분 나라를 위해 주실 것이라고 약속하셨다(수 1:3). 하나님은 여러분이 어디에 있든 그분의 영광이 여러분을 통해 흐르도록 사용하기 원하신다. A. W. 토저는 "성령님은 우리에게 들어오신 후 결코 우리를 세속적으로 살게 하지 않는다"라고 말했다.[9] 성령님은 여러분이 그분을 위해 살면서 만나는 모든 사람과 가는 모든 장소에서 더욱 효과적인 증인이 될 수 있도록 여러분의 생각을 그분의 생각, 그분의 아이디어, 그분의 꿈으로 채우기 원하신다.

물론 여기에는 여러분이 일상적으로 하는 모든 일이 포함된다. 예수님은 이 점에서 우리의 모범이 되신다. 예수님은 아버지의 말씀을 들은 대로만 말씀하셨고, 아버지가 행하시는 것을 본 대로만 행하셨기 때문에, 사역을 100퍼센트 효과적으로 수행할 수 있었다(요 5:19, 12:49). 예수님께서는 어떻게 아버지께서 말씀하시고 행하시는 것을 알았을까? 그분의 마음이 창조적 영광으로 가득 차 있었기 때문이다.

하나님은 단지 '몇 명의 선한 사람'을 찾는 것이 아니다. 그분은 하늘의 뜻으로 마음의 즐거움을 얻고자 하는 수천, 심지어 수백만의 사람을 찾으신다. 이들은 어떤 일을 겪는 중이든, 삶의 어떤 계절을 지나고 있든, 마음을 항상 하나님께 두는 자들이다. 이들은 하늘의 목적을 이해하고 있다. 여러분이 하늘의 것들에 마음을 두기로 결심하고(골 3:1-3), 하나님의 진리를 믿고, 그에 따라 행동한다면, 하나님은 여러분을 통해 어떤 일이든 하실 수 있다.

> 하나님은 여러분이 어디에 있든 그분의 영광이 여러분을 통해 흐르도록 사용하기 원하신다.

진리에 의해 살기

하나님께서 말씀하시는 것은 무엇이든 진리이고, 원수가 말하는 것은 노골적인 거짓말이든, 반쪽짜리 진실이든, 왜곡된 진실이든 모두 거짓이다. 거짓된 생각과 신념이 아니라 진리의 말씀에 따라 살기로 결심하면 원수가 여러분에 대해 어떤 거짓말을 해도 실현될 수 없다. 믿는 자는 진리를 믿는 사람이다. 안타깝게도 많은 사람이 원수가 자신에 대해 말한 것들을 믿으며, 그들의 삶이 그것을 보여 준다. 하나님께서는 여러분에게 원수의 거짓말을 거절하고, 그분의 말씀을 받아들이라고 말씀하신다. 그분은 여러분의 마음을 그분의 영원한 진리로 채우기 원하신다.

자넷과 나는 몇 년 전 할리우드에 있었는데, 그때 하나님께서는 우리에게 어떤 만남을 주선해 주셨다. 우리는 촬영장에서 연예계 사람들에게 사역할 기회가 많았는데, 성령님께서는 항상 예기치 못한 방식으로 진리를 찾는 사람들을 만져주셔서 우리를 놀라게 하셨다. 이날도 우리는 〈위기의 주부들Desperate Housewives〉 촬영장에 갔다. 나는 자넷에게 "이들은 자신들이 진정 무엇을 갈망(desperate)하는지 몰라"라고 말했다. 나는 하나님께서 드라마에도 그분의 영광을 채우기 원하신다고 믿는다. 헤어지는 모습 대신 다시 합치는 사람들의 모습이 그려질 것이다. 서로를 저주하는 대신 서로를 축복하는 사람들이 그려질 것이다. 하나님께서 다음과 같이 말씀하심을 이제 알 것 같다.

"세상이 변할 때, 빛의 인도를 받는 모든 내 자녀는 더 이상 〈불안한 청춘The Young and the Restless〉이 아니라 〈담대하고 아름다운 사람들Bold and the Beautiful〉이 될 것이며, 더 이상 〈밤의 끝자락The Edge of Night〉이나 〈종합병원General Hospital〉에 누워 있지 않고, 모든 〈우리 삶의 날들Days of Our Lives〉에 하나님의 영광으로 가득 찬 〈다른 세상Another World〉에 있을 것이다(미국 유명 드라마들-역자 주). 할렐루야!"

영광의 차원에 접근하기

하나님께서 영광의 차원에서 성화된 우리의 생각을 통해 무엇을 이루고자 하시는지 우리는 다 알지 못하지만(엡 3:20), 나는 이것을 조금 엿볼 수 있는 영적 체험을 한 적이 있다. 여러 해 전에 자넷과 나는 캐나다에서 미국 내 사역을 위한 미니스트리 설립을 위해 캘리포니아로 가는 여행을 계획했다. 여행을 떠나기 직전에 평소 늘 착용하던 결혼반지, 새끼손가락 반지, 시계가 없다는 사실을 깨달았다. 나는 온 집 안을 샅샅이 뒤졌지만 찾을 수 없었다. 자넷과 아들 링컨에게도 도움을 요청했지만 찾지 못했다. 그래서 사무실에 전화해서 사무실 직원에게 찾아봐 달라고 부탁했지만, 역시 찾지 못했다. 마침 우리가 캘리포니아에 있을 때가 결혼기념일이었고 결혼반지를 낄 수 없다는 사실이 너무 안타까웠다. 우리는 결혼기념일을 즐겁게 보냈지만, 저녁 내내 결혼반지가 없어서 마음이 안 좋았다.

다음 날 밤, 우리는 다시 외출 준비를 했다. 출발 전 나는 안락의자에 앉아 있었고, 자넷은 저녁 식사를 준비하고, 링컨은 텔레비전에서 만화영화를 보고 있었다. 나는 기다리는 동안 의자에 누워 잠시 쉬고 싶었다. 눕자마자 곧바로 잠이 들었고 꿈을 꾸었다. 나는 보통 하나님이 꿈을 통해 구체적으로 말씀하시지 않는 한 잘 기억하지 못하는 편이다.

꿈에서 나는 캐나다의 사무실에 있었고, 내가 찾던 반지들과 시계가 사무실 우편함에 있다는 지식의 말씀을 받았다. 나는 즉시 우편함으로 갔고, 그곳에는 성령님께서 보여 주신 대로 반지 두 개와 시계가 있었다. 나는 반지를 하나씩 꺼내서 착용했다.

나는 아주 깊은 잠에 빠져 있었는데 갑자기 텔레비전 소리가 크게 들렸다. 만화 속의 어떤 캐릭터가 비명을 지르고 있었다. 깜짝 놀라서 잠에서 깬 나는 "링컨, 텔레비전 소리 좀 줄여"라고 말했다. 그때 나는 결혼반지와 새끼손가락 반지, 그리고 시계를 차고 있었다.

나는 캘리포니아에, 반지와 시계는 캐나다에 있었다. 자연계에서는 나는 아무 데도 가지 않았다. 그냥 의자에 앉아 있었을 뿐이다. 나는 꿈을 꾸었고, 꿈속에서 하나님은 나의 상상 속에 강권적으로 들어오셨다. 그분은 창조적 영광으로 나의 마음을 즐겁게 해주신 것이다. 초자연적인 꿈은 영광의 차원으로 들어가는 문인데, 나에게 그 문이 열린 것이다. 꿈속에서 하나님은 지식의 말씀을 주셨고, 꿈속에서 우편함에 손을 뻗어 결혼반지와 새끼손가락 반지, 시계를 찾았다. 이것들을 가지고 있었을 뿐만 아니라 손에 착용하고 있었다.

나는 큰 소리로 웃었고, 이 사실을 안 자넷은 울었다. 나는 하나님이 만지시면 웃고, 자넷은 운다. 하나님께서는 사람들을 각각 다르게 만지시는 것 같다. 영광이 임할 때 어떻게 임하든지 간에 감사할 뿐이다. 웃든, 울든, 성령님에 의해 바닥에 쓰러지든, 영광의 금가루에 덮이든, 모두가 멋진 일이다. 그날 하나님께서는 우리에게 아주 멋진 기적을 행하셨다. 그것은 창조적 영광과 하나님 사랑의 참된 증거였다.

그날부터 성령께서는 초자연적인 꿈들에 대해 더 많이 말씀해 주셨고, 나는 하나님께서 허락하실 때마다 이 기적에 대한 이야기를 들려주었다. 얼마 후 애리조나주 피닉스에서 패트리샤 킹과 함께 사역하면서 이 간증을 나누었다. 집회를 마치고 집으로 돌아오는 길에 나는 스튜디오에서 찬양 음반 〈스피릿 스파Spirit Spa〉 1집 앨범을 녹음했다. 그 후 집에 도착해서 짐을 풀었다. 다음 날 아침에 아이오와주 시더 래피즈에서 사역하기 위해 떠날 예정이었기 때문에 자넷은 다시 짐을 싸주었다.

그런데 결혼반지와 시계는 있었지만, 새끼손가락 반지가 보이지 않았다. 그때야 피닉스의 호텔에 반지를 두고 온 것을 깨달았다. 속이 많이 상했지만 내가 할 수 있는 일은 없었다. 나는 자넷에게 "이제 공항으로 출발해야겠어. 호텔에 전화해서 반지를 잃어버렸다고 말하고 보내 달라고 부탁해 줘"라고 말했다. 다이아몬드가 박힌 그 반지는 장인어른이 나에게 맡긴 것이었다. 사실 그 반지는 링컨의 것이었고, 링컨의 손가락에 맞을 때까지만 끼고 있을 생각이었다.

시더 래피즈에 도착하자마자 자넷에게 전화해 반지에 관해 물었다. 그녀는 호텔에 연락했지만, 방에는 아무것도 없었다는 답변을 들었다. 나는 "호텔에 다시 전화해서 청소 담당 직원들에게 반지에 관해 물어봐 달라고 부탁해 줘. 그 반지를 정확히 어디에 두었는지 기억하거든. 바로 침대 옆 스탠드 위야"라고 말했다.

자넷은 호텔에 다시 전화했고, 호텔 측은 감사하게도 모든 청소 직원을 한자리에 모으고 물었지만 그 반지를 본 사람은 없었다.

실제로 무슨 일이 일어난 것인지 누가 알겠는가? 누군가가 가져간 것인지, 아니면 방 청소를 제대로 하지 않아서 다음 투숙객이 가져간 것인지 알 길이 없었다. 내가 아는 것은 나에게 그 반지가 없다는 것이었다. 내가 할 수 있는 일은 아무것도 없었다.

아이오와에서 돌아온 나는 자넷과 함께 다시 공항으로 가서 피지행 비행기를 탔다. 그곳에서 우리는 뉴질랜드로 갔다. 오클랜드에서 집회를 인도하던 어느 날 밤, 성령님께서 반지와 시계가 기적적으로 돌아온 일에 대해 간증하라고 하셨다. 나는 속으로 생각했다. '새끼손가락 반지가 없는데 어떻게 이 일을 간증할 수 있을까? 그 반지의 행방을 모르는데 어떻게 할 수 있겠어?'

원수는 항상 우리의 간증을 훔치려 하지만, 성령님은 계속해서 그때 일어난 기적에 관해 나누라고 말씀하셨다. 누군가가 나에게 새끼손가락 반지가 어디 있는지, 왜 지금은 끼고 있지 않은지 묻는다면 그 사람에게 뭐라고 대답해야 하는지 고민이 되었다. 하지만 성령님은 계속 그 간증을 나누라고 하셨고, 결국 나는 순종하는 마음으로 반지들과 시계에 대해 간증했다.

집회가 끝나고 사람들이 "그 반지들 어디 있어요? 새끼손가락 반지 보고 싶어요"라고 물었다. 나는 기적의 청지기 역할을 제대로 하지 못해서 그 반지를 다시 잃어버린 것이 부끄러웠다. 그래서 사람들에게 "아, 지금은 갖고 있지 않아요"라고 대답했다. 엄밀히 말하면 사실이긴 했다. 어쨌든 그때는 반지를 가지고 있지 않았으니까. 사실 그 반지를 찾지 못할 것 같다는 것이 더 큰 문제였다.

링컨이 받아야 할 유업이자 가보를 내가 잃어버렸다는 사실에 매우 낙심이 되었다. 호텔에서 자넷과 이 일에 관해 이야기하며 어디에서 잃어버린 반지와 비슷하거나 버금가는 것이라도 살 수 있을지 고민했다. 하지만 다른 반지는 필요 없었고 꼭 그 반지여야 했다. 이 모든 일에 마음이 너무 불편한 나머지 밤새 뒤척였다. 아침에도 잃어버린 반지 때문에 속상하고 실망한 마음에 한동안 침대에 앉아 있었다. 다행히 그날 아침은 자넷이 설교할 차례였다. 그녀는 사역하기 위해 나갔고 나는 침대에 앉아 잃어버린 반지에 대해 생각했다.

그때 하나님께서는 그 상황에 주권적으로 개입하셔서 내 마음을 새롭게 해주셨다. 그분의 영광이 나를 감싸기 시작했고, 내 생각이 변화되기 시작했으며, 그분이 나를 완전한 평강으로 지켜주신다는 확신이 들었다. 그리고 영광의 차원에 있을 때 이상한 생각이 들었다. 그리고 내가 경험한 일은 다음과 같은 방법으로밖에 설명할 수 없다. 마음속에 한 장의 그림이 떠올랐고 눈을 감고 그 이미지에 나 자신을 맡겼다. 어떤 집의 현관문이 보였다. 나는 그 문을 통과해서 왼쪽으로 돌아섰다. 그리고 거실을 지나 오른쪽으로 돌아서 주방과 식당이 있는 공간을 걸어갔다. 다시 오른쪽으로 돌아 복도를 따라 내려갔다. 그곳에는 침실이 있었고, 왼쪽에는 화장실이 보였다. 나는 침실 안을 들여다봤다.

이 모든 것은 내 생각 속에서 일어난 일이다. 환상을 보는 것도, 꿈꾸는 것도, 황홀경에 들어간 것도 아니었다. 다시 한 번 말하지만 그저 나의 상상 속의 아이디어, 생각, 그림과 같다고밖에 표현할 수 없다. 나는 여전히 뉴질랜드의 호텔 침대에 앉아 있다는 것을 완전히 인식하고 있었다. 창문 밖에서 새들이 노래하는 소리도 들렸고 근처 도로에서 지나가는 자동차 소리도 들렸다. 나는 이 모든 것을 완전히 의식하고 있었지만, 동시에 성령님께서 나에게 보여 주시는 이미지도 의식하고 있었다.

나의 생각 안에서 침실을 들여다보니 서랍장 위에 내 반지가 놓여 있었다. 나는 반지를 잡기 위해 손을 뻗었다. 그러자 내 생각 속에서 반지를 잡기 위해 내 손이 뻗어지는 것을 보았다.

성령님을 통해, 나는 그분의 상상이 된 나의 상상 속으로 들어간 것이다. 그분은 내 생각에 관여하는 분이었다. 그분은 그 이미지를 창조적 영광으로부터 내 생각 속으로 다운로드해 주셨다. 나는 그분이 보시는 것을 보고 있었고, 그분이 보여 주시는 대로 행동하기 시작했다.

나는 손을 뻗어서 힘껏 반지를 잡았고, 반지가 내 손에 들어오는 것을 느꼈다. 그리고 손을 폈을 때 그 반지가 내 손에 있었다. 나는 집과 지구 반대편에 있는 뉴질랜드에 앉아 있었다. 지구 반 바퀴나 떨어진 미국에서 나에게 반지가 온 것이다. 어떻게 이런 일이 일어났을까? 그 반지가 영광의 차원을 통해 여러 시간대를 지나 다른 대륙으로 이동할 수 있었던 것은 창조적 영광 안에는 거리와 공간이 없기 때문이다(행 8:39-40). 그래서 모든 일은 한순간에 가속화될 수 있는 것이다. 하나님의 영광 안에는 한계가 없다

방금 일어난 일로 인해 말할 수 없이 흥분된 나는 즉시 눈을 감고 성령님 안에서 또 무엇을 더 붙잡을 수 있을지 생각했다. 나는 마귀가 우리의 것을 훔치면 반드시 이자를 붙여 갚아야 한다고 생각했다. 그런데 나는 지금 하나님께서 놀라운 기적을 베푸셨는데도 더 많은 것을 원하는 욕심을 부리고 있었다. 이번에는 눈을 감아도 아무것도 보이지 않았다. 어떤 이미지도 없었다. 계시적인 생각도 떠오르지 않았다.

새끼손가락 반지에 대한 계시는 내가 직접 생각한 것이 아니었다. 나 스스로 생각해 낸 그림이 아니었다. 그것은 하나님의 그림이었고, 주님은 내가 볼 필요가 있는 때 내가 봐야 할 것을 보여 주신 것이다. 우리는 언제나 하나님의 구체적인 인도하심을 따라가야 한다.

> 창조적 영광 안에는 거리와 공간이 없다.
> 그 때문에 모든 일은 한순간에 가속화될 수 있다.
> 하나님의 영광 안에는 한계가 없다.

이는 창조적 영광이 여러분의 생각에 흐르도록 허용해 드릴 때 어떤 일이 일어날 수 있는지를 보여 주는 하나의 예일 뿐이다. 성경은 "너희 안에 이 마음을 품으라 곧 그리스도 예수의 마음이니"(빌 2:5)라고 말한다. 하나님은 그분의 아이디어, 그분의 창의성, 영광 차원의 가능성을 여러분의 상상력에 다운로드해 주기 원하신다.

뉴질랜드에 사는 제인 니에크(Jane Nieke)는 반지와 시계에 관한 나의 간증을 듣고 매우 흥분했다. 오래전 제인은 영국에 살았는데, 그곳에서 아주 특별한 가문의 브로치를 잃어버린 적이 있었기 때문이다. 수만 파운드 가치가 있는 아름다운 가보였지만, 그녀에게는 그보다 훨씬 더 큰 가치가 있는 물건이었다. 그녀는 아주 소중한 보물을 잃어버린 것이다.

제인은 내 기적의 간증을 통해 열린 영광의 차원으로 믿음을 가지고 초자연적으로 들어갔다. 나의 간증을 들은 다음 날 아침, 제인은 머리빗을 꺼내기 위해 서랍을 열었다. 매일 열던 서랍 안에 그 아름답고 소중한 브로치가 들어 있었다. 그녀는 귀중한 보물을 되찾았다. 하나님은 얼마나 좋으신 분인가!

나는 하나님께서 여러분의 마음속에 있는 그분의 마음을, 여러분의 생각 속에 있는 그분의 생각을 사용하셔서 빼앗긴 유산을 회복해 주기 원하신다고 믿는다. 그분의 생각이 여러분의 생각을 만지고 그분의 상상력이 여러분의 상상력을 만질 때, 그분은 여러분에게 풍요와 기적과 축복을 가져다주실 것이다.

> 감추어진 일은 우리 하나님 여호와께 속하였거니와 나타난 일은 영원히 우리와 우리 자손에게 속하였나니 이는 우리에게 이 율법의 모든 말씀을 행하게 하심이니라 (신 29:29)

창조적 영광 안에는 하나님께서 우리에게 보여 주시고 말씀하시고 행하시는 계시가 너무도 많으며, 그 계시에 여러분 자신을 열어 드리고 그 안으로 들어가는 법을 배우면 그 계시는 여러분 것이 된다.

주님께서 여러분에게 이전보다 더 큰 영적인 꿈들과 하늘의 생각들을 주시기 기도한다. 그분 영광의 표현을 느끼고 천사들의 노랫소리와 네 생물의 소리를 들으며 하늘에서 즐거움을 누릴 수 있기를 기도한다. 오늘도 하나님의 창조적 영광을 받을 수 있기를 다 같이 기도하자.

아버지, 예수님의 이름으로 기도합니다. 우리의 삶에서 아버지의 뜻을 이루어 주셔서 감사합니다. 우리에게 환상과 꿈을 주시고, 우리가 예언함으로 거룩한 기적과 이사가 주님의 영광과 존귀를 온 세계에 드러낼 수 있게 해주셔서 감사합니다.

오늘 우리는 주님께 우리 자신을 열어 드리며 '아버지, 우리를 즐겁게 해주십시오! 아버지의 생각과 방법으로 우리의 마음을 사로잡아 주소서. 우리에게 성령님의 생각과 성령님의 말씀을 주시옵소서'라고 기도합니다. 우리는 종교적 차원을 넘어 주님과의 친밀한 관계로 나아가고 싶습니다. 우리는 주님의 마음을 알고 주님의 심장 박동을 느끼기 원합니다. 지금 이 순간에도 주님께서 그분의 영광으로부터 새로운 비전을 우리에게 다운로드해 주시는 것에 감사합니다. 비전이 없으면 우리는 형통할 수 없습니다. 그러나 주님의 비전과 꿈이 있으면 우리는 주님의 뜻 안에서 번영할 수 있습니다. 주님이 상상하신 바를 우리에게 다운로드해 주십시오. 주님의 생각과 주님의 아이디어를 우리에게 다운로드해 주십시오. 주님의 방식은 우리의 방식보다 높습니다. 주님의 방식을 우리에게 다운로드해 주십시오. 예수님의 전능하신 이름으로 기도합니다. 아멘.

창조적 영광이여, 내 안에서 일어나라!

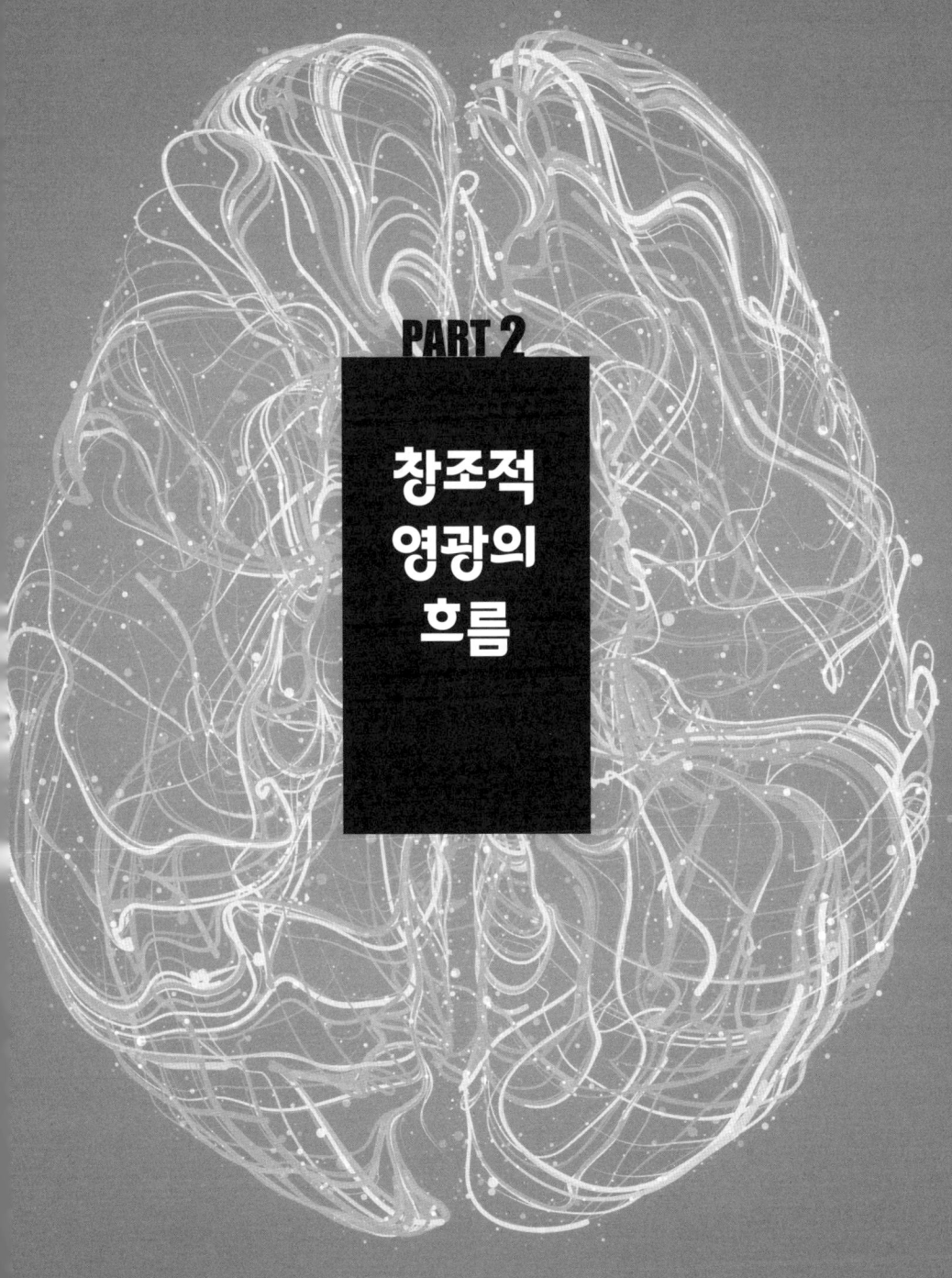

PART 2

창조적 영광의 흐름

CHAPTER 5

영의 소리를 일깨우자

> 이는 비와 눈이 하늘로부터 내려서 그리로 되돌아가지 아니하고 땅을 적셔서 소출이 나게 하며 싹이 나게 하여 파종하는 자에게는 종자를 주며 먹는 자에게는 양식을 줌과 같이 내 입에서 나가는 말도 이와 같이 헛되이 내게로 되돌아오지 아니하고 나의 기뻐하는 뜻을 이루며 내가 보낸 일에 형통함이니라 (이사야 55:10-11)

CREATIVE GLORY

창세기에 나오는 창조의 기록을 통해 우리는 하나님의 말씀으로 우주가 생겨났다는 것을 알고 있다(창 1:3, 히 11:3). 그러나 어떤 그리스도인들은 하나님께서 지금도 여전히 말씀을 통해 창조하고 계신다는 사실을 알지 못한다. 언제 어디서든, 하나님께서 말씀만 하시면 기적적인 창조가 일어날 수 있다.

어쩌면 여러분은 '그런데 오늘날에는 하나님께서 정확히 어떻게 말씀하신다는 거지?'라고 궁금할 수도 있다. 어쩌면 여러분은 그분의 음성을 들어본 적이 없어서 하나님께서 여러분의 삶에 침묵을 선택하셨다고 생각하며 낙담할지도 모르겠다. 그러나 나는 여러분에게 비밀을 알려 주고 싶다. 여러분이 바로 하나님의 임재를 나르는 자라는 것이다. 여러분은 이미 예수님 안에서 용서받고 회복되었기 때문에 이제 하나님은 성령님을 통해 여러분 안에 존재하신다. 그리고 하나님께서 말씀으로 새로운 창조를 일으키시는 가장 위대한 방법의 하나는 여러분의 입술을 통해 하시는 것이다. 하나님은 여러분의 입이 그분의 아이디어, 계획, 발명 등 창조적 영광으로 가득 차서 하나님의 많은 가능성을 풀어내기 원하신다.

하나님께서 여러분을 위해 예비하신 모든 것을 적극적으로 받아들일 때, 창조적 영광은 여러분의 참된 자아의 발견과 각성을 가져온다. 나는 이러한 발견과 각성이 종종 성령님께서 주시는 예언, 언어, 소리와 연결되어 있다는 사실을 발견했다.

우리 교회 성도 중에 지역 공립학교에서 교사로 일하는 사람이 있다. 최근에 그는 교사 연수 워크숍에 참석했는데, 그곳에서 아이들에게 읽는 법을 가르치는 가장 좋은 방법은 먼저 단어를 말한 후에 그 단어를 보여 주는 것이다. 그에게 이러한 접근 방식은 계시로 다가왔다. 왜냐하면 영의 세계도 비슷한 방식으로 작동되기 때문이다. 하나님께서는 먼저 우리 마음에 그분의 약속을 속삭여 주신 후에 선포하게 하신다. 그러면 그 약속이 우리 삶에 나타나고, 그때 우리가 알아볼 수 있는 것이다. 하나님께서 하늘에서 하시는 일을 이 땅에서 보려면 먼저 하나님이 행하시는 바를 계시로 받아 그대로 말해야 한다. 이처럼 소리와 시각 사이에는 창조적인 연결이 있다.

언어의 힘

수년 전, 자넷과 나는 일본을 위해 기도하며 일본 사람들을 구원해 달라고 하나님께 간구했다. 우리는 일본이 그려진 지도 위에 손을 얹고 일본 사람들이 복음을 받아들일 수 있도록 기도했다. 또한 곤니치와(안녕하세요), 아리가토(감사합니다), 사요나라(안녕히 계십시오) 등과 같은 기본적인 인사말과 화장실과 음식에 대해 정중하게 물어보는 실용적인 표현도 배웠다. 그로 인해 일본에 갔을 때 조금은 어색하지만 기본적인 의사소통은 할 수 있었다.

캐나다 극지방에 사는 이누이트인들(Inuit)을 섬기기 위해 갔을 때도 같은 방식으로 현지 언어를 배웠다. 우리를 초대한 사람들과 함께 있을 때마다 '안녕하세요', '안녕히 계세요', '고맙습니다'를 어떻게 하는지 가르쳐 달라고 했다. 그들은 '아텔리하이(Atelihai)', '타바우부팃(Tavvauvutit)', '나쿠르미(Nakurmiik)'라고 알려 주었다.

여러분이 해외에 나갈 생각이라면, 그 나라 사람들에게 호감을 주기 위해 적어도 기본적인 인사말 정도는 구사할 줄 알아야 한다. 그 나라가 일본이든, 이스라엘이든, 프랑스든, 코스타리카든 어떤 국가든 간에 의사소통하고 서로 이해하기 위해서는 해당 언어에 대한 지식은 어느 정도 필요하다. 우리는 여행할 때마다 그곳 원주민의 언어를 배워 그들의 모국어를 존중한다는 것을 보여 주고 그들의 마음에 다가가기 위해 노력한다.

영적 언어들

마찬가지로 하나님의 마음에 다가갈 수 있는 언어가 있다. 바로 창조적 영광의 차원에서만 주어지는 언어다. 성령님께서 우리를 그분의 새로운 장소들로 초대하시고 그곳으로 인도하실 때, 그 장소들에 맞는 새로운 어휘를 가진 새로운 언어를 주신다.

오순절 날, 초대 교회 믿는 자들이 모였을 때 "홀연히 하늘로부터 급하고 강한 바람 같은 소리가 있어 그들이 앉은 온 집에 가득했다"(행 2:2). 여러분은 하나님의 '갑작스러운' 역사가 여러분의 삶에 들어올 때 환영하는가? 창조적 영광의 운행하심을 환영하는가? "성령님의 임재와 영광을 환영합니다"라고 말하며 성령님께서 내 삶에서 행하시도록 초대해야 한다. 오순절 날, 초대 교회 믿는 자들은 성령님의 운행하심을 환영할 준비가 되어 있었다.

> 마치 불의 혀처럼 갈라지는 것들이 그들에게 보여 각 사람 위에 하나씩 임하여 있더니 그들이 다 성령의 충만함을 받고 성령이 말하게 하심을 따라 다른 언어들로 말하기를 시작하니라 (행 2:3-4)

그날 일어난 일은 자연적인 사건이 아니었다. 창조적 영광은 초자연적으로 말하게 하였다. 왜 그랬을까? 하나님께서는 그들이 사역하기 원하시는 곳에 있었기 때문에, 그들이 새로운 기적의 흐름을 타고 사역할 수 있도록 방언의 은사를 부어 주신 것이다. 성령님께서 그들을 위해 마련하신 곳에서 그들이 활동하려면 사용할 수 있는 언어가 필요했기 때문에 영혼의 대추수를 위해 준비시키셨다.

하나님께서 우리에게 열어 주시는 새로운 영역은 언제나 새로운 언어가 필요하며, 그분은 공급하실 준비가 되어 있다. 어렸을 때 성령 세례를 받은 사람들은 처음 받은 방언 이상으로 다른 방언을 하지 못하는 경우가 종종 있다. 하지만 하나님께서는 우리의 영적 여정 중에 처음에 주신 언어에 더하여 새로운 언어와 새로운 소리를 주신다는 사실을 알아야 한다. 언어를 창조하신 하나님께서는 우리에게 천국을 이 땅에 가져올 수 있는 새롭고 다양한 언어를 주신다. 그분은 우리를 향한 계획과 우리에게 주신 약속을 이루기 위해 끊임없이 확장하고 전진하는 하나님이시다.

주님께는 여러분을 위한 새로운 언어, 새로운 방언들이 있다. 여러분이 해야 할 일은 그저 주님 앞에 나아가 "하나님, 저는 새로운 다운로드를 받을 준비가 되었습니다. 이전에 한 번도 말한 적이 없는 새로운 언어, 즉 주님의 초자연적인 차원에서 사용할 초자연적인 언어를 배울 준비가 되었습니다. 저의 영을 열고 주님께 내어 드립니다. 하나님의 창조적 영광이 저를 통해 흐르게 해주십시오"라고 기도하는 것이다.

우리가 이해할 한 가지는 성경적으로 볼 때, 하늘의 언어는 일반적으로 다른 모든 하나님의 나타나심으로 들어가는 입구라는 것이다. 사도행전 2장에 나오는 제자들의 체험처럼 방언은 종종 성령 세례의 첫 번째 표징이다(행 10장). 우리가 기꺼이 성령님께 우리 자신을 내어 드리고 그분이 우리에게 주시고자 하는 언어를 초자연적으로 받을 때, 창조적 영광은 천국의 현실로 들어가는 문을 열어 준다.

> **하나님께서 우리에게 열어 주시는 새로운 영역은 언제나 새로운 언어가 필요하다.**

성령님 안에는 하나님의 백성이 사용할 수 있는 다양한 방언, 즉 언어들이 있다. 고린도전서 12장 10절에는 이를 '각종 방언'이라고 칭한다. NLT(New Living Translation) 역본의 경우 이 구절을 "알 수 없는 언어들로 말할 수 있는 능력"으로 번역하고 있다. 하나의 언어가 아니라 여러 언어인 것이다.

하나님께서는 성령님을 통해 현재 전 세계에서 사용되는 언어들을 여러분에게 주실 수 있다. 지금은 더 이상 사용되지 않는 고대 언어나 사멸된 언어를 주실 수도 있다. 우리는 이러한 언어들을 잊었을지라도, 성령님은 모두 알고 계신다.

하나님의 지혜는 하나님의 백성을 위해 예비되어 있다(고전 2장). 우리는 하나님의 지혜가 부어지는 새날, 즉 그분을 사랑하는 사람들에게 초자연적인 깨달음이 주어지는 새로운 시대로 들어가고 있다. 이 지혜와 총명은 창조적 영광을 통해 우리에게 임할 것이다.

외국어를 말하다

하나님께서는 여러 나라의 언어, 즉 '외국어'를 말하게 하실 수 있다. 해당 언어를 일상적으로 사용하는 사람들에게 그 언어는 낯설지 않을 것이다. 내 경험에 의하면 성령 충만한 신자들이 성령님에 의해 외국어 방언을 받는 일은 꽤 흔하다.

몇 년 전 집회를 위해 뉴멕시코주 앨버커키에 갔을 때 비행기가 연착하는 바람에 호텔에 도착했을 때는 겨우 옷만 갈아입고 예배 준비를 해야 했다. 나는 방으로 올라갔고 공항에 마중 나온 목사님들은 로비에서 기다리고 있었다.

그런데 호텔 방에 들어서자마자 갑자기 새로운 언어가 내 입술에서 튀어나왔다. 어떤 언어인지는 알 수 없었지만, 왠지 러시아어 같다는 생각이 들었다. 러시아어를 공부한 적도, 배운 적도 없지만, 그저 러시아어로 말하는 것을 들은 적은 있다. 나의 새 방언은 러시아어처럼 들렸다. 성령님께서는 스마트폰 번역 앱을 켜고 방언으로 기도하라는 영감을 주셨다. 놀랍게도 번역 앱은 나의 방언을 러시아어로 인식했다.

나는 녹음한 내용을 친구인 마리나 헤르츠버거(Marina Hertzberger)에게 보냈다. 독일인 목사와 결혼한 마리나는 현재 독일에 살지만, 원래 러시아 출신으로 러시아어를 유창하게 구사한다. 마리나는 녹음 내용을 번역해서 보내주었다. 그 메시지에는 "나는 주이며, 나는 이 나라 위에 높임을 받았다"는 내용이 담겨 있었다.

> 우리는 새로운 시대, 하나님의 백성이 그분의 지혜를 드러내고
> 초자연적인 지식과 계시가 임하는 시대로 들어가고 있다.

이런 경험은 이번이 처음이 아니었다. 때때로 방언으로 노래하거나 말할 때, 존재하는 언어로 말하고 있음을 나는 인식하지 못하지만, 누군가 내 소리를 듣고 내가 무슨 말을 하는지 알아들었다. 오래전 캐나다에서 열린 한 부흥 집회에서 우리 예배 팀이 방언으로 노래했다. 우리의 노래 중 일부는 녹음되었고 나중에 전 세계에 배포된 〈마시다The Drink〉라는 제목의 앨범에 수록되었다.

그 집회는 내가 인도의 첸나이 지역으로 첫 해외 사역을 떠나기 며칠 전이었다. 나는 인도의 언어들을 공부한 적도, 인도에 대해 아는 것도 거의 없다. 그런데 몇 년 후, 그 앨범을 들은 한 인도 여성이 내 방언이 타밀어(Tamil)라는 것을 알았다. 나에게 연락할 방법이 없었던 그녀는 내 친구이자 동료 사역자인 패트리샤 킹에게 들은 내용을 전해 주었다.

패트리샤는 "번역한 내용을 적어 주세요. 그러면 조슈아에게 보낼게요"라고 말했다. 그녀는 번역한 내용을 적었고 패트리샤는 나에게 보내주었다. 창조적 영광은 하나님이 여러분을 이끄는 곳으로 가는 길을 예비한다.

하나님께서 우리의 삶에서 어떤 일을 하실지 알 때가 있는가 하면, 그분이 일하시는 방식을 이해하지 못할 때도 있다. 성경은 "우리는 부분적으로 알고 부분적으로 예언하니"라고 말한다(고전 13:9). 하

나님은 우리가 알아야 할 부분을 알려 주신다. 우리가 성령님께 충실하고 창조적 영광에 순종하는 법을 배울 때, 비로소 그분은 우리의 능력으로는 할 수 없는 일들을 우리 안에서 하실 수 있다.

열아홉 살 때, 캘리포니아주 샌디에이고 부흥 집회 막바지에 이와 비슷한 일이 있었다. 함께 사역하던 목사님께서 나에게 키보드로 임재 음악을 연주해 달라고 부탁했다. 종종 그런 요청을 받으면 성령님께서는 방언으로 조용하고 부드럽게 노래하도록 인도하신다. 그날 밤 그곳에는 남미에서 온 한 여성이 있었는데, 그녀는 내가 스페인어 방언으로 유창하게 말하는 것을 들었다. 그리고 자기 마을에서만 쓰는 어휘로 그녀에게 구원의 메시지를 전했다고 말해 주었다.

그녀는 내가 스페인어를 모른다는 것, 특히 그녀의 고향에서만 쓰는 단어들을 모른다는 것을 확실히 알고 있었다. 하지만 하나님은 모든 언어를 알고 계시며, 무엇을 말해야 하는지, 언제 말해야 하는지, 어떤 방식으로 말해야 하는지도 알고 계신다. 우리가 창조적 영광에 순종하고 성령의 인도하심에 따라 하나님의 말씀을 말할 때, 우리는 하나님의 계획에 따라 움직일 수 있고, 그분은 우리를 통해 위대한 일을 행하실 수 있다.

창조적 영광은
하나님이 여러분을 이끄는 곳으로 가는 길을 예비한다.

성령님으로 말하다

얼마 전, 나는 빌리 브림(Billye Brim)의 초대로 그녀의 텔레비전 프로그램 〈예언적 증인The Prophetic Witness〉에 출연하였다. 촬영장에서 빌리는 사역에서 일어나는 매우 특별한 일들에 관해 이야기해 주었는데 그중 하나다.

"'프레이어 콜(Prayer Call)'이라는 프로그램에서 저는 성령님 안에서 방언으로 기도합니다. 어느 날 최근에 구원받은 한 아랍 남성이 제가 아랍어로 기도하는 것을 들은 거예요. 그는 제 기도를 받아 적은 뒤 영어로 번역해 주었어요." 그녀는 "다른 아랍어 사용자들도 제가 기도할 때 아랍어로 듣는지는 모르겠지만, 어쨌든 제 기도를 들은 이 사람은 완전히 이해한 거예요"라고 말했다.

놀랍지 않은가! 사도행전 2장에서 제자들에게 일어났던 것과 동일한 일이 일어난 것이다.

그 때에 경건한 유대인들이 천하 각국으로부터 와서 예루살렘에 머물러 있더니 이 소리가 나매 큰 무리가 모여 각각 자기의 방언으로 제자들이 말하는 것을 듣고 소동하여 다 놀라 신기하게 여겨 이르되 보라 이 말하는 사람들이 다 갈릴리 사람이 아니냐 우리가 우리 각 사람이 난 곳 방언으로 듣게 되는 것이 어찌 됨이냐 우리는 바대인과 메대인과 엘람인과 또 메소보다미아, 유대와 갑바도기아, 본도와 아시아, 브루기아와 밤빌리아, 애굽과 및 구레네에 가까운 리비야 여러 지방에 사는 사람들과 로마로부터 온 나그네 곧 유대인과 유대교에 들어온 사람들과 그레데인과 아라비아인들이라 우리가 다 우리의 각 언어로 하나님의 큰 일을 말함을 듣는도다 하고 (행 2:5-11)

그날 예루살렘에 모인 사람들은 무슨 일이 벌어지고 있는지 혼란스러웠다. 그들은 갑자기 미천한 갈릴리 출신의 예수님의 제자들이 자신들이 날 때부터 사용하던 언어로 말하는 것을 들었다. 이런 식으로 방언은 완전히 초자연적인 일이다. 믿는 사람이 방언을 말할 때, 통역 없이도 자기의 언어로 분명한 메시지를 들을 수 있다. 이것은 영적으로 일어나는 창조적 현상이며, 창조적 영광의 초자연적인 표현 중 하나다.

이 땅의 모든 언어는 사용 범위에 제한이 있다. 그러나 하늘의 언어, 즉 성령님이 주시는 언어에는 제한이 없다. 성령님 안에는 경계가 없으며 여러분이 성령님 안에 있다면 하나님께서 여러분을 통해 하실 수 있는 일에는 제한이 없다. 창조적 영광이 여러분을 통해 흐르기 시작하면, 그들의 언어를 구사할 줄 몰라도 여러분 주변의 사람들은 여러분의 말을 그들의 언어로 들을 수 있게 된다. 오순절 날 군중 속에 있던 사람들도 놀랄 수밖에 없었다. 방언을 하던 사람들은 대부분 갈릴리 사람이었지만, 다양한 언어를 말하는 것처럼 들렸기 때문이다.

그날의 군중에는 바대, 메데, 엘람, 메소포타미아, 유대, 갑바도기아, 브루기아, 밤빌리아, 이집트, 리비아, 로마, 그레데, 아랍 사람들이 있었다. 유대인으로 태어난 사람들과 유대교로 개종한 유대인들이 그곳에 있었지만, 그들 모두 같은 경험을 했다. 그들은 예수님을 따르는 제자들이 그들의 언어로 말하는 것을 들은 것이다. 그렇다면 제자들은 무슨 이야기를 했을까? 그들은 모두 '하나님의 이적들'에 대해 이야기하고 있었다.

아랍인들이 초대 교회 때 이러한 기적을 경험했는데, 2천 년이 지난 지금, 한 아랍 남성이 빌리 브림이 아랍어 방언으로 기도하는 것을 듣게 된 것이다. 그리고 그는 하나님께 영광을 돌리기 위해 그가 들은 것을 번역해 주었다. 지금 나와 함께 기도하자.

주님, 저의 삶에서 초자연적인 일들을 증가시켜 주세요. 주님, 저는 주님의 영광 안에서는 불가능이 없음을 압니다. 주님의 창조적 영광의 차원에서 받고, 행하고, 함께 흐르고, 가속화되기를 원합니다.

창조적 영광은 우리가 이해할 수 있는 눈과 귀를 열어 준다. 창조적 영광은 우리의 현재 상황에 관해 이야기해 준다. 창조적 영광은 우리의 미래를 예언해 준다. 무엇보다 창조적 영광은 창조한다. 하나님께는 우리의 관심을 끌 수 있는 많은 방법이 있다. 창조적 영광은 그것들을 성취한다.

새로운 언어를 말하다

나는 성령님을 통해 고대의 언어와 현대의 외국어로 말할 수 있을 뿐만 아니라 미래의 언어, 즉 앞으로 생겨날 언어도 말할 수 있다고 믿는다. 성경은 우리에게 다음과 같이 말한다.

> 주 여호와께서는 자기의 비밀을 그 종 선지자들에게 보이지 아니하시고는 결코 행하심이 없으시리라 (암 3:7)

여러분이 자신을 선지자라고 생각하지 않을지라도, 하나님께서 창조의 영광을 통해 불을 붙이기 원하시는 선지자적 은사가 있을 수 있다. 하나님은 그 은사를 사용해서 여러분이 가는 곳에서 여러분을 위한 길을 만들어 주실 것이다. 최근 앨라배마주 버밍엄에서 사역할 때, 나는 우리가 성령님 안에서 미래의 언어를 말할 수 있는 가능성에 대해 잠깐 언급했다. 집회가 끝난 후 한 여성이 이렇게 말했다. "저는 공상 과학 소설가입니다. 지금 집필 중인 책에 등장하는 인물들을 위해 완전히 새로운 언어를 만들고 싶다는 소망이 있었어요. 하지만 어떻게 시작해야 할지 몰랐어요. 그런데 목사님이 우리를 위해 기도할 때 필요한 언어가 떠오르기 시작했습니다." 이 여성은 완전히 새로운 언어를 개발하고 있으며, 그 언어는 창조적 영광에 의해 임할 것이다. 창조적 영광의 차원에는 무한한 가능성이 존재한다.

하늘의 언어를 말하다

하나님께서는 또한 우리에게 천국에서 사용되는 언어를 사용하게 하실 수도 있다. 사도 바울은 다음과 같이 썼다.

내가 사람의 방언과 천사의 말을 할지라도 사랑이 없으면 소리 나는 구리와 울리는 꽹과리가 되고 (고전 13:1)

우리는 '이 땅의 언어'가 무엇인지 알고 있다. 하지만 '천사의 말'은 무엇일까? 그것은 창조적 영광의 언어, 즉 하늘의 언어다. 창조적 영광을 통해 여러분은 하늘의 것을 이 땅에 가져올 수 있다. 하늘의 언어를 사용하면 천국의 영적 기류 자체를 지상의 영역으로 옮겨올 수 있다.

나와 함께 이렇게 선포하자.

"하나님, 주님의 말씀을 원합니다. 주님의 어휘를 원합니다. 주님의 언어들을 부어 주세요!"

창조적 언어를 위한 끈질긴 믿음

호주 선샤인코스트(Sunshine Coast, 브리즈번 북쪽의 아름다운 해안 지역)에서 만난 한 여성은 방언의 표징을 동반한 성령 세례를 받지 못해 매우 좌절했다고 말했다. 그녀의 지인들은 방언을 받았고, 훌륭한 목사님들이 그녀에게 안수와 성령 세례를 경험하도록 기도해 주었지만, 그녀만은 도저히 받을 수 없는 것처럼 보였다. 하지만 포기하지 않았고 하나님을 향해 계속 나아갔다.

그때 선샤인코스트에서는 부흥이 일어나고 있었고, 많은 믿는 자가 거대한 파인애플 모양으로 지어진 빅 파인애플(Big Pineapple)이라는 곳에 모여들었다. 이곳은 한때 호주에서 가장 인기 있는 관광 명소로 해마다 백만 명의 관광객이 방문하기도 했다.

이곳이 재정 문제로 문을 닫았을 때, 벤과 조디 휴즈(Ben and Jodie Hughes, 현재 애리조나에 거주)는 하나님의 인도하심을 받고 부흥 집회를 위해 그 건물을 임대하였다. '파인애플 리바이벌'이라고 불리는 이 부흥 집회에는 약 1년 반 동안 사람들이 끊임없이 몰려들었다. 관광객들은 빅 파인애플이 문을 닫았다는 사실을 모른 채 구경 왔다가 매일 밤 부흥이 뜨겁게 일어나는 것을 보고 깜짝 놀랐다.[1]

그러던 어느 날 오후, 부흥 집회를 위해 선샤인코스트에 갔을 때 벤과 조디, 그들의 딸 킬리(Keely)와 함께 해안 마을 누사 헤즈(Noosa Heads)의 해변을 걸었다. 그곳에서 누군가 모래 위에 '오후 7시에 빅 파인애플에서 만나요'라고 커다랗게 써 놓은 것을 보고 깜짝 놀랐다. 그 메시지는 매우 커서 해변 끝자락에 서 있는 사람들도 볼 수 있을 정도였다. 조디는 나에게 "천사가 쓴 것 같아요"라고 말했다.

이 메시지는 해변에 있던 사람들의 호기심을 끌었고, 많은 사람이 빅 파인애플에서 열린 집회에 참석했다. 여기에는 성령 충만을 받고자 했던 한 젊은 여성도 포함되어 있었다. 하나님을 갈망한 그녀는 매일 밤 집회에서 그녀가 받을 수 있는 모든 것을 받기 위해 주님께 나아갔다.

어느 날 밤에도 창조적 영광으로 나아가고 있었는데, 환상 중에 공중에서 손이 뻗어 내려오는 것을 보았다. 그 손은 집회 장소의 벽 한 면에 금색 잉크로 글씨를 쓰기 시작했다. 이 현상과 다니엘서에 묘사된 벨사살왕의 대연회 때 벽에 글을 쓰던 초자연적인 손을 연결 짓는 것은 아니다. 왜냐하면 성경의 그 사건은 하나님의 심판과 관련된 것이기 때문이다(단 5장 참조). 하지만 벨사살왕과 마찬가지로 여성도 초자연적인 손이 나타나 벽에 무언가를 쓰는 것은 보았지만, 그 내용을 이해할 수는 없었다. 그곳에 서서 그 메시지를 읽으려 한 그녀는 하나님께서 자신이 그토록 간절히 원했던 하늘의 언어를 주고 계시다는 사실을 깨닫고 매우 놀랐다.

하나님께는 모든 사람에게 다가갈 수 있는 다양한 방법이 있다. 하나님께서 어떤 특정한 방식으로 어떤 일을 행하실 것으로 생각할 때, 그분은 완전히 다른 방식으로 그 일을 행하신다. 우리는 창조적 영광이 우리에게 하나님의 거룩한 결과들을 가져오도록 허용해 드림으로, 언제나 하나님께서 영광받으시도록 해야 한다. 또한 우리는 그러한 결과들을 받아들이고 우리에게 임하는 독특한 방식들에도 감사해야 한다.

그날 창조적 영광이 빅 파인애플에 나타났고, 그 여성은 환상 중에 나타난 금빛 글자를 읽으며 방언을 말하기 시작했다. 자신이 뭐라고 말하는지 그 내용을 알 수도 없으면서 말이다. 그녀가 말하기 시작하자 그녀의 영이 육체를 주도하기 시작했고, 그녀의 가장 깊은 곳에서부터 하늘의 언어가 흘러나왔다. 그리고 계속해서 방언을 말할 수 있게 되었다.[2]

성령님은 끈질긴 믿음을 가진 사람들을 찾으신다. "성공하지 못했다면 다시 도전하고 또 도전하라"는 격언에는 많은 진리가 담겨 있다. 믿는 자인 우리는 한번 낙심했다고 포기하기보다는 말씀 안에 머무르며 성령님을 의지하고 하나님이 우리를 위해 예비하신 모든 것을 구해야 한다. 믿음의 여정에서 중요한 것은 인내다.

여러분은 토마스 에디슨(Thomas Edison)이 축전지 실험을 할 때 여러 달 동안 수천 번의 연구와 시도를 계속했다는 이야기를 들었을 것이다. 그의 동료였던 W. S. 말로리(W. S. Mallory)는 다음과 같이 말했다.

> 에디슨을 만나기 위해 실험실에 갔을 때는 이미 5개월 이상, 주 7일간의 연구가 계속되고 있었죠. 그를 만난 곳은 폭 1미터, 넓이 4미터 정도의 의자였고, 그 위에는 화학자들과 실험자들이 만든 수백 개의 작은 테스트용 건전지가 놓여 있었습니다. 그는 의자에 앉아 실험하고, 생각하고, 계획하고 있었어요. 새로운 유형의 축전지를 고안하기 위해 9천 번이 넘는 실험을 했지만, 문제를 해결할 수 있는 단 한 가지 방법도 알아내지 못했어요. 이 엄청난 양의 생각과 노력 과정을 보고 있자니, 그만 동정심이 올라와 이렇게 말했습니다. '이 엄청난 노력에도 불구하고 아무 성과도 얻지 못해 너무 안타깝네요.' 에디슨은 미소를 지으며 대답했어요. '성과요? 아주 많은 성과가

있어요. 안 되는 방법을 수천 가지나 알게 됐잖아요.'[3]

창조적 영광은 어떠한 어려움에도 올바른 해결책을 찾을 수 있도록 우리를 이끌며, 어떤 상황에서도 더 좋고 더 명확한 관점으로 바라볼 수 있게 한다. 처음에 성공하지 못했다면 하나님 안에서 다른 것을 시도해 보라!

누군가는 "같은 일을 반복하면서도 다른 결과를 기대하는 것은 미친 짓"이라고 말했다.[4] 창조적 영광은 독특한 렌즈를 통해 삶을 경험하게 한다. 창조적 영광의 흐름은 새로운 시각으로 사물을 보는 법을 가르쳐 주며 우리를 깊은 성장의 과정으로 인도한다. 또한 우리의 눈을 들어 하나님의 시각으로 보게 해준다. 창조적 영광은 실패할 수가 없고, 창조적 영광의 인도를 받는 한 언제나 희망이 있다. 시도하는 일을 종종 실패하고 상정한 목표에 못 미칠 때가 있는 우리는 이 사실을 아는 것만으로도 격려가 된다.

나의 치유 사역 멘토 중 한 명인 프랜시스 헌터(Frances Hunter)는 주님께서 처음 치유 사역에 부르셨을 때 아픈 사람에게 안수 기도를 했지만, 사망하고 말았다. 나는 그럼에도 불구하고 프랜시스가 사역을 멈추지 않아서 정말 기뻤다. 프랜시스는 그 경험으로 인해 낙담하는 대신, 치유 사역에 부름 받았다는 하나님의 말씀을 믿었다. 그녀는 계속해서 병자들에게 안수 기도를 했고 예수님의 말씀대로 많은 환자가 회복되었다.

오랫동안 프랜시스는 자넷과 나를 비롯한 전 세계 수천, 수만,

수십만, 어쩌면 수백만 명의 사람에게 치유라는 창조적인 선물을 전했다. 프랜시스와 찰스(Charles Hunter)의 사역 영향력은 매우 컸다. 이 부부는 100권이 넘는 책을 저술했으며, 대부분이 하나님의 치유에 관한 것들이다. 그들은 사역 중에 목격하고 기뻐했던 치유에 대해 간증했다. 그뿐만 아니라 그들 사역의 철학은 "찰스와 프랜시스가 할 수 있다면 당신도 할 수 있다"는 것이라고 강조했다. 이처럼 인내는 창조적 영광의 새로운 차원들에 접근할 수 있게 한다. 그리고 그 차원들에는 하늘의 언어와 지상의 언어뿐만 아니라 영적인 '수어(手語)'도 포함된다.

포기하지 말고, 계속 밀어붙여라!

예수님의 표적 언어(sign languages)

몇 년 전 나는 플로리다주 올랜도에 있는 지저스 스쿨(Jesus School)에서 학교 설립자이자 이사인 마이클과 제시카 쿨리아노스(Michael and Jessica Koulianos)와 함께 사역하였다. 한 세션이 끝나고 우리는 점심을 먹으러 나갔다. 우리는 멋진 지중해 음식 레스토랑에서 맛있는 음식을 먹으며 깊은 교제를 나누었다.

하나님의 영광에 대해 대화를 나누는 중에 마이클은 어렸을 때 베니 힌(Benny Hinn) 목사님이 목회하는 교회에 가족들과 출석한 이야기를 했다. 그는 어느 예배 시간 벽면에 예수님의 얼굴이 그림자 형태로 나타났고 그곳에 모인 모든 사람이 볼 수 있었다고 말했다. 이는 일회성 이벤트가 아니었으며, 매주 예배 중에 예수님의 얼굴이 벽에 나타나서 사람들을 놀라게 했다. 마이클은 그 장면을 묘사하면서 감격의 눈물을 흘렸다.

성령님께서는 이 초자연적인 표적을 통해 그곳에 모인 사람들의 주의를 사로잡아 예수님께로 향하게 하셨다. 가장 놀라운 것은 베니 힌 목사님이 성경을 읽을 때마다 예수님의 입이 움직이고, 성경 읽기를 멈추면 예수님의 입이 움직이지 않았다는 것이다. 베니 힌 목사님이 자기 의견이나 자기 생각을 말할 때는 입이 움직이지 않았고, 다시 하나님의 말씀을 읽으면 읽는 내용에 맞춰 입이 움직였다. 이러한 현상을 어떻게 기사와 이적이라고 부르지 않겠는가.

창조적 영광의 기류 속에서 특이한 표적이 나타날 때 놀라지 말아야 한다. 이러한 초자연적인 표적은 복음 전파를 확증하기 위해 나타나며, 하나님의 영광이 이러한 표적들을 가져오는 것이다. 표적과 기사가 나타날 때마다 우리는 많은 사람이 그리스도께로 이끌려 구원받을 것을 기대해야 한다. 나는 집회 중에 창조적 영광이 운행하기 시작할 때 이런 일이 일어나는 것을 여러 번 목격했다. 하나님께서는 이러한 이적들을 사용해서 믿는 자들을 격려하시고 믿음을 키워 주신다.

몇 년 전 플로리다주에서 사역할 때 브래든턴의 팔마 솔라 장로교회에 비슷한 모습의 예수님 얼굴이 나타났다는 이야기를 들었다.

교회 건물 외벽에 예수님의 얼굴 형상이 나타났는데 그 폭이 4.5미터 되었다. 그 교회 사람들은 처음에는 사기일지도 모른다고 생각했다. 그래서 벽에 그려진 이미지를 지우려고 표백제와 산성 물질을 사용했지만 지울 수가 없었다. 그 아름다운 그림은 교회 외벽에 그대로 남아 있었다.

당시 이 표적은 많은 사람을 교회로 이끌었다. 단순한 호기심에 찾아온 사람들도 있었지만, 대다수는 진정으로 하나님을 갈망하는 사람들이었다. 사람들은 교회 주차장에 서서 그 누구도 그리지 않았고, 그 누구도 지울 수 없는 예수님의 얼굴을 바라보았다.

이 표적은 20여 년 전에 처음 등장했다. 10년도 넘게 지속되다가 어느 날 예고도 없이 사라졌다. 이 교회는 그 표적을 지나치게 홍보하거나 우상화하지 않으려고 매우 조심했는데 나는 그 점을 높이 평가한다. 우리는 하나님께서 하시는 일을 소중히 여기면서도 그러한 표적들은 궁극적으로 보여 주신 분을 가리키고 있음을 잊지 않아야 한다.

초자연적인 표적들은 새로운 것이 아니다. 성경은 과거의 표적들에 대해 그리고 미래에 사람들을 그리스도께로 인도할 표적들에 관해서도 이야기한다. 우리는 표적만을 구하는 사람이 되어서는 안 되며, 초자연적인 표적의 목적은 사람들을 주님과 그분의 구원으로 인도하는 것임을 알아야 한다. 결국 우리 자신이 세상에서 하나님의 사랑과 용서의 표적, 즉 살아 있는 표적 역할을 해야 하는 것이다(골 3:2-3).

하나님은 여러분의 삶을 통해 특별한 일들, 즉 인간의 관점으로는 묘사하거나 설명할 수 없는 특별한 일들을 행하기 원하신다. 하나님은 여러분이 그분의 창조적 영광을 나르는 자가 되기를 원하신다. 그분이 그렇게 하시는 방법 중 일부는 영적인 언어들을 주시고, 영적인 표적을 나타내시고, 초자연적인 현상들을 주시는 것이다. 하나님께서 우리의 삶에서 새로운 방식으로 그분의 창조적 영광을 드러내시도록 함께 기도하자.

아버지, 예수님의 이름으로 기도합니다. 오늘날 이 땅에 흐르고 있는 주님의 창조적 영광과 우리 안에 있는 창조적 언어를 일깨워 주셔서 감사합니다. 주님의 창조적 영광이 흐를 때, 새로운 은사들이 나타나고 있음에 감사합니다. 새로운 기름 부음이 임하고 있습니다. 하늘로부터 새로운 다운로드가 임하고 있습니다. 지금 이 순간에도 하늘의 임파테이션이 우리 안에 주어지고 있습니다.

주님, 우리의 삶에서 창조적 영광의 차원을 통하여 평범하지 않고, 특별하고 설명할 수 없는 것들을 풀어내 주셔서 예수님께 영광을 돌리게 하시고, 예수님께서 높여지시고 드러나시고, 모든 시선이 이처럼 위대하고 놀랍고 영광스러운 일들을 행하신 주님께만 집중되게 하셔서 감사합니다.

주님, 지금 우리 안에서 아버지의 뜻을 위한 창조적 영광이 일어나고 있음에 감사합니다. 창의성이 강물처럼 흐르게 하소서. 아버지의 영광이 일어나고 있습니다. 그리고 우리를 들어 올리셔서 성령님 안에서 새로운 높이, 새로운 차원, 새로운 장소로 가속하여 들어가게 하십니다. 우리를 재배치하시고, 움직이시고, 말씀해 주시고, 주님의 목적들을 이룰 수 있도록 우리를 들어 올려 주시옵소서. 우리는 주님의 창조적 영광 안에서 주님과 함께 갈 준비가 되었습니다. 예수님의 이름으로 기도합니다. 아멘.

창조적 영광이여, 내 안에서 일어나라!

CHAPTER 6
제한 없는 공급의 흐름

우리는 그가 만드신 바라 그리스도 예수 안에서 선한 일을 위하여 지으심을 받은 자니 이 일은 하나님이 전에 예비하사 우리로 그 가운데서 행하게 하려 하심이니라 (에베소서 2:10)

CREATIVE GLORY

"만약 여러분이 절대 실패할 수 없다는 사실을 안다면 어떻게 하겠습니까?" 직업 전문가들은 올바른 직업을 찾기 위해 도움을 요청하는 사람들에게 종종 이 질문을 한다. 나는 여기에 추가로 한 가지 질문을 더 하고 싶다. "만약 여러분이 그 일을 할 수 있는 무한한 자원이 있다는 사실을 안다면 어떻게 하겠습니까?" 창의적인 사람들이 겪는 어려움은 소명이라고 느끼는 일을 할 수 있는 재정과 자원이 없다는 것이다. 창조적 영광은 이 난관에 대한 해답을 가지고 있다. 창조적 영광은 천국의 공급 형식과 함께 우리에게 임한다. 마치 우리가 원하는 목표를 달성하는 것을 도와줄 청사진과 같다.

보통 집의 청사진에는 방, 계단, 문, 창문 등 그 집에 필요한 기능과 공간들이 명확하게 표시되어 있다. 마찬가지로 하늘의 공급 청사진에도 영광의 차원에서 성령님께서 우리에게 주실 모든 공급이 포함되어 있다. 나는 창조적 영광이 우리를 위해 무한한 창조적 공급의 흐름을 우리에게 부어 준다고 굳게 믿는다.

땅콩, 감자 그리고 공급하심

몇 년 전, 나는 세계적으로 유명한 식물학, 농화학자, 발명가이자 교육자인 조지 워싱턴 카버 박사(George Washington Carver)의 놀라운 이야기를 들었다. 카버 박사는 자신이 해결해야 하는 어려운 딜레마들에 대한 해답을 찾을 때 기도의 능력이 얼마나 중요한지를 잘 이해하고 있었다. 그는 실험실을 '하나님의 작은 작업실'[5]이라고 불렀는데, 그 이유는 그곳을 창조적 영광이 흐르고 필요한 공급이 임하도록 하나님께 허용해 드렸기 때문이다.

카버 박사는 앨라배마주 터스키기 대학의 농과대 학과장이었다. 그는 윤작과 목화 외에 땅콩, 콩, 고구마 등 다양한 대체 작물을 재배하는 것을 장려하는 등 가난한 농부들을 돕고 토양 고갈을 막기 위한 여러 농법을 장려했다. 그의 조언을 따른 농부들의 농산물 생산량이 너무 많아서 공급 과잉이 발생할 정도였다. 카버 박사에게는 또 다른 해결책이 필요했다. 남아도는 땅콩을 어떻게 처리할

것인가에 대한 문제였다.[6]

　전기 작가 글렌 클락(Glenn Clark)은 "소크라테스는 악마와, 세네카는 천재와, 오레스테스는 사제와 상의했지만 조지 워싱턴 카버는 '그가 사랑하는 창조주'와 친밀한 대화를 나눴다"라고 표현했다.[7] 카버 박사가 창조적 영광을 통해 다운로드 받은 것은 성령님과의 친밀한 관계 덕분이었다. 그는 땅콩에 대한 300가지 활용도와 고구마에 대한 1,818가지 활용도를 개발하고 홍보했다.[8] 땅콩의 활용도에는 '얼굴용 파우더, 회전축 윤활유, 프린터 잉크, 땅콩 우유, 땅콩 크림, 땅콩버터, 샴푸, 방부제, 식초, 커피, 비누, 샐러드, 목재용 염료, 땅콩기름 염료 등'이다.[9]

　카버 박사는 윤작과 대체 작물을 장려하고 새로운 농작물을 개발하여 지역 농부들의 삶을 변화시켰을 뿐만 아니라 지역 및 국가 경제에도 큰 영향을 미쳤다. 그는 남부의 농업 경제를 재건하는 데 기여했다는 평가를 받고 있다.[10] 카버 박사는 그의 업적에 대해 증언하기 위해 워싱턴 DC에 있는 미국 상원의 조세무역위원회에 초청받기도 했다.

　조지 워싱턴 카버는 "얼마큼 성공했느냐는 얼마큼 봉사했느냐로 측정된다"[11]고 말하며 하나님과 인류를 섬기는 데 헌신했다. 그는 연구 재단을 설립하기 위해 평생 모은 재산을 터스키기 대학에 기부했다.[12] 터스키기 대학은 그에 대해 "카버 박사의 과학에 대한 실용적이고 자애로운 접근은 그의 모든 업적의 바탕이 된 깊은 신앙에 기초한 것"이라고 기록했다.[13] 창조적 영광은 풍성한 공급이 넘쳐나는 열린 천국이다.

더 이상 부족함은 없다

우리가 창조적 영광 속으로 들어가고 창조적 영광이 우리 안에 들어올 때, 더 이상 부족함도 결핍도 없게 된다. 하나님의 말씀에 "나의 하나님이 그리스도 예수 안에서 영광 가운데 그 풍성한 대로 너희 모든 쓸 것을 (가득 찰 때까지) 채우시리라"고 하셨기 때문이다(빌 4:19, 확대역). 예수님의 사역에서도 도움이 필요한 자들에게 하늘의 공급이 부어진 많은 예를 볼 수 있다. 그 사례 중 하나를 살펴보자.

> 예수께서 (세례 요한의 죽음에 대해) 들으시고 배를 타고 떠나사 따로 빈 들에 가시니 무리가 듣고 여러 고을로부터 걸어서 따라간지라 예수께서 나오사 큰 무리를 보시고 불쌍히 여기사 그중에 있는 병자를 고쳐 주시니라 (마 14:13-14)

이 구절은 예수님께서 우리의 필요를 보실 때 그분의 긍휼이 기적의 공급과 함께 흐른다는 것을 보여 준다. 나는 우리 사역의 후원자가 보낸 연하장에 적힌 문구를 아주 오랫동안 좋아했다. "큰 사랑이 있는 곳에는 언제나 큰 기적이 있습니다." 맞다. 큰 사랑이 흐르는 곳에는 큰 기적도 일어난다. 그렇기 때문에 우리가 무엇을 하든,

무엇을 창조하든 사랑의 영으로 하는 것이 매우 중요하다. 우리는 하나님은 사랑이시라는 것을 알고 있다. 그리고 그분의 사랑이 우리에게 임할 때 기적의 공급도 아주 쉽게 흐르게 된다.

마태복음 14장의 이야기는 다음과 같이 이어진다.

> 저녁이 되매 제자들이 나아와 이르되 이 곳은 빈 들이요 때도 이미 저물었으니 무리를 보내어 마을에 들어가 먹을 것을 사 먹게 하소서 예수께서 이르시되 갈 것 없다 너희가 먹을 것을 주라 (마 14:15-16)

예수님의 반응이 놀랍지 않은가? 예수 그리스도는 사람으로 이 땅에 오셨지만 동시에 온전한 하나님이셨다. 그분이 다른 사람들 사이에 계시는 동안은, 그분의 영광은 육신 안에 있었다. 영광이 있는 곳에는 부족함이 없다. 그래서 '갈 것 없다. 너희가 먹을 것을 주라'고 하신 것이다. 창조적 영광이 있는 곳에는 무한한 공급도 있었다.

나는 여러분이 필요로 하는 모든 공급을 받기 위해 창조적 영광의 흐름에 머물러 있기를 권면한다. 대부분의 사람이 직장 생활, 가정생활 및 삶의 여러 영역으로 구분하고 영광을 그들의 삶에서 분리한다. 영광 안에 있기를 원하기 때문에 그들은 하나님을 예배한다. 그리고 일터에서는 이 땅의 방식으로 재정적 공급을 확보하는 데 집중한다. 물론 일을 하는 것에는 잘못이 없다. 하나님은 생계를 유지할 수 있도록 우리에게 직업과 직장 및 여러 임무를 주신다. 하지만 우리는 직업을, 월급을 주는 원천이 아닌 우리의 부르심으로 바라보아야 한다. 하나님께서 여러분을 직장으로 부르셨다고 확신할 때 그 부르심에 대한 하늘의 공급도 있다는 것을 확신할 수 있어야 한다.

창조적 영광이 있는 곳에는 무한한 공급도 있다.

남과 다른 사람들

나는 평생 사람들과 잘 어울리지 못했고, 사회적 틀에 맞추는 것을 잘하지 못했다. 선천적으로 창의적인 사람들은 나와 비슷한 감정을 느낄 것이다. 남과 다른 사람이 변화를 불러온다. 사실 우리는 남들과 다르도록 설계되었다. 나는 내가 약간 아웃사이더라고 느꼈지만, 사실 내가 그렇게 느끼도록 의도적으로 창조되었기 때문이라고 생각한다. 내가 다양한 환경에 온전히 속할 수 있다고 생각했다면, 경계를 뛰어넘어 이미 알고 있거나 경험한 것 이상으로 확장하고자 하는 욕구도 갖지 않았을 것이다.

우리 모두는 하나님의 형상대로 지음 받았고 '창의적인 유형'의 사람들뿐만 아니라 모든 사람이 하나님으로부터 창의성을 부여받았다. 일상적인 삶의 경험이나 안주하려는 경향을 뛰어넘어 주님의 인도함을 기꺼이 받고자 한다면 주님은 누구든지 사용하실 수 있다. 예수님은 우리의 궁극적인 본보기이시다. 성경에서 우리는 그분이 석학들의 생각 폭을 넓히고 경직된 종교적 위계질서를 깨뜨리는 모습을 볼 수 있다. 예수님은 물리적인 벽을 통과해서 걸어가셨을 뿐 아니라(요 20:19), 인종적·사회경제적 장벽도 정면 돌파하심으로 사람들이 어떻게 성령님 안에서 하나가 되어야 하는지에 대한 모범을 보여 주셨다. 그분의 갈망은 모든 사람이 하나님의 진리 안에서 하나가 되는 것이었다.

예수님은 우리에게 풍성한 생명을 주기 위해 오셨다. 우리가 그분의 창조적 부르심에 순복하고 성령님이 주시는 확신을 받아 그리스도를 위해 살기로 선택할 때, 우리는 그 풍성한 생명을 온전히 발견할 수 있다. 솔직히 나는 내가 했던 많은 일에 대해 온전히 자격을 갖추었다고 느꼈던 적이 없다. 그런데도 항상 그 일들을 완수하겠다는 결심을 했다. 나의 첫 사역 중 하나는 예닐곱 때 사촌 로리(Lori)와 함께 요양원에서 노래를 부른 것이다. 나의 할아버지와 할머니는 매주 실버타운과 요양원에서 사역하셨는데, 우리는 사역 활동에 따라갔다. 할아버지는 설교하셨고 할머니는 찬송을 인도하셨다. 우리는 특송으로 주일학교 찬송가 불렀다. 이러한 현장 교육은 다른 사람들을 돕기 위해서는 익숙하고 편안함에서 떠나야 한다는 것을 가르쳐 주었고 나를 성장시켜 주었다. 그때의 경험이 필요할 때 언제든 나설 수 있는 용기가 되었다.

조금 더 나이가 들면서 인형극에 흥미를 느꼈다. 짐 헨슨(Jim Henson)의 〈머펫 쇼The Muppet Show〉와 시드와 마티 크로프트(Sid and Marty Krofft)의 기발한 인형극을 본 후에 집에서 인형을 만들어 공연하기도 했다. 나는 인형극을 꽤 잘해서 교회와 학교에서 초청 공연을 하게 되었다. 이렇게 인형극은 나의 두 번째 사역이 되었다.

열두 살이 되던 해, 자신감이 생긴 나는 외부 공연을 하기로 결심했다. 우리 지역의 민속촌에서 특별한 기념행사를 한다는 소식을 듣고 내 인형들과 함께 참여할 수 있는지 문의했다. 큰 행사에 인형극이 필요하다는 것을 설득하는 데 5분도 채 걸리지 않았다. 스케줄이 잡혔고, 내가 좋아하는 일을 하면서 돈을 벌 수 있게 되었다. 이것은 내 삶에서 창조적 영광이 공급을 가져다준 것이었고, 그때는 창조적 영광이 무엇인지도 모를 때였다.

나는 가족과 친구들을 모아 공연 준비를 했다. 그 행사에서 공연하는 것은 정말 멋진 경험이었다. 창의력을 발휘하려면 자신감은 필수이며, 성령님은 여러분을 그분의 용기로 일으키기 원하신다. 성령님 안에서 확신이 있다면, 하나님께서 여러분의 마음속에 심어 주신 그 꿈을 이룰 수 있다. 여러분은 정말로 할 수 있다.

남과 다른 사람이 변화를 불러온다.

창의적인 삶의 방식

최근에 어머니가 이런 문구를 보내주셨다. "창의적인 것은 취미가 아니라 삶의 방식이다." 우리가 창의적이며 창조적 영광의 차원에서 살도록 만들어졌다는 것은 진리다. 이 진리를 인정할 때, 여러분은 심겨진 곳에서 번성할 수 있도록 스스로를 허락하는 것이다. 하나님은 여러분을 영감과 동기부여를 주는 일들을 하도록 창조하셨다. 그것이 바로 여러분이 가장 잘하는 일이다.

자넷의 사촌 제니퍼(Jennifer)는 뜨개질을 매우 좋아했지만 항상 취미로만 여겼다. 낮에는 직장에서 일하고 저녁에는 매일 뜨개질을 했다. 제니퍼는 친구와 가족들을 위해 뜨개질을 했고, 가끔 우리를 위해서도 몇몇 작품을 떠주었다. 여가 시간에 하는 것이지만 그녀가 가장 즐거워하는 일이었다.

주변에서는 솜씨 좋은 작품들을 소셜 미디어에 올려보라고 권유했고, 그녀는 큰 기대 없이 그렇게 했다. 제니퍼의 작품은 온라인에서 큰 인기를 끌었고, 많은 사람이 그녀의 작품을 원했다. 그 결과 제니퍼의 뜨개질은 작은 사업이 되었다. 자신이 가장 좋아하는 일이 가장 높은 수익을 가져다줄 줄은 미처 몰랐지만 말이다.

많은 사람이 평범한 직장에서 바쁘게 일하며 좋아하는 취미에 투자할 돈을 마련하기 위해 노력한다. 그들은 창조적 영광이 그들에게 재정적인 공급을 주기 위해서 주어졌다는 사실을 깨닫지 못한다. 하지만 이것은 진리다. 창조적 영광은 우리에게 창의적인 아이디어를 제공할 뿐만 아니라, 아이디어를 표현하고 지속할 수 있는 행동 계획도 제공한다. 창조적 영광은 비전과 공급이 함께 제공된다.

우리가 창조적 영광의 차원에 발을 들여놓는 순간, 그림을 그리고 싶거나, 새로운 제품을 개발하고 싶거나, 혁신적인 건물을 위한 설계도를 그리고 싶거나 하는 등 그것이 무엇이든 우리의 마음과 생각 속에 부어지는 아이디어들을 표현하고 싶어진다. 그리고 창조적 영광은 우리의 시도를 도와줄 것이다. 여러분이 이 땅에 보내진 바로 그 소명을 찾을 때, 영적·정서적·육체적 심지어 재정적으로도 도움을 받게 될 것이다. 그 소명을 찾기 위해 다음의 질문을 스스로에게 해보라.

'무엇이 나에게 동기 부여가 되고 흥분되는가?'

'내가 가장 잘하는 것은 무엇인가?'

'나는 어떤 재능, 은사, 기름 부음이 있는가?'

이러한 질문들에 정직하게 답할 때, 부르심의 목적을 발견할 수 있을 뿐만 아니라, 여러분의 삶에서 어떤 통로를 통해 창조적 영광이 흘러넘칠 수 있는지 인식하게 된다.

과거의 실망이나 실패가 여러분이 위대한 일들을 성취하는 것을 가로막지 않게 하라. 다른 사람들의 부정적이고 잘못된 의견이 여러분의 앞날을 결정하도록 허락하지 마라. 하나님께서는 말씀을 통해 이같이 격려하신다.

> 여호와의 말씀이니라 너희를 향한 나의 생각을 내가 아나니 평안이요 재앙이 아니니라 너희에게 미래와 희망을 주는 것이니라 (렘 29:11)

정말 중요한 것은 하나님께서 여러분에 대해 하신 말씀과 여러분이 그 진리를 신뢰할지 여부다. 창조적 영광에는 여러분을 위한 선한 계획들이 있다. 그러니 그저 내려놓고 하나님께서 원하는 일을 하시도록 맡겨 드리자.

창조적 영광은 비전과 공급이 함께 제공된다.

우리가 언제 무엇이 필요한지 하나님은 알고 계신다

나에게는 세 자녀가 있다. 그리고 버터컵(Buttercup)이라는 이름의 작은 털북숭이도 있다. 푸숑(토이 푸들과 비숑 프리제 믹스)인 버터컵은 어쩌다 보니 우리 가족 모두의 관심의 중심이 되었다. 아마도 작고 하얀 솜뭉치처럼 생긴 버터컵이 엄청나게 귀엽기 때문일 것이다.

딸 리버티(Liberty)가 심각한 질병으로 병원에 입원했을 때 버터컵을 집으로 데려왔다. (감사하게도 리버티는 완전히 회복되었다.) 우리는 바빴기 때문에 돌봐줘야 하는 동물을 원하지도, 필요치도 않았다. 그런데 어느 날 리버티가 중환자실에 입원했고 매우 고통스러워했다. 나는 리버티의 고통을 덜어 줄 방법을 생각했다. 그래서 아무 생각 없이 "리버티, 퇴원하면 아빠가 작은 강아지 한 마리 사줄게"라고 무심코 말했다. 그 말은 효과가 있었다. 리버티의 얼굴에 옅은 미소가 번졌고, 그 순간 그 약속이 리버티의 고통을 덜어 주었다.

사실 나는 반려동물을 키울 자신이 없었다. 강아지를 키우는 데에는 큰 책임이 따르기 때문이다. 하지만 리버티가 고통스러워하는 순간에 약속한 선물이기 때문에 헌신적인 아빠로서 약속을 저버릴 수가 없었다. 나는 모든 훌륭한 아버지들은 약속을 지키기 위해 노력한다고 생각한다(렘 1:12). 약속했다면 반드시 실천해야 한다. 그렇지 않으면 가족들에게 신뢰를 잃게 된다.

우리 가족에게 맞는 개를 찾기 위해 광범위한 조사를 하지는 않았다. 모든 공은 자넷에게 있었다. 게다가 버터컵이 우리 가족에 합류하자마자 나는 사역의 여정에 올랐기 때문에 자넷이 강아지를 주로 돌봐 주었다. 그리고 자넷은 버터컵이 우리 가족에게 큰 기쁨을 가져다주었다는 데 동의할 것이다.

아버지로서 고통받는 딸을 미소 짓게 하려고 그런 약속을 한 것은, 나는 왠지 하나님께서 그 말을 하게 하셨다는 생각이 든다. 그분은 우리보다 먼저 우리에게 필요한 것이 무엇인지 아시기 때문이다. 이것은 창조적 영광이 우리 삶에서 작동하는 또 다른 방식이다.

파도를 타라

나는 최근에 거대한 파도가 우리 쪽으로 다가오는 영적 환상을 보았다. 성령님께서 "파도의 마루를 타야 한다"고 말씀하셨다. 마루란 어떤 것의 가장 높은 지점이므로 파도의 마루란 밀려오는 물결의 제일 윗부분일 것이다. 바로 그곳이 성령님께서 우리가 타야 한다고 말씀하신 곳이다. 다시 말해 그분은 우리가 하나님 일의 최전

선에 서기를 원하신다. 이 위치에 서기 위해서 우리는 창조적 영광이 우리를 인도하고, 이끌고, 형통하게 하도록 허용해야 한다.

성령님께서 파도를 타야 한다고 말씀하신 후 "너는 기술의 최첨단에 서야 한다"라고 덧붙이셨다. 이것이 바로 오늘날 나와 여러분을 향한 그분의 뜻이며, 이는 전적으로 창조적 영광을 통해 가능해진다.

나의 아주 친한 친구 중에는 재능 있는 시각 예술가가 있다. 나는 그에게 내가 만난 천사들의 그림을 그려 달라고 부탁했고, 그는 아름다운 그림을 그려 주었다. 작품에 대해 논의할 때 그는 최근 영광의 차원에서 받은 '하나님이 주신 아이디어'에 대해 이야기했다. 여기서 그 내용을 다 말할 수는 없지만, 나는 큰 감명을 받았다. 휴대전화 앱을 통해 하나님의 사랑, 기쁨, 평강과 격려를 전할 수 있는 새로운 방법을 제시하는 아주 기발한 아이디어였다. 나는 앞으로 하나님께서 그분의 백성에게 창의적인 아이디어와 기술을 초자연적으로 주셔서 수백만 명이 하나님의 영광을 경험하는 것을 돕기 원하신다고 믿는다.

이러한 새로운 발명은 성령님으로부터 임할 것이다. 그분은 태초에도 창조주이셨고 지금도 여전히 창조주이시다. 안타깝게도 현대의 몇몇 발명품은 하나님의 발명품을 모방하여 사람들을 속이고 유혹하는 원수에 의해 사탄의 도구로 사용되고 있다. 성령님께서 선한 의도로 주신 것을 그분의 인도를 구하지 않고 사용하면 종종 악을 위해 사용하게 된다. 이 시대에 하나님께서는 그 어느 때보다도 그분의 백성이 일어나서 '그분의' 의도와 목적을 위해 '그분의' 발명을 내놓기 원하신다. 우리는 미래가 매우 불확실한 시대에 살고 있으며, 성령님은 우리에게 이 사회가 절실히 필요로 하는 해답들을 제시해 주시고 사람들이 악에서 돌이켜 의를 받아들이도록 그들을 부르신다. 모든 사람이 우리의 삶을 통해 드러난 하나님의 영광을 분명히 목격할 수 있도록 믿는 자들은 파도의 마루를 타고 정상에 우뚝 서야 한다.

받을 준비가 되다

우리의 영적인 눈과 귀가 열려 있고 받아들일 준비가 되어 있다면 모든 일에서 하나님의 기회들을 볼 수 있다. 우리가 부르심 받은 일을 영광의 구름 아래서 할 때 우리는 하나님의 공급하심을 받게 된다. 그러면 우리의 급여와 고용주라는 한계에서 자유롭게 되어 하나님이 언제 어디서나 범사에 축복하실 수 있는 차원으로 나아갈 수 있다.

마태복음 14장에서 제자들은 늦은 시간과 굶주린 군중을 자신들이 어찌할 수 없는 상황으로 여겼다. 그들의 해결책은 사람들을 내보내 스스로 해결하도록 하는 것이었다. 하지만 예수님은 그 상황을 아버지의 영광을 드러낼 기회로 보셨다. 이 상황을 기회로 여기신 예수님은 제자들에게 가르침을 주기 위해 "너희가 먹을 것을 주라"고 말씀하신 것이다(마 14:16). 예수님께서는 제자들은 아직 볼 수 없지만, 사람들에게 필요한 공급이 이미 영광의 영역에 있다는 것을 알고 계셨다.

> 제자들이 이르되 여기 우리에게 있는 것은 떡 다섯 개와 물고기 두 마리뿐이니이다 이르시되 그것을 내게 가져오라 하시고 무리를 명하여 잔디 위에 앉히시고 떡 다섯 개와 물고기 두 마리를 가지사 하늘을 우러러 축사하시고 떡을 떼어 제자들에게 주시매 제자들이 무리에게 주니 (마 14:17-19)

이 이야기는 오늘날 어떤 의미가 있을까? 우리의 부족함을 예수님께 가져가면, 그분은 성령님을 통해 그분을 사랑하고 섬기는 사람들에게 그분의 위대하심과 무한한 공급을 보여 주신다는 의미다.

최근에 자넷과 나는 앞으로 이사할 곳에 새집을 마련해 주실 하나님을 믿고 믿음으로 집을 팔았다. 집을 팔았을 뿐만 아니라 집 안의 가구 대부분을 팔아 기부했다. 처음에는 가까운 친구들과 친지들에게 몇 가지 가구를 팔았다. 그리고 나머지는 포장해서 가져갈 계획이었다. 그런데 성령님께서 다음과 같은 구체적인 지침을 주셨다.

"나는 네가 그것들을 심기 원한다. 차고 진입로에 벼룩시장을 열고 사람들이 원하는 만큼의 금액을 기부하도록 해라. 그리고 판매된 모든 금액은 자선단체에 기부해라. 그러면 너와 다른 이들 모두가 엄청난 축복을 받게 될 것이다."

이것은 우리가 계획한 것에 비해 실천하기 어려운 일이었지만, 창조적 영광이 나타날 때는 이런 일이 일어난다. 하나님은 여러분과 다른 이들이 축복받을 수 있는 새로운 아이디어와 창의적인 방법들을 제시하신다. 그래서 우리는 가구들을 가져가는 대신 심기로 했다. 새집의 가구에 대해서는 걱정할 필요가 없었다. 하나님께서 우리를 부르시는 곳에 도착하면 새로운 공급하심이 기다리고 있을 것이다. 우리는 절대 하나님보다 더 많이 공급할 수 없다.

우리는 성령님께서 지시하신 대로 정확하게 행동했다. 친구들과 친지들을 벼룩시장에 초대하여 2시간 만에 수천 달러를 모금했고, 우리 가족과 전 세계의 많은 가족에게 축복이 되어 준 자선 단체 로널드 맥도날드 하우스(Ronald McDonald House)에 심을 수 있었다. 하나님의 창조적 아이디어에 대한 우리의 순종은 우리의 미래에 씨앗을 심었을 뿐 아니라 다른 사람들에게도 성령님의 계시가 풀어지는 씨앗이 되었다. 벼룩시장을 도우러 온 친구들도 감동하여 그들의 집을 정리하고 하나님의 축복이 자신의 삶에 흘러들어올 수 있는 길을 만들기로 결심했다. 바로 어제 친구들은 이런 메시지를 보내왔다.

"우리도 많은 물건을 정리해서 기부했어. 그리고 가난의 사고방식을 쓰레기통에 버렸어!"

> 우리의 부족함을 예수님께 가져가면, 그분은 성령님을 통해 그분을 사랑하고 섬기는 사람들에게 그분의 위대하심과 무한한 공급을 보여 주실 것이다.

여러분의 삶 전체를 그 모든 한계와 함께 담대하게 하나님께 내어 드려라. 그러면 그분의 선하심으로 여러분의 삶을 풍요롭게 하시고 확장하실 것이다. 빈곤한 삶을 살고 있다면 그 삶의 방식을 하나님의 창조적 영광에 내어 드려라. 부끄러워하지 말고 그분께 이렇게 아뢰라. "하나님, 제가 여기 있습니다. 하나님께 저 자신을 내어 드립니다. 제 상황을 바꾸기 위해 무엇을 해야 하는지 말씀해 주십시오. 제가 주님께 내어 드려야 할 것이 무엇인지 보여 주시고 고쳐주세요. 어떻게 하면 가진 것을 주님께서 사용하실 수 있도록 증가시킬 수 있는지 계시해 주세요."

예수님께서는 "그것을 내게 가져오라"고 하셨다(마 14:18). 우리가 할 수 있는 일은 우리가 하고, 우리가 가진 것을 예수님께 가져다 드리면, 하나님은 오직 그분만이 하실 수 있는 일을 하실 것이다.

영광이 드러나다

제자들이 가진 모든 음식을 예수님께 가져다 드리자 예수님께서 받으시고 아버지의 영광을 드러내셨다.

무리를 명하여 잔디 위에 앉히시고 떡 다섯 개와 물고기 두 마리를 가지사 하늘을 우러러 축사하시고 떡을 떼어 제자들에게 주시매 제자들이 무리에게 주니 다 배불리 먹고 남은 조각을 열두 바구니에

차게 거두었으며 먹은 사람은 여자와 어린이 외에 오천 명이나 되었
더라 (마 14:19-21)

　　제자들이 믿음으로 예수님이 주신 음식을 나누어 주었을 때, 초자연적인 증가가 일어났다. 우리는 예수님을 본보기 삼아, 창조적 영광으로 상황을 주도하는 법을 배워야 한다. 예수님은 사람들을 앉히시고 기도하셨다. 그러자 풍성한 공급이 시작되었고 모든 사람이 배불리 먹을 수 있었다. 이것이 바로 창조적 영광이다. 창조적 영광은 생명을 주시는 하나님의 에너지이며, 우리가 교회에 있을 때만을 위해 존재하는 것이 아니다. 우리가 어디에 있든, 매일의 모든 순간을 위해 존재하는 것이다. 하나님의 임재 안에서 안식하는 법을 배워라. 우리의 필요가 있는 곳에 하나님의 공급을 가져오는 것은 바로 하나님의 임재이기 때문이다.

　　예수님은 '감사'를 드리셨다. 이것이 바로 영광 안에서 안식할 수 있는 열쇠다. 하나님께서는 우리 삶에서 행하신 그분의 돌아볼 기회를 우리에게 주신다. 하나님이 여러분을 축복해 주신 수많은 일을 적어 보는 것은 아주 좋은 습관이다. 이것은 단순히 불평만 하며 "나는 너무 가난해. 내 수중에는 물고기 천 마리는커녕, 백 마리도 없어"라고 말하는 것보다 훨씬 더 강력하고 긍정적인 행위다. 부족한 것에 집중하는 대신 여러분이 받은 축복에 집중하라. "나에게는 빵 다섯 개와 물고기 두 마리가 있어. 정말 복 받았어!"라고 말이다. 이 둘은 완전히 다른 태도다. 여러분이 가진 작은 것에 감사할 때 창

조적 영광 안에서 증가하게 될 것이다. 감사(gratitude)의 태도(attitude)가 풍요(plentitude)를 가져온다.

우리 모두는 매일 영광 안에서 안식하며, 우리가 받은 축복을 묵상하며, 하나님의 공급하심에 대해 감사하는 시간을 가져야 한다. 감사는 성령 안에서 초자연적인 문을 열어 준다. 그래서 시편 기자는 다음과 같이 기록했다.

> 감사함으로 그의 문에 들어가며 찬송함으로 그의 궁정에 들어가서 그에게 감사하며 그의 이름을 송축할지어다 여호와는 선하시니 그의 인자하심이 영원하고 그의 성실하심이 대대에 이르리로다
> (시 100:4-5)

감사할 때 초자연적인 문이 열린다. 나는 여러분의 삶에 풍요가 다가오고 있으며, 성령님께서 창조적 영광을 통해 여러분에게 풍요를 가져다주실 것을 선포한다. 다시 말하지만, 없는 것에 대해 앉아서 불평만 하는 것은 아무 의미가 없다. 여러분에게 아무 도움이 되지 않는다. 불평이 축복을 가져다주지는 않는다. 부족함에 초점을 맞추고 불평만 늘어놓는다면 하나님의 뜻을 행하는 데 필요한 영적인 안목을 기를 수 없다. 하나님은 여러분의 삶을 둘러싸고 있는 풍요를 볼 수 있는 눈을 주기 원하신다. 이 시각은 창조적인 흐름 속에서만 임하며, 큰 믿음이 바로 이러한 흐름을 가져온다. 예수님은 "너희 믿음대로 되라"고 말씀하셨다(마 9:29).

나의 친구이자 기름 부음 받은 보니타 부시(Bonita Bush)는 창조적 영광의 차원에 들어갔을 때, 성령님께서 특별한 방식으로 공급을 주셨던 일에 대해 다음과 같이 기록했다.

냉장고 문을 연 저는 냉혹한 상황과 마주해야 했습니다. 넓고 텅 빈 냉장고 선반을 바라보며 하루치 음식만 남았다는 사실을 깨달았습니다. 그뿐 아니라 실직, 텅 빈 통장, 기댈 곳도, 의지할 사람도 없는 이 길고 황량한 계절 속에서 건져줄 어떤 방법도 눈에 보이지 않았습니다. 이 세상은 저에게 그다지 친절하지 않았습니다. 마음이 가라앉고 뱃속 깊은 곳에서 긴장감이 조여 오기 시작했습니다.

그때 '너의 냉장고에 생선과 빵을 선포하라'는 음성이 들렸습니다. 텅 빈 냉장고를 바라보며 마음 깊은 곳에서 그 말은 울려 퍼지기 시작했습니다. 제 입술에 그 단어가 떠올랐고, 천천히 선포했습니다. 저는 그날 하루 내내 냉장고를 향해 명령하고 요구하면서 그 말을 반복했습니다. 그때는 깨닫지 못했지만, 지금 생각해 보니 하늘에게 저의 절실한 필요를 채워 줄 음식의 보화를 내려주시고 그것이 실제로 나타나게 해달라고 선포하고 있었음을 깨달았습니다.

그날 냉장고를 열 때마다 음식이 남아 있었고, 그 음식은 배고픔을 채우기에 충분했습니다. 그리고 다시 냉장고를 열면 음식이 남아 있었습니다. 다음 날 아침에도 그날 먹을 만큼의 음식이 있었습니다. 하나님께서 어떻게 제 기도에 응답해 주셨는지는 완전히 깨닫지 못했지만, 어쨌든 저는 배불리 먹었습니다.

저는 매일 냉장고 문을 잡고 믿음으로 이 선포를 반복했습니다, '예수님의 이름으로 냉장고에 생선과 빵을 선포합니다. 주님, 제 배를 채워 주시는 이 음식으로 인해 감사합니다.' 저는 기대하는 것에 집중했습니다. 매일 음식을 먹었지만, 줄어들거나 증가했다는 어떤 흔적도 없었습니다. 음식은 그냥 거기에 있었습니다.[14]

기도에 대한 응답이 오고 있으며 창의적인 방식으로 다가올 것임을 인식하라. 자연적으로는 불가능해 보일 수 있지만, 우리는 보이는 것을 바라보지 말고 보이지 않는 것을 바라보아야 한다(고후 4:18). 여러분의 시선을 더 높이 들어 하나님께서 여러분의 삶에서 행하시는 일들에 대해 감사하라. 그분은 여러분을 위해 이미 많은 일을 하셨다. 그분은 여러분에게 많은 어려운 곳을 통과하게 하셨고, 또 많은 선물을 주셨다. 하나님께 감사하고 또 감사하는 마음을 가질 때, 그분은 여러분에게 더 많은 축복의 문들을 열어 주실 것이다.

자넷과 내가 하나님께서 집과 가구를 마련해 주실 것을 믿고, 큰 벼룩시장을 열고 새로운 지역으로 이사한 후에 일어난 일에 대해 간증하고 싶다. 이사한 지역은 판매자에게 유리한 시장으로 많은 주택이 광고된 가격보다 수만 달러 높은 가격에 거래되었다. 하지만 놀랍게도 하나님께서 아주 특별한 만남을 연결해 주셨고, 실거래가보다 훨씬 저렴한 비용을 지불하고 아름다운 새집으로 이사할 수 있었다. 부동산 중개인이 기적이라고 말할 정도였다.

그리고 하나님의 방법으로 식탁, 의자, 샹들리에, 침대 등 우리에게 필요한 모든 가구를 새것으로 채워 주셨다. 이제 우리집은 어느 것 하나 부족함 없이 모든 가구가 완비되었다. 더욱이 모든 새 가구는 우리가 심었던 예전 가구들보다 훨씬 더 좋은 것들이었다. 이전 가구들도 우리가 소유한 가구 중 가장 좋은 것들이었다. 우리가 성령님의 인도를 따라 창조적 영광의 제한 없는 흐름으로 들어가면, 결코 부족함이 없다. 이것은 우리 삶의 영·혼·육 모든 부분의 축복과도 연결된다.

감사(gratitude)의 태도(attitude)가 풍요(plentitude)를 가져온다.

오늘도 내일도 우리의 공급자이신 하나님

하나님의 공급하심은 어려운 시기에 특히 분명하게 드러난다. 하나님은 보는 사람들이 경탄할 정도로 그분의 창조적 영광이 우리의 삶을 통해 활기차게 흘러나오기 원하신다. 수많은 사람에게 악영향을 미치는 세상의 문제들이 왜 하나님의 백성에게는 영향을 미치지 않는지 궁금할 것이다. 우리에게 믿음이 있으면 세상에서 문제가 되는 상황은 결코 문제가 될 수 없다. 왜냐하면 우리는 파도의 마루, 꼭대기, 즉 창조적 영광의 가장 높은 곳에 살기 때문이다.

코로나바이러스의 팬데믹이 한창일 때는 전 세계적으로 실업률이 치솟았고, 모든 것이 불확실했다. 그때 아들 링컨은 열여덟 살이었고 아이스크림 가게에서 일했다. 무슨 이유인지 아이스크림은 '생필품'으로 간주되었고 링컨은 그곳에서 계속 일할 수 있었다. 아이스크림 가게에 오는 아이들은 링컨을 '아이스크림 맨'이라고 부르며 좋아했다.

어느 날 링컨이 부엌에 있는 자넷과 나에게 한 말을 평생 잊지 못할 것 같다.

"아빠, 엄마, 성령님이 저에게 무언가를 하라고 말씀하시는 것 같아요."

"성령님께서 너에게 하라고 하신 일이 뭐니?"

"제가 두 분의 사역에 아주 큰 씨앗을 심어야 한다고 하셨어요."

여러분이 상상할 수 있듯이 이 말은 우리 마음에 큰 감동을 주었다. 링컨은 우리의 삶에 역사하는 하나님의 일에 씨앗을 심기 원했다. 얼마나 놀라운 축복인가! 내가 가장 축복이라고 느낀 것은 바로 링컨이 "성령님이 저에게 말씀하셨어요"라고 말한 것과 그가 성령님의 음성에 귀를 기울이고 순종하기로 선택했다는 부분이다. 이것이 열쇠다. 성령님께서 우리에게 하라고 하시는 말씀에 귀를 기울이고 우리의 시간, 헌신, 창의력, 재정 등 성령님께서 요구하시는 것을 기꺼이 드릴 때, 우리는 창조적 영광의 흐름에 들어가게 된다.

링컨은 성령님께서 말씀하신 대로 행동했다. 다음 날 아이스크림 가게에서 일을 마치고 집으로 돌아올 때 링컨의 발걸음은 신이 났다. 링컨이 환하게 웃으며 말했다.

"아빠, 오늘 무슨 일이 있었는지 절대 믿지 못하실 거예요. 저 오늘 교대 시간 관리자로 승진했어요."

하나님은 정말 선하시다. 우리가 그분의 지시에 귀를 기울이고 순종할 때, 그분은 우리가 예상하지 못한 방식으로 신실하게 일하신다. 자연적인 것을 바라보는 것을 멈추고 성령님께 시선을 집중하고 그분께 "예"라고 말씀드리면 다음 승진은 여러분의 것이 될 수 있다. 나머지는 하나님께서 하실 것이며, 여러분이 상상할 수도 없는 창조적인 방법으로 일하실 것이다. 창조적 영광이 하나님의 공급하심과 함께 여러분에게 흐를 것이다.

창조적 영광이여, 내 안에서 일어나라!

CHAPTER

7 창조의 천사들

하늘이 하나님의 영광을 선포하고 궁창이 그의 손으로 하신 일을
나타내는도다 (시편 19:1)

CREATIVE GLORY

몇 년 전 예루살렘에서 사역하던 중, 성령님께서 나를 통해 예언의 말씀을 하셨다. 이 말씀은 하나님의 백성이 직면한 어려움을 극복할 수 있도록 돕는 천사들이 파송된다는 내용이었다. 전체 예언은 나의 책 《천사의 활동*Angelic Activations*》에 있다. 다음은 성령님께서 말씀하신 내용 중 일부다.

나는 지금 너희의 삶에 나의 천사들을 풀어내고 파송하고 있다. 나의 명령을 받은 많은 천사가 파송되고 있다. 천사들은 열려 있고 함께 동역할 준비가 된 사람들과 함께 일하게 될 것이다.

…영적 감각을 모두 열고 너희 가운데서 운행하는 나의 영을 새로운 방식

으로 볼 준비를 해라. 천사들이 나의 뜻을 위해 파견되고 있다. 성령의 바람이 다시 불 것이다.

성령의 바람이 다시 불면 너희는 그들의 날갯짓을 느낄 수 있을 것이다. 서로의 날개 끝과 날개 끝이 닿도록 천사들은 너희 주위를 둘러싸고 있다.[15]

오늘날 세상은 수많은 위기와 딜레마에 대한 해결책이 필요하다. 하나님의 백성이 창조적 영광 안에 거하고 천사들의 사역을 열린 마음으로 받아들이면 능숙하게 해결책을 찾을 수 있을 것이다. 앞으로 임할 날들에는, 우리가 천사들의 사역을 통해 하나님과 하나님의 공급하심에 연결되어 있을 때, 하나님께서는 분명하게 우리 각자에게 아주 놀라운 일들을 행하실 것이다. 우리는 성경 전체를 통해 하나님께서 천사들을 창조적인 임무를 위해 창조적인 방식으로 사용하시는 것을 볼 수 있다. 천사들은 제빵사(왕상 19:5-6)부터 사자 조련사(단 6:22) 그리고 프로 레슬러(창 32:24)에 이르기까지 다양한 역할을 수행해 왔다. 그들은 하나님께서 요구하시는 것은 무엇이든 할 수 있는 존재다.

내가 천사에 대해 확실히 아는 한 가지는 이 땅에서 하나님의 창조 사역에 참여하는 것을 좋아한다는 것이다. 그들은 창조적 영광의 차원에서 왔으며 주님께 영광을 돌리기 위해 봉사한다. 천사들은 하나님의 창조 사역에 참여하는 것을 좋아할 뿐만 아니라, 우리의 창조 활동에 참여하는 것도 좋아한다. 나는 하나님과 동역하기를 진정으로 원하는 모든 사람을 돕기 위해 천사들이 파송되고 있다고 믿는다.

천사는 영적인 존재이지만 우리와 마찬가지로 하나님을 찬양하고 경배하며 그분의 임무를 수행하기 위해 창조되었다. 그렇기 때문에 우리는 어떤 식으로든 천사를 숭배하거나 천사에게 기도하거나 우상화하지 않도록 매우 조심해야 한다. 우리는 오직 창조주이신 하나님만을 경배하고 그분께 모든 영광을 돌려야 한다. 하지만 천사는 주님께 속해 있고 주님께 도움을 구하는 자들을 돕는 존재다. 천사들이 우리 삶에 들어올 때 그들을 인정할 수 있는 이유는 전능하신 하나님께서 신성한 목적을 위해 보내셨기 때문이다.

> 모든 천사들은 섬기는 영으로서 구원 받을 상속자들을 위하여 섬기라고 보내심이 아니냐 (히 1:14)

창조적 영광이 흐르고 천사들이 파송되고 있다.

창조의 천사들과 동역하기

최근에 프레디(Freddy)라는 청년이 쓴 창조의 천사에 대한 간증문을 받았다. 그는 캘리포니아주 버뱅크에 있는 워너 브라더스 스튜디오(Warner Bros. Studios)에서 우리가 주최한 천사 학교 세미나에 참석했었다. 나는 특히 창의적인 사람들이 많이 살고 일하는 지역에서 영성 세미나를 개최하는 것을 좋아하는데, 하나님께서 그곳을 하나님의 창조적 영광으로 채우기 원하시기 때문이다. 다음은 프레디의 간증이다.

아주 멋진 간증을 목사님과 나누고 싶습니다. 저는 작년에 목사님이 워너 브라더스 스튜디오에서 개최한 천사 학교에서 엄청난 축복을 받았습니다. 그리고 집회 마지막쯤에 사모님께서 저에게 배정된 창조의 천사와 동역하게 될 것이라고 기도해 주셨습니다. 그 후 지난 몇 달 동안 정말로 하나님께서 저에게 완전히 새로운 차원의 창의력을 주셨고, 창조의 천사와 파트너가 되어 동역하고 있는 것을 느낍니다. 마치 저에게 훨씬 더 많은 열정과 명료함이 찾아온 것 같아요… 저는 창조의 천사와 동역할 수 있다는 것조차도 몰랐지만, 하나님의 말씀이 성취되어 너무 좋습니다.

프레디는 하나님께서 주신 임무를 수행하도록 특별히 배정된 창조 천사의 도움을 받는다는 것이 어떤 것인지 경험하고 있었다. 예술 등 우리 삶의 모든 영역에서 창의적인 활동들을 위해 한 무리의 천사가 배정되어 있다. 나는 이 천상의 존재를 '창조의 천사들'이라고 부른다.

- 영혼 구원에 창의적인 아이디어를 제공하는 천사들이 있다. 나는 그들을 '영혼 구원의 천사들'이라고 부른다.
- 영적인 음식을 준비하고 제공하는 천사들이 있다. 나는 그들을 '제빵 천

사들'이라고 부른다.

- 글쓰기와 글을 쓰는 사람들에게 힘을 주는 천사들이 있다. 나는 그들을 '서기관 천사들'이라고 부른다.
- 노래하고 천상의 악기들을 연주하는 천사들이 있다. 나는 그들을 '음악의 천사들'이라고 부른다.
- 예술가들에게 영감을 주는 천사들이 있다. 나는 그들을 '미술의 천사들'이라고 부른다.
- 디자인, 설계도, 지도를 전달하는 천사들이 있다. 나는 그들을 '건축가 천사들'이라고 부른다.
- 그 외에도 많은 천사가 있다.

물론 이러한 명칭 중 많은 부분은 해석의 여지가 있지만, 이 모든 천사는 하나님을 섬긴다. 그리고 하나님의 백성을 섬기도록 배정받으면, 그들은 그 일을 하게 된다. 그들은 다양한 창의적인 프로젝트에서 우리와 함께 일하도록 파송받는다. 수년 동안 나는 개인적으로 많은 천사와 동역해 왔다. 여러분이 어떤 일에 부름 받았든, 하나님께서는 그 일을 할 수 있도록 초자연적인 방법으로 도움을 줄 천사들이 준비되어 있다. 여러분은 혼자라고 느낄 필요가 없다.

창의적인 사람들은 종종 자신의 길에서 오해받거나 외로움을 느낄 수 있다. 하지만 창조 천사의 존재에 대한 계시를 받으면 하나님께서 그 여정에 천사들을 동원하신다는 사실에 위로받을 수 있다. "집안의 천사가 밤낮으로 가족을 지켜준다"는 좋은 속담이 있다. 하나님의 천사들은 영적 수호자일 뿐만 아니라 예술적 조력자인 것도 알아야 한다. 천사들은 여러분이 지칠 때 하나님의 격려와 도움으로 여러분의 '팔을 들어'주기 위해 존재한다(출 17:10-13).

성경에 구체적으로 이름이 언급된 몇 안 되는 천사 중에 가브리엘의 히브리어 뜻은 '하나님은 나의 힘이시다'이다.[16] 만약 여러분이 창조적 부르심에 지쳐 있다면, 하나님께는 여러분의 창조 영역에 그분의 힘을 즉시 부어 줄 수 있는 천사들이 있다는 사실을 깨닫기 바란다. 또한 천사들은 여러분 안에 잠들어 있는 은사와 막힌 창의력의 흐름을 일깨우는 데 도움을 준다. 천사들의 사역을 받아라!

하나님의 영감은 필요하면 언제든지 받을 수 있다. 여러분의 삶에서 하나님의 목적을 이루기 위해 지금 천사들이 파송되고 있다. 어쩌면 여러분은 천사의 임재를 머리 꼭대기에서 느끼거나 어깨와 척추를 타고 내려오는 부드러운 열기로 느낄 수도 있을 것이다. 또는 약간의 전류가 몸 전체를 흐르는 듯한 느낌을 경험할 수도 있다. 이럴 때는 잠시 눈을 감고 여러분 주변의 영적 차원에 집중해 보라. 억지로 느끼려 하거나 너무 애쓰지 마라. 그저 긴장을 풀고 그 순간을 감사하라.

다시 말하지만, 천사들은 하나님의 영광을 사랑한다. 하나님의 영광을 여러분의 삶에 많이 받아들일수록 더 많은 천사의 활동을 경험하게 될 것이다. 나는 지금 이 순간 하나님의 영광이 이미 여러분을 통해 흐르고 있음을 선포한다. 그분의 창조적 영광이 여러분과 함께하며 여러분의 삶 속에서 지금 움직이고 있다.

> 하나님의 영감은 필요하면 언제든지 받을 수 있다.

창조적 영감

나는 역사적으로 예술가들이 영적 차원에서 무언가를 보았다고 믿는다. 이것이 그들의 걸작에 천사와 여러 천상의 존재를 그려 넣는 이유였다고 본다. 유명한 이탈리아의 화가, 조각가, 건축가였던 미켈란젤로는 "나는 대리석 안에 있는 천사를 보았고, 그 안에서 자유롭게 나올 때까지 조각하였다"고 말한 것으로 전해진다.[17] 예술가들은 상상의 눈을 열어 보이지 않는 영역을 보는 방법을 알고 있었다. 창조적 영광은 우리의 눈을 열어 보이지 않는 하나님의 상상 세계를 볼 수 있도록 해준다. 창조적 영광은 창조적 비전을 가져다 주며, 다른 사람들이 볼 수 없는 것을 볼 수 있는 능력이다. 이 능력을 받으면 우리는 놀라운 일들을 아주 수월하게 해낼 수 있다.

창조적 영광을 누리고 하나님의 창조의 천사들과 함께 일하는 데 있어 중요한 것은 기도다. 오늘날 성령님께서는 우리가 어떤 창조적인 일을 시작하기 전에 주님을 찾는 것이 얼마나 중요한지 우리에게 계시해 주신다. 우리의 마음과 하나님의 마음이 하나님의 사랑과 목적 안에서 하나가 되는 기도를 통해 우리는 어려운 일들을 성취할 수 있는 하나님의 해결책을 받게 되고, 그것들을 성취할 수 있는 더 새롭고 쉬운 방법들을 찾아내게 된다. 기도를 통해 우리의 영

안에 초자연적인 문들이 열려 더 깊은 하늘의 실재를 받아들일 수 있고, 보이지 않는 차원을 볼 수 있는 영적인 눈이 열리게 된다.

성경에는 하나님의 백성이 기도할 때, 천국이 임한다는 것이 분명하게 묘사된다. 그리고 천국이 임하는 방법 중 하나는 창조 천사들의 사역을 통해서다. 이러한 천상의 존재들을 여러분이 볼 수 있든 없든, 기도를 통해 활성화되고 파송받는다는 사실에는 변함이 없다. 이는 하나님께서 여러분에게 말씀으로 주신 약속으로 이끌어 가기 위함이다.

아브라함과 모세가 기도했을 때 천사들이 하나님의 백성을 구원하고 원수들을 멸망시킨 사례가 있다(창 18:1~19:29, 출 14장). 예수님께서도 기도를 통해 천사들을 활성화하셨다. 예수님은 체포되어 십자가에 못박히시기 전 시련을 받으실 때 감람산에서 기도하셨고, 하늘에서 천사가 나타나 예수님께 힘을 더해 주었다(눅 22:39-46).

사도행전 2장에서 믿는 자들이 함께 기도할 때 어떤 일이 일어났는가? 갑자기 초자연적인 바람과 불의 임재가 나타났다. 급하고 강한 바람 같은 소리가 들려오고 불의 혀처럼 갈라지는 것들이 제자들에게 임했다. 시편과 히브리서에 "그는 그의 천사들을 바람으로, 그의 사역자들을 불꽃으로 삼으시느니라"고 계시되어 있는데 이는 우리에게 그다지 놀라운 일이 아니다(히 1:7, 시 104:4). 나는 초대 교인들이 기도할 때, 천사들이 바람과 불의 모습으로 나타났다고 믿는다. 오순절에 성령님이 임하셨을 때, 이러한 드러내심을 통해 그분은 일종의 퍼레이드(시가행진)를 하신 것이다. 성령님께서 오셨다는 진리를 하늘에서 보여 준 것이다. 바람이 불고 불이 떨어지는 현상이 "성령님이 여기 계시다! 주목하라! 마음을 열고 영접하라!"고 말하는 것이다.

하나님의 백성이 기도할 때, 돕는 천사들을 통해 천국이 드러난다.

신약 시대의 교회와 함께한 천사의 사역은 오순절 날 성령님의 신성한 임재를 모셔 오며 시작되었다. 그 놀라운 순간에 믿는 자들은 새로운 언어를 말하고, 기적을 일으키고, 능력으로 복음을 전할 수 있는 창조적 영광으로 충만해진 것이다.

천사는 어떤 존재인가?

믿는 자들의 삶에서 천사의 사역과 관련하여 다음과 같은 질문을 할 수 있다.

- 천사와의 만남에는 어떤 일이 일어나는가?
- 천사를 명확하게 볼 수 있는가?
- 천사는 어떻게 생겼는가?

성경은 천사들이 다양한 형태로 나타날 수 있다고 말한다. 일부 천사들은 날개가 있지만, 나의 개인적인 경험에 의하면 대부분은 날개가 없었다. 사실 대부분의 천사는 우리가 흔히 생각하는 천사의 모습과는 전혀 다르다. 그들은 사람으로, 타오르는 불로, 혹은 무수히 많은 다른 형태로 나타날 수 있다. 히브리서 기자는 우리가 자신도 모르는 사이에 언제라도 천사를 만나 대접할 수 있기 때문에 다른 사람들에게 친절하라고 말한다(히 13:2).

나는 마치 사람을 보는 것처럼 사람과 똑같은 천사들을 보았다. 그리고 어떤 때는 황금빛 천사들이 내 옆에서 동행하는 것도 보았다. 이 황금빛 천사들은 하나님의 초자연적인 하늘의 공급을 가져오는 천사들이다. 이들은 오면 황금빛 영광을 뿌려준다. 하지만 많은 경우 천사들은 자연계에서 보이는 것 위에 겹쳐진 이미지나 실루엣으로 보인다. 어떤 때는 내 앞에 서 있는 천사의 희미한 윤곽을 보기도 하는데, 천사가 여기 있다는 것을 느낄 수 있을 정도다. 또 어떤 때는 성령의 바람이 부는 것을 느낄 때가 있는데 그러면 천사의 움직임이 가까이 있다는 것이다.

여러 색상의 빛으로 된 구체(orb)들을 볼 때도 있다. 이 구체들은 보통 금색, 보라색, 흰색일 때가 많은데 다른 색상일 때도 있다. 주님께서는 내가 이 구체들을 볼 때 실제 천사를 보는 것이 아니라 그 천사가 가져오는 어떤 은사나 임파테이션을 보는 것임을 알려 주셨다. 빨간색 구체는 예수님의 보혈과 치유의 흐름을, 금색 구체는 하나님의 풍요와 영광을, 흰색은 순결함과 거룩함을, 보라색은 왕권과 새 포도주의 풍요로움을 의미한다. 설교할 때 이런 구체들을 보면, 천사들이 나에게 필요한 임파테이션을 가져다주러 왔다는 것을 깨닫고 그에 맞는 방식으로 사람들에게 사역한다.

구름 속의 천사들

사람들은 종종 구름은 사진을 보여 주기 위해 신나게 집회에 온다. 사진에는 주로 천사 모양을 한 구름이 찍혀 있다. 어떤 구름 천사들은 날개가 크게 뻗어 있는 얇은 구름이고, 어떤 구름 천사들은 손에 칼이나 다른 물체를 들고 있는 폭신하고 짙은 구름이다.

나는 사람들이 주님과 그분의 나라에 대한 열정을 가질 때 항상 감동한다. 그리고 삶 속에서 하나님과 하나님의 영광을 보기 위해 눈을 열고 주의를 기울이는 것은 아주 멋진 일이라고 생각한다. 하지만 나는 몇 년 전까지만 해도 구름을 통해 영적 존재들이 나타날 수 있는 이 현상에 큰 관심을 기울이지 않았다. 구름 속의 천사를 본 적도 없었고, 하나님께서 영광의 차원에서 구름 천사의 모습을 통해 행하시는 어떤 일에 연관된 적도 없었기 때문이다. 다만 성경에서 가끔 천사와 구름이 함께 언급된다는 것과 (계 10:1, 14:15) 예수님이 승천하실 때 구름과 천사들이 함께했다는 것은 알고 있었다.

이 말씀을 마치시고 그들이 보는데 올려져 가시니 구름이 그를 가리어 보이지 않게 하더라 올라가실 때에 제자들이 자세히 하늘을 쳐다

보고 있는데 흰 옷 입은 두 사람이 그들 곁에 서서 (행 1:9-10)

위 구절에 언급된 '두 사람'은 초대 교회 성도들에게 매우 특별한 메시지를 전하기 위해 파송된 천사다. 그들은 천사의 역할 중 하나인 하나님의 메시지를 하나님의 백성에게 전달하는 임무를 수행하고 있었다.

앞서 언급했듯이 나는 천사와 구름의 성경적 연관성을 이해하면서도 직접적으로 이 둘이 연관된 것을 본 적은 없었다. 그런데 몇 년 전에 나의 관점을 완전히 뒤흔드는 경험을 하였다. 창조의 천사를 통해 아주 독특한 하늘의 메시지가 나에게 온 것이었다.

어느 날 몸이 아픈 리버티는 학교도 못 가고 이층 침대에 누워 있었다. 자넷과 나는 딸을 위해 기도했고 치유될 것을 믿었지만, 어쨌든 지금은 침대에 누워 있었다. 집 안에 있는 사무실 문과 리버티의 방문을 열어 두었다. 리버티가 부르면 언제든 들을 수 있도록 말이다.

당시 내가 무슨 일을 하고 있었는지는 정확히 기억나지 않지만, 천장에서 바닥까지 내려오는 커다란 창을 통해 우리 동네의 아름다운 풍경을 바라보고 있었던 것은 기억한다. 하늘은 맑고 푸르렀고 주택들 위로 폭신하고 하얀 구름이 떠 있었다. 밖을 바라보며 최근에 본 구름 천사 사진에 대해 생각했다. 사람들이 그 사진들을 보고 기뻐하는 것은 좋았지만, 나는 그 사진들이 정말 천사를 찍은 것인지는 확신할 수 없었다. 어쩌면 사람들의 창의적인 상상력을 사로잡은 특이한 형태의 구름일 수도 있다고 생각했다.

　이런저런 생각에 잠겨 있는데 창문 앞의 구름이 천사가 옆으로 누워 아주 큰 미소를 지으며 나를 향해 웃고 있는 모양으로 변하기 시작했다. 그리고 나의 주의를 끌기라도 하듯 손을 흔들었다.

　나는 눈을 몇 번이나 깜빡이며 내가 보고 있는 것이 실제인지 확인하였다. 어떻게 이런 일이 있을 수 있을까? 하지만 내 눈앞에서 천사가 구름의 형태로 나타나고 있었다. 이 일은 매우 실제적이며 지금 일어나는 일이라는 것을 영으로 알 수 있었다. 그 순간 나는 이 천사가 하나님께서 보내신 치유의 천사라는 것을 깨달았고, 천사는 임무를 수행할 준비가 되어 있었다. 나는 그에게 "예수의 이름으로 가서 리버티에 치유를 행하라"고 말했다.

　그리고 그 형상과 구름은 증발하듯 사라졌다. 그다음 내가 안 것은 리버티가 방에서 "엄마, 저 정말 기분이 좋아졌어요. 이제 침대에서 나와도 되나요?"라고 하는 것이었다. 천사는 리버티에게 하나님의 치유를 빠르게 수행했고, 리버티는 즉각적인 치유를 경험했다. 이 놀라운 경험을 통해 성령님께서는 하나님의 천사들이 우리에게 나타날 수 있는 여러 가지 창의적인 방식에 대해 더 열린 마음을 가지라고 가르쳐 주셨다. 물론 하늘에 있는 모든 구름이 천사들이라고 말하는 것은 아니다. 천사들은 이처럼 특이한 방식으로 나타날 수 있다. 그리고 성령님의 확증을 통해 우리는 그들이 천사임을 알 수 있다.

예배자들과 함께하는 천사들

메리(Mary)는 버지니아주 애쉬랜드에 있는 갈보리 오순절 장막 교회에서 열린 우리 집회에 자주 참석했다. 그녀는 집회 중에 일어나는 초자연적인 일들을 찍기 위해 항상 카메라를 들고 다녔다. 메리는 하나님의 영광을 드러내기 위해 항상 준비되어 있었다. 나와 여러분도 메리처럼 우리 앞에 펼쳐질 천국을 바라볼 준비가 되어 있어야 한다.

설교가 끝나면 메리는 무거운 영광의 영적 기류 속에서 촬영한 매우 놀라운 사진들을 보여 주었다. 천사들, 빛의 구체들, "구름 같이 둘러싼 허다한 증인들"의 얼굴들(히 12:1) 그리고 초자연적인 현상들이 모두 그녀의 사진에 담겨 있었다.

한번은 그 집회의 50주년 기념식에서 설교할 때, 메리의 카메라가 스랍 천사가 단상에 극적으로 등장하는 장면을 포착했다. 그들은 밝게 타오르는 불길처럼 집회 장소에 들어왔다. 스랍의 의미는 '불타고 있는'이라는 뜻이며[18] 이는 그들의 모습에서 유래했다. 어떤 이유에서인지 디지털 카메라는 아날로그 카메라보다 영광의 차원들을 훨씬 잘 포착하는 것 같다. 메리가 그날 그 모든 장면을 포착했다.

밤하늘의 별들

최근에 조 가르시아(Joe Garcia)가 우리집에 놀러 왔다. 그는 주방 아일랜드 식탁 근처에 서 있다가 무심코 고개를 들었는데 그가 '반짝이는 별'이라고 묘사한 가루들이 대기 중에 뿜어져 나오는 것을 보았다. 그가 보고 있는 것을 말해 주었을 때, 나는 그것이 무엇인지 바로 알았다. 우리 둘은 하나님의 천사들이 나타났다는 데 동의했다. 이러한 현상은 성경적 근거가 있다. 욥이 천사들을 이같이 묘사했기 때문이다.

> 그 때에 새벽 별들이 기뻐 노래하며 하나님의 아들들이 다 기뻐 소리를 질렀느니라 (욥 38:7)

이 구절에서 '별'을 뜻하는 히브리어 단어는 코캅(kokab)으로, 이 단어의 의미 중 하나는 '왕자'다.[19] 같은 단어가 사사기 5장 20절에서 전사 천사들이 악한 영들을 대적해 싸우는 장면을 언급할 때 사용되었다. 그러므로 하나님께서는 성경에서 '별'이라고 묘사하는 천사의 계급이 있다는 것이다. 이들은 우주의 둘째 하늘 영역에서 활동하며 한밤중에 밝게 보인다. 윌리엄 셰익스피어(William Shakespeare)는 하늘의 별을 묘사하며 이렇게 말했다. "각각의 별들은 천사가 노래하듯 움직인다."[20]

성령님은 우리가 천사들이 '별'로 표현되는 의미를 이해하기 원하신다. 현재 상황에 눈이 가려 앞이 보이지 않을 때, 창의성의 흐름이 꽉 막힌 것처럼 느껴질 때, 가장 어두운 밤에도 하나님께서는 그분의 별을 우리에게 비추신다. 천사들은 희망이 없다고 여기는 한밤중 같은 우리 삶이 새로운 영적 각성의 새벽으로 전환될 수 있도록 도와주기 위해 찾아온다. 만약 여러분이 지금 어두운 밤중에 있다면 '별'을 찾아보라. 천사들은 바로 그곳에서 사탄과의 전쟁을 이기고 여러분을 위해 빛나고 있다.

나는 이 장을 쓰면서 천사들의 임재를 느꼈다. 같이 기도하자.

주님, 우리에게 창의력을 임파테이션해 주기 위해 하늘로부터 창조의 천사들을 파송해 주셔서 감사합니다. 지금 우리의 두 손을 들고 주님의 창조적 영광을 받습니다. 아멘.

> 현재 상황에 눈이 가려 앞이 보이지 않을 때,
> 창의성의 흐름이 꽉 막힌 것처럼 느껴질 때,
> 가장 어두운 밤에도 하나님께서는 그분의 별을 우리에게 비추신다.

창조의 천사들을 통한 인도하심

창조의 천사들은 우리가 창조적 영광의 흐름을 따라 살기로 선택할 때, 창조적인 방식으로 돕기 위해 우리의 삶에 파송된다. 우리는 성경에서 하나님의 백성이 천사의 인도를 받는 것을 볼 수 있다. 천사들은 환상, 꿈, 초자연적인 나타남 등 창의적인 방식들로 임했다. 다음은 몇 가지 예다.

- 이스라엘 백성은 천사의 인도를 받아 광야를 지나 약속의 땅으로 들어갔다(출 14:19, 23:20).
- 요셉은 밤에 나타난 천사의 인도를 받았다(마 2:13).
- 초대 교회 사도들은 천사의 개입으로 감옥에서 해방되었다(행 5:17-19, 12:1-11).
- 빌립 사도는 사역에 대한 구체적인 지시를 들었다(행 8:26).
- 백부장 고넬료는 하나님의 메시지를 받았으며, 그 메시지는 그와 그의 가족이 복음을 듣고 구원에 이르도록 인도했다(행 10장).

하나님은 우리가 영적인 일과 초자연적인 현상들에 더 민감하기를 원하신다. 물론 우리는 무엇보다 우리 안에 계시는 성령님의 인도를 받아야 한다. 하지만 그 과정에서 하나님의 천사들에게 하나님의 인도하심과 확증을 줄 수 있도록 허락해야 한다. 올바른 영적 인도는 중요하며, 무엇보다도 천사들은 창의성과 관련해서 우리가 인도함을 받을 수 있도록 도와줄 수 있다. 우리가 천사의 인도를 받기 위해서는 성령님 안에서 살아가기를 선택하고 천사들이 주는 세밀한 신호에 주의를 기울여야 한다.

어느 날 자넷과 내가 사무실 책상에 앉아 있을 때 우리 머리 위로 작은 깃털이 하나 둘씩 떨어졌다. 우리는 깃털이 공중에 부드럽게 떠다니는 것을 주목할 수밖에 없었다. 주변에 깃털이 있을 만한 것이 없었기 때문이다. 사실 우리에게 이런 일은 드물지 않다. 일상생활 중에도 자주 있고 사역할 때나, 매주 하는 온라인 '영광 성경공부'할 때도 나타난다.

이 현상의 의미는 무엇일까? 깃털은 천사가 항상 우리 곁에 있다는 것을 상기시켜 준다. 깃털이 초자연적으로 나타나 육안으로 보이면, 천사가 우리 가운데서 일하고 있음을 말해 준다. 하나님의 말씀을 통해 천사들이 우리를 위해 일하고 있다는 것을 알고 있지만, 이러한 표적은 그 진리를 상기시켜 주기 위해 임한다. 나는 여러분이 있는 모든 곳에서 천사들의 활동이 증가할 것을 믿는다. 지금도 여러분 주변에서 소용돌이를 느껴 보라. 여러분의 가정과 삶이 하나님의 창조 천사들로 가득해지기를 기도한다.

예수님께서는 "그런즉 너희는 먼저 그의 나라와 그의 의를 구하라 그리하면 이 모든 것을 너희에게 더하시리라"고 가르치셨다(마 6:33). 우리는 '먼저' 하나님 나라를 구해야 한다. 우리는 반드시 예수님께 집중해야 한다. 그러면 이 모든 것이 우리에게 주어진다는 것이다. '모든 것'이란 아무것도 제외되지 않는 전부를 의미한다. 그렇다면 '이 모든 것'이란 무엇일까? 우리에게 필요한 모든 것을 의미하며, 그 필요의 대부분은 천사의 개입을 통해 공급받을 수 있다. 우리가 그리스도를 위해 살아갈 때 공급은 하나님으로부터 오고, 많은 경우 그분의 거룩한 천사들에 의해 전달된다.

천사가 주는 창의적인 해법

　창조적 영광은 우리의 모든 필요에 대한 창의적인 해법을 가져다주며, 천사들은 하나님의 백성이 창의적인 방법으로 영적 전투에서 승리할 수 있도록 항상 도울 준비가 되어 있다. 사도행전 12장 1-19절에는 예수님의 제자 베드로가 어떻게 감옥에 갇히게 되었는지 대해 묘사한다. 매우 참담해 보이는 상황이다. 야고보는 신앙 때문에 이미 처형당한 상태였고, 사람들이 기뻐하는 모습을 본 헤롯은 베드로도 구금하라고 명령하였다. 그가 베드로를 즉시 죽이지 않은 이유는 유대인들에게 거룩하고 엄숙한 유월절 기간이기 때문이었다. 헤롯의 계획은 유월절이 끝나면 베드로를 즉시 재판에 넘기는 것이었다.
　성경은 헤롯이 베드로를 처형하기로 한 전날 밤, 성도들이 간절히 기도했다는 사실을 매우 분명하게 알려 준다. 이때는 기도문을 읽던 때가 아니었다. 그들은 이전에 여러 번 낭독했던 고전적인 기도문을 암송하지 않았다. 그때 중보하던 사람들은 오순절 날 성령님의 권능을 직접적으로 체험한 바로 그 성도들이다. 이들은 문제가 닥쳤을 때 기도해야 한다는 것을 알고 있었다. 그뿐만 아니라 그저 일반적인 기도가 아닌 내면에서 솟구치는 창조적 영광과 함께 방언으로 기도했다.
　성도들이 기도할 때 베드로가 있던 감옥에 천사가 밝은 빛으로 나타났다. 그리고 베드로는 창의적이고 초자연적인 방법으로 탈출

했다. 베드로는 묶임에서 풀려났고, 그 후로도 오랫동안 복음을 전할 수 있었다.

사도행전 12장을 다시 한 번 읽어 보라. 기록된 내용은 정말이지 놀랍다. 아주 놀라운 방식으로 창조적 영광이 역사하는 모습을 묘사하고 있다. 그리고 베드로에게 일어난 일은 여러분에게도 일어날 수 있다. 만약 여러분에게 돌파가 필요하다면 하나님의 창조적 영광이 그 영역에 나타나기를 기대하며 방언으로 기도하라. 주님께서 도울 한 명 혹은 여러 명의 천사를 보낼 것이다.

성령님 안에서 방언으로 기도하는 것은 내가 좋아하는 것 중 하나다. 나는 하루를 준비하면서 방언으로 기도한다. 길을 걸을 때도 방언으로 기도한다. 운전하면서도 방언으로 기도한다. 방언으로 기도할 때 방언으로 찬양도 하며 성령님 안에서 나 자신을 격려한다.

방언으로 기도할 때 우리는 자연적인 한계를 뛰어넘어 영광의 차원에서 중보하는 것이며, 우리의 상황을 뛰어넘어 하나님의 창의적인 언어를 사용하는 것이다. 하나님은 우리에게 하늘의 자원을 가져와 우리의 가정, 회사, 공동체 또는 필요한 모든 영역에 나타나도록 하늘의 언어를 주시는 것이다. 여러분이 인식하지 못할지라도 여러분을 통해 기도하시는 성령님께서 창의적인 방식으로 여러분을 구하도록 천군 천사들을 부르신다. 성령님의 인도를 받은 기도에 대한 응답으로 천사들은 우리의 창의성이 막히는 영역에 새로운 아이디어와 이미지, 천국의 영감 등을 가지고 온다. 여러분이 혼과 영을 열고 하늘의 창조적 흐름을 받아들일 때, 하나님의 사자들은 즉시 응답할 것이다.

> **여러분을 통해 기도하시는 성령님께서 창의적인 방식으로
> 여러분을 구하도록 천군 천사들을 부르신다.**

성령님은 여러분을 성령 충만하게 하시고 여러분이 하나님의 일을 할 수 있도록 초자연적으로 무장시키신다. 그러면 천사들은 여러분의 일을 돕기 위해 파송된다. 성령님은 천사들과 함께 동역하시며 여러분이 부름 받은 그 일을 행하는 데 필요한 모든 것을 갖출 수 있도록 도우시는 것이다.

창조의 천사들의 종류

앞에서 창조의 천사들의 유형에 대해 언급했다. 이 중 영혼 구원의 천사, 서기관 천사, 음악의 천사들에 대해 더 자세히 살펴보도록 하자.

영혼 구원의 천사

천사의 사역 중 하나는 그리스도를 위해 창의적이고 독특한 방법으로 영혼을 구하는 것이다. 몇 년 전, 내 친구 린다 키오(Linda

Keough)는 주님으로부터 영의 차원에서 일어나는 어떤 활동에 대한 특별한 환상을 받았다. 린다는 자신이 본 환상을 이야기해 주었다.

제 친구가 생명책에 새로운 영혼들이 추가되기를 기도할 때 저는 흰색 깃털 펜을 보았어요. 그리고 어떤 책 한 권과 그 펜을 들고 있는 손을 보았어요. 그 손은 생명책에 새 이름들을 기록하시는 하나님의 손이었어요. 하나님의 손 위에 또 다른 손이 있었는데, 하나님과 함께 손을 잡고 새로 추가되는 이름들에 서명하는 우리의 손이었어요. 정말 놀랍고 멋진 장면이었어요. 우리가 하나님 나라와 함께 동역한다는 것은 알고 있었지만, 우리가 그리스도를 위해 영혼들을 구할 때마다, 하나님의 손과 우리의 손이 연결되어 새 신자들을 생명책에 기록하고 서명한다는 것을 정말 큰 영광이었습니다. 하나님은 정말 선하신 분입니다.

이 환상의 메시지는 자넷과 나에게 큰 계시를 주었다. 영적 차원에서는 이 땅에서 일어나는 일들과 영원한 하나님 나라의 계획들 사이에 아주 실질적인 연결이 있다는 것을 이해하도록 우리의 눈을 열어 주었다. 믿는 자는 예수님을 위해 영혼 구원에 힘쓰는 것이 가장 중요하며, 하나님은 그 일을 위해 우리에게 창조적 영광을 주신다.

오래전, 나의 영적 멘토인 찰스와 프랜시스 헌터 부부가 미주리의 작은 식당에서 점심을 먹을 때, 처음 보는 한 신사가 테이블에 앉더니 아주 특별하고 초자연적인 열쇠가 되는 내용을 말해 주었다.

신사는 "종업원이 테이블로 오면 이렇게 말할 겁니다. '이 세상에는 두 부류의 종업원이 있어요. 구원받은 종업원과 곧 구원받을 종업원입니다. 당신은 어느 쪽인가요?'" 프랜시스는 이 질문이 아주 마음에 들었다. 왜냐하면 상대방에게 빠져나갈 길을 주지 않기 때문이다. 프랜시스는 이 질문이 절대로 질 수 없는, 서로 상생할 수 있는 질문임을 즉시 알아차렸다. 만약 상대방이 구원받지 않은 사람이라면, 할 수 있는 대답은 "나는 곧 구원받게 될 종업원입니다"밖에 없기 때문이다.

영혼 구원의 능력을 사용할 기회가 눈앞에 있을 때 흥분한 프랜시스는 신사에게 자신이 직접 시험 삼아 종업원에게 질문하겠다고 말했다. 종업원이 테이블로 오자 프랜시스는 "이 식당에는 이미 구원받았거나, 곧 구원받을 두 부류의 아름다운 종업원이 일하고 있습니다. 당신은 어느 쪽인가요?"라고 물었다. 그러자 종업원은 울먹이며 "아마도 두 번째인 것 같아요"라고 대답했다.

프랜시스는 그 여성의 손을 잡고 "아주 좋아요! 저를 따라 해보세요"라고 말하며 영접 기도로 인도했다. "아버지, 저의 죄를 용서해 주세요. 예수님, 제 마음속에 오셔서 주님이 원하시는 사람으로 만들어 주세요. 오늘 저를 구원해 주셔서 감사합니다."

기도를 따라 한 그녀는 눈물을 터뜨렸다. 프랜시스는 "지금 예수님은 어디에 계시나요?"라고 물었고, 그녀는 "제 마음속에 있습니다!"라고 대답했다. 매우 영광스러운 경험이었다. 그 순간 헌터 부부는 사람들을 예수님께로 인도하는 것은 아주 쉬운 일이라는 것을 깨달았다. 여러분이 만나는 모든 사람은 복음을 전할 새로운 기회이며, 창조적 영광이 시의 적절한 말을 할 수 있도록 여러분을 인도할 것이다.

훗날 프랜시스는 나에게 그날 테이블에 함께 앉았던 그 신사는 천사인 것 같다고 말했다. 그 낯선 남자는 평범한 사람처럼 보였지만, 모르는 사이인데도 같이 앉았을 때 편안했고 아무도 눈치채지 못할 때 조용히 사라졌다고 했다. 하나님께서는 언제든지 우리에게 하늘의 능력을 가르쳐 주시고, 영혼들을 그리스도께로 인도하는 초자연적인 열쇠들을 주는 창조의 천사들을 보내실 수 있다.

자넷과 나는 천사가 가르쳐 준 새로운 영혼 구원의 능력을 배운 후 직접 실천에 옮기기로 했다. 어느 날 집에서 텔레마케터의 전화를 받았다. 보통 나는 구매 의사가 없다고 말한다. 그런데 그날은 성령님께서 텔레마케터의 말을 끝까지 들은 후 "세상에는 두 부류의 사람"이 있다고 말하라고 하셨다. 나는 성령님께서 요구하신 대로 했다. 인내심을 가지고 그녀가 말하는 건강관리, 신용카드 보호, 피트니스 프로그램, 장거리 전화 요금제에 대한 이야기를 들었다. 그리고 그녀는 나에게 궁금한 것이 있는지 물었다. 그 순간 나는 그녀를 향한 하나님의 놀라운 계획이 예비되었음을 알았다. 지금이야말로 문을 열고 그녀가 경험할 인생 최고의 기적으로 인도할 완벽한 타이밍이었다.

나는 그녀에게 질문이 있다고 말했다. "우리집에 전화하는 사람 중에는 오직 두 부류의 착한 사람만 있어요. 구원받은 사람과 구원받을 사람이에요. 당신은 어느 쪽인가요?" 그녀는 내가 무슨 말을 하는지 이해하지 못했다. 그래서 다시 물었다. "우리집에 전화하는 사람 중에는 오직 두 부류의 착한 사람만이 있어요. 구원받은 사람과 구원받을 사람이에요. 당신은 어느 쪽인가요?" 두 번째 질문이 끝나자마자, 그녀는 "나는 구원받지 못했고, 예수님이 필요하다는 것을 알고 있습니다!"라고 말했다.

나는 그녀를 영접 기도로 인도했다. "아버지, 저의 죄를 용서해 주세요. 예수님, 제 마음속에 들어와 주세요. 저를 주님이 원하는 사람으로 만들어 주세요. 저를 구원해 주셔서 감사합니다." 기도를 마친 후에 "예수님은 지금 어디에 계신가요?"라고 물었고, 그녀는 자기 마음속에 있다고 대답했다. 나는 그녀에게 이제부터는 정말 복된 하루를 보낼 수 있을 거라고 말해 주었다.

창조적 영광이 쉽게 전도할 방법을 준비하고 있다는 것은 놀라운 일이다. 내가 텔레마케터에게 예수님을 증언했기 때문에, 또 한 영혼이 하나님 나라에 추가된 것이다. 성령님께서 여러분에게도 영혼을 구할 수 있는 창의적인 방법들을 보여 주시기 바란다.

인디애나주 코코모에서 사역할 때, 이 같은 영혼 구원의 능력을 사용할 좋은 기회가 또 한 번 있었다. 어느 날 저녁, 집회 전에 샤워하는데 영광의 금가루가 내 온몸에 나타나기 시작했다. 피부의 모공에서 올라오기도 하고 내 위로 떨어지기도 했다. 나는 이 특별한 현상이 기적의 천사들의 초자연적 활동과 함께 나타난다는 것을 알았다. 나는 이런 현상은 성령님께서 특별한 목적을 위해 그분의 영광을 드러내시는 것임을 알고 있다. 그래서 하나님의 목적에 주의를 기울인다.

호텔 방을 나와 복도를 걸을 때, 다정한 부부가 내 쪽으로 오는 것을 보았다. 둘 중 아내가 나를 바라보며 "당신은 정말 반짝반짝 빛나네요!"라고 말했다.

나는 "맞아요! 예수님이 당신을 사랑하셔서 하나님이 보내주신 기적이죠!"라고 대답했다.

여자는 당황한 듯한 표정으로 "어떻게 그렇게 된 거죠?"라고 물었다.

나는 그녀가 질문을 해줘서 너무 기뻤다. 하나님께서 우리에게 그분의 사랑과 영광을 세상에 전할 기회를 주신다는 것이 정말 놀랍지 않은가? 나는 "저에게 그런 질문을 하는 사람 중에는 단 두 종류의 사람만 있어요. 이미 구원받은 사람과 곧 구원받을 사람입니다. 당신은 어느 쪽인가요?"라고 물었다.

내 말에 놀란 그녀는 "제 생각에 저는 곧 구원받을 사람인 것 같네요!"라고 대답했다. 그녀의 남편은 지금 무슨 일이 벌어지고 있는지 의아해하며 아내를 빤히 쳐다보고 있었고, 이 모든 일은 너무도 빨리 벌어지고 있었다.

나는 이 기회를 다시 한 번 이용했다. 나는 남편의 눈을 똑바로 바라보며 "선생님, 제 앞에 서 있는 사람 중에는 오직 두 부류의 사람만 있어요. 이미 구원받은 사람과 곧 구원받을 사람이죠. 당신은 어느 쪽인가요?"

내가 이 말을 할 때 성령님께서 그의 마음을 사로잡으신 것이 분명하다. 왜냐하면 그도 "저도 곧 구원받게 될 것 같네요!"라고 열정적으로 대답했기 때문이다. 호텔 복도에서 나는 이 아름다운 부부가 그리스도를 위해 결단할 수 있도록 인도해 주었다.

그리고 나는 집회 장소에 갔다. 그날 저녁 주님께서는 집회에 영광의 금가루가 내리고 거룩한 기름이 흐르게 하셨다. 천사들이 주님의 영광 가운데서 다니며 사역하는 것이 분명했고, 더 많은 영혼이 예수님께로 돌아오는 것을 볼 수 있었다. 창조적 영광은 길을 만든다.

나는 이 영혼 구원의 능력을 피자 배달원, 비행기 승무원, 종업원, 영화관 직원 등 수많은 사람에게 사용했다. 여러분도 매일 그리스도를 위해 영혼을 구하는 사람이 될 수 있다. 창조적 영광이 여러분을 인도할 것이다.

서기관 천사

서기관 천사들은 하늘의 책에 기록을 남기는 임무를 맡고 있다. 또한 믿는 자들이 성령님의 명령을 받은 책을 쓰는 것을 돕는다. 나도 글을 쓸 때 어떤 천사가 내 뒤에 서서 컴퓨터 자판을 두드리는 동안 집중력을 잃지 않도록 도와주는 것을 느낀다.

작년에 출판 마감일을 맞추기 위해 밤을 지새우던 중에 예고도 없이 내가 필요한 순간에 나를 돕기 위해 온 천사들에게 둘러싸여 있다는 것을 알아차렸다. 나는 천사들을 보내 주신 주님께 감사했고, 내가 컴퓨터로 원고를 마무리하는 몇 시간 동안 천사들이 나와 함께 있다는 것을 느꼈다.

한번은 시각 예술가 빌(Bill)이 성령님의 감동으로 그린 그림을 보내주었는데, 그때에도 매우 독특한 방식으로 천사들의 임재를 느꼈다. 그림의 제목은 '조슈아와 그의 천사들'이었다. 나는 그 그림을 인쇄해서 벽에 걸었고, 하늘의 도움을 보내주신 하나님 사랑의 보살핌과 관심에 영광을 돌렸다.

하나님께서 감동을 주신 책들을 작업할 때면, 천사들이 나를 둘러싸고, 나를 덮고, 나에게 직접 사역해 주는 것을 자주 느낀다. 목차 구상부터 최종 탈고 후에 세상에 나오기까지의 전체 과정은 오직 작가만이 온전히 이해할 수 있으며, 아주 고된 일이다. 사실 대부분의 창의적인 프로젝트는 완성의 책임을 맡은 사람들에게는 큰 부담이다. 나도 그 느낌을 잘 알고 있다. 하지만 책을 쓰면서 이와는 다른 느낌도 경험한다. 즉 글을 쓸 수 있도록 부어 주시는 하나님의 평강과 은혜. 나는 서기관 천사들이 내 옆에 앉아 나의 수고를 도와줄 때마다 이것을 느낀다.

하나님의 사자들이 구체적으로 어떤 방식으로 돕는지는 설명하기 어렵지만, 분명 아름다운 경험이다. 나는 서기관 천사들을 본 적은 없다. 다만 그들이 오면 느낄 수는 있다. 그들은 종종 자정 이후에 도착하는 것 같고 우리가 창의성과 능력의 '두 번째 바람'이라고 부르는 것을 가져다준다. 이는 적절히 설명할 수는 없는 현상이다. 왜냐하면 하나님이 주시는 초자연적인 현상이기 때문이다. 천사는 영의 바람이며, 천사가 오면 힘을 주는 바람과 하나님의 에너지가 주어지는 것을 경험할 수 있다.

여러분도 창조의 천사들의 존재를 느낀 적이 있을 것이다. 천사들이 도착하면 갑자기 기운이 돋고 창의력이 샘솟기 시작한다. 마치 영적 분위기가 바뀌면서 갑작스러운 변화가 일어나는 느낌이다. 이때 여러분의 생각과 창조적 영광이 완벽하게 조화를 이루기 때문에 훨씬 더 쉽게 성과를 낼 수 있고 작업의 효율성이 높아진다.

천사들이 우리의 삶에 들어오는 이유 중 하나는 우리가 모든 면에서 하나님의 뜻에 올바르게 정렬되도록 돕기 위해서다. 여러분도 서기관 천사를 통해 오는 하늘의 도움을 경험할 수 있기를 기도한다.

음악의 천사

성경은 "하늘이 하나님의 영광을 선포하고"라고 말하며(시 19:1), 천사들은 하나님을 찬양하는 노래들을 끊임없이 부르는 하늘 피조물들의 큰 부분을 차지한다. 우리는 천사들이 하늘에서 음악에 관여한다는 것을 알고 있다. 또한 그들은 우리가 이 땅에서 만드는 음악에도 관여하기를 원한다. 음악은 천사들의 언어다.

내 삶에 배정된 하늘의 천사 중 한 명은 음악의 천사다. 그는 자기 이름이 히브리어로 '나의 음악, 나의 찬양'이라는 뜻의 짐리(Zimri)라고 말해 주었다.[21] 그는 나에게 새로운 곡을 가져다주는 일을 담당하고 있다. 현장에 나타난 그는 영적인 차원에서 큰 두루마리를 가져와서는 나에게 먹인다. 아주 이상하게 들릴 수 있지만 성경에는 에스겔 선지자와 요한 사도도 영적 두루마리를 받아먹었다는 기록이 있다(겔 3:1-3, 계 10:9). 나에게 주어지는 두루마리는 성경에 언급된 것과는 다른 목적이지만, 이 역시도 하나님의 목적을 위한 두루마리다.

예배 중에 찬양과 경배를 인도할 때, 나는 종종 천사들이 집회 장소 안으로 들어오는 것을 느낀다. 짐리는 그들과 함께 이 두루마리를 가지고 온다. 나는 이 두루마리를 옛날 자동 피아노 롤에(연주 정보가 기록된 종이 롤을 사용해 연주자 없이 자동 연주가 가능한 기계식 피아노-역자 주) 비유한다.

마이클 W. 스미스는 테네시주 프랭클린에 있는 자기의 스튜디오 사용을 흔쾌히 허락해 주었다. 자넷과 나는 그곳에서 '천국의 문을 열다Opening the Portals'를 녹음했다. 마이클의 아들 타일러(Tyler)가 앨범을 프로듀싱해 주었으며, 그 스튜디오는 녹음하기에 매우 편안하고 아늑한 장소였다. 나는 스튜디오 벽에 옛날식 자동 피아노 롤들이 걸려 있는 것을 보고 깜짝 놀랐다. 그것이 나에게 예언적으로 다가온 것은, 성령님이 주시는 새 노래를 부를 때마다, 마치 내가 자동 피아노가 된 것 같다고 느꼈기 때문이다. 음악의 천사가 하늘에서 두루마리를 가져와서 내게 주면 나는 그것을 연주하는 것이다. 나의 능력으로 멜로디를 생각하거나 가사를 만들려고 노력할 필요가 없다. 심지어 지금 무슨 노래를 부르고, 무슨 말을 해야 하는

지 의식적으로 생각하지도 않는다. 하늘에서 직접 그 노래들을 받을 뿐이다. 그저 입을 벌리면 노래가 저절로 나오는 것이다. 내가 해야 할 일은 두루마리가 펼쳐지도록 내버려두는 것이다. 그렇게 할 때 주님이 주시는 노래가 자연스럽게 흘러나온다. 하나님은 말씀이자 음악이시다. 그리고 나는 그분이 연주하는 악기일 뿐이다. 여러분에게도 하나님의 천사들이 그분을 찬양하는 새로운 노래와 소리, 멜로디들을 가져올 수 있다.

천사의 임파테이션

여러분의 삶에서 놀라운 천사들과의 만남을 기대하라. 약속된 창조적 영광의 충만함을 받기 위해 여러분 자신을 열어 드릴 때, 하나님께서는 부르신 구체적인 임무를 돕기 위해 창조의 천사들을 보낼 것이다. 그리고 그들과 함께 일할 준비가 되어야 한다. 성령님께서는 우리를 새로운 창조적 영광의 임파테이션으로 채워 주기 원하신다. 그러기 위해서는 항상 열려 있어야 하고 하나님의 천군 천사들과 동역하는 데 방해가 되는 비성경적인 사고방식이나 생각은 모두 버려야 한다.

나는 지금 창조의 천사들이 황금색 펜, 붓, 악기 및 기타 다양한 도구를 들고 오는 것을 본다. 이 천사들은 여러분이 새로운 방식으로 창조할 수 있도록 하늘의 선물들을 전해 주고 있다. 또한 그들의 손에 금빛 두루마리들이 들려 있는데, 이것이 여러분에게 주어지고 있다. 나는 영적으로 그것이 하나님께서 여러분을 초대하시는 새로운 청사진과 설계도라고 느낀다. 그저 "네"라고 하고 이 선물을 받으면 된다. 창조의 천사들은 하나님의 백성이 창조적 영광과 함께 흐를 수 있도록 도울 준비가 되어 있다.

같이 기도하자.

주님, 지금 이 순간에도 주님의 영광이 우리에게 임하고 넘치도록 채워 주소서. 하나님의 초자연적인 힘을 보내주시고 우리 시대의 문제들에 대한 하늘의 해결책들을 주옵소서. 우리가 주님의 부르심을 완수할 수 있도록 주님의 천사들을 보내주셔서 감사합니다. 주님께서 우리 안에서, 우리를 통해 창조적 영광을 나타내실 수 있도록 마음을 열고 우리 자신을 온전히 주님께 내어 드립니다. 주님은 우리를 빛과 여러 색과 소리로 가득 찬 의의 길로 인도하시며, 그 길에서 새로운 은사, 재능, 부르심을 부어 주십니다. 우리가 주님과 주님의 창조 천사들과 협력할 수 있게 해주셔서 감사합니다. 예수님의 귀하고 거룩하신 이름으로 기도합니다. 아멘.

창조적 영광이여, 내 안에서 일어나라!

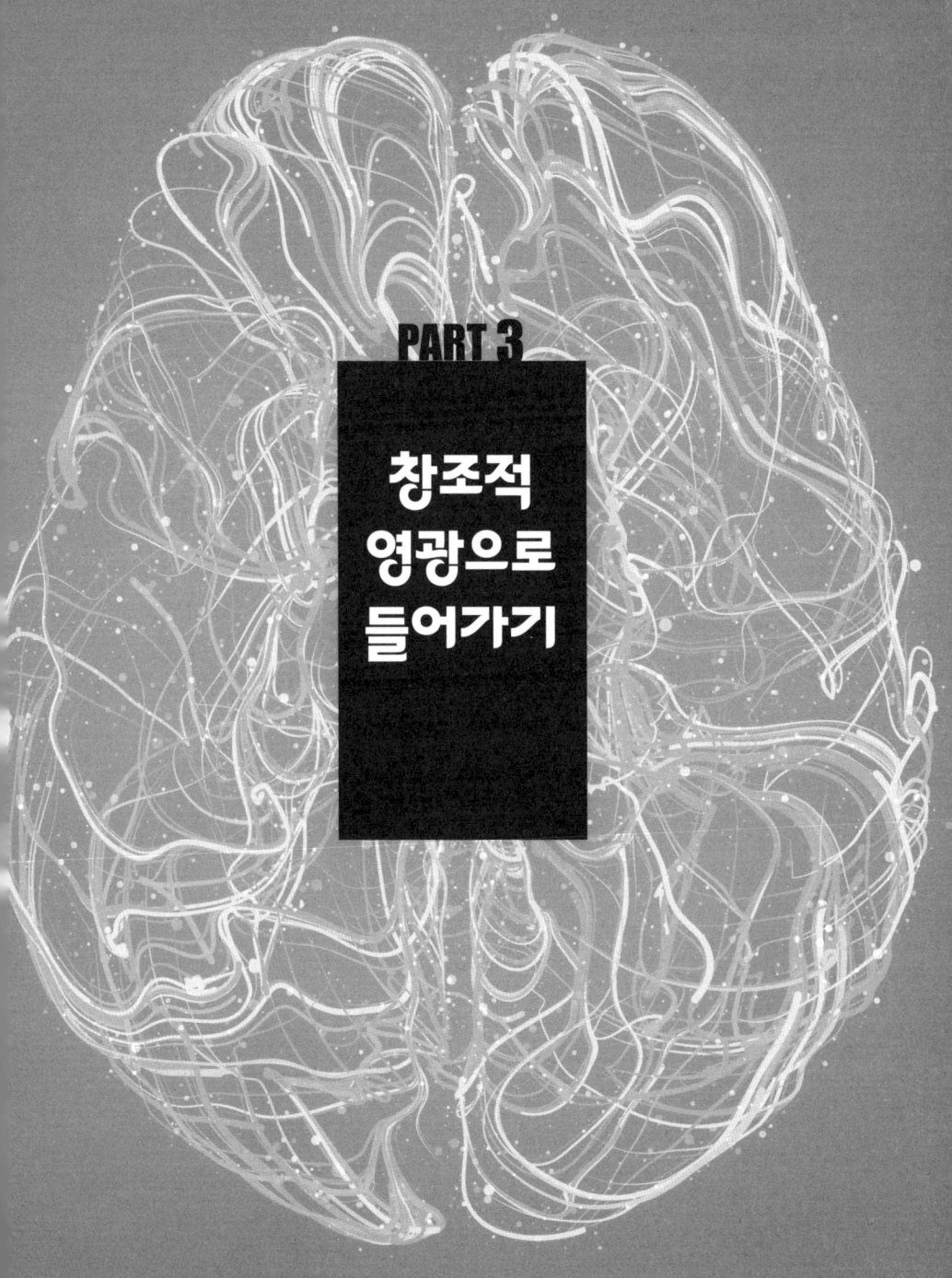

PART 3

창조적
영광으로
들어가기

CHAPTER 8 창조적 기적의 차원

또 주의 종이 이것으로 경고를 받고 이것을 지킴으로 상이 크니이다
자기 허물을 능히 깨달을 자 누구리요 나를 숨은 허물에서 벗어나게
하소서 (시편 19:11-12)

CREATIVE GLORY

　우리는 흔히 기적은 예상치 못한 순간에 우연히 일어나는 일이라고 생각한다. 물론 하나님께서는 예고 없이 언제든지 기적을 행하실 수 있지만, 영광의 차원에는 우리가 들어갔을 때 무한한 기적을 경험할 수 있는 초자연적인 장소가 있다.
　고린도전서 12장 10절에 언급된 성령의 은사 중 하나는 '능력 행함의 은사'다. 즉 성령의 능력으로 기적을 일으킬 수 있는 은총과 능력을 받을 수 있다는 뜻이다. 나는 창조적 영광 안에 창조적 기적을 행하는 데 필요한 하나님의 가르침이 담겨 있다는 사실을 발견했다. 이 가르침을 배우고 하나님께 영광을 돌리기 위해 이 배움을 행하

는 사람들은 창조적 기적을 행할 수 있는 하나님의 능력을 받을 수 있다. 창조적 영광이 창조적 기적을 낳는다.

창조적 기적

창조적 기적을 정의하기 위해서는 먼저 '창조적(creative)'과 '기적(miracle)'이라는 낱말에 대한 정의가 필요하다. '창조적'이라는 단어는 '예술 작품 등을 만드는 데 있어서 상상력이나 독창적인 아이디어'를 의미한다.[1] '기적'은 '자연법칙이나 과학 법칙으로는 설명할 수 없는, 신성한 힘의 작용이라고 여겨지는 놀랍고 반가운 사건'을 의미한다.[2] 따라서 창조적 기적이란 본질적으로 인간의 언어로 설명할 수 없는 하나님의 독창적인 아이디어나 상상력이 이 땅에 나타나는 것을 말한다. 즉 창조적 기적이 우리에게 임할 때 하나님의 생각으로부터 우리에게 직접 주어지는 것이며, 완전히 독창적인 것이다. 정말 놀랍지 않은가!

성령님께서 이사야 선지자를 통해 말씀하신 것을 기억하라. "내가 새 일을 행할 것이다. 보라, 내가 이미 시작하였다! 너희는 이것을 보지 못하겠느냐?"(사 43:19, 새생활역) ESV(English Standard Version) 역본을 포함한 몇몇 번역본에서는 "너희가 이것을 알지 못하겠느냐?"라고 되어 있다. 창조적 영광이 우리에게 새로운 것을 선사할 때, 우리가 자연적인 생각으로 이해하려 한다면 그 기적을 완전히 놓칠 수 있다. 그래서 창조적 영광 속에서 작동되는 새롭게 된 생각으로 이해해야 한다.

이사야는 이어서 "이 일들은 지금 창조된 것이요 옛 것이 아니라 오늘 이전에는 네가 듣지 못하였으니 이는 네가 말하기를 내가 이미 알았노라 하지 못하게 하려 함이라"고 말한다(사 48:7). 창조적 영광은 오늘날 우리에게 전에 없던 새로운 하나님의 기적을 경험할 기회를 제공한다. 광야에서 이전에 없었던 만나가 하늘에서 이스라엘 백성에게 내렸던 것처럼, 이러한 기적은 하늘의 열린 문들을 통해 우리에게 직접 부어지고 있다.

루스 워드 헤플린(Ruth Ward Heflin)은 소천하기 전, 영광의 차원으로 창조적 영광을 통해 우리에게 주어질 현대의 만나에 대해 다음과 같이 예언하였다.

> 내가 너를 위해 네가 생각한 것보다 더 큰 일을 행하리라. 아직 드러나지 않은 영광이 있다. 이 영광이 네 피부 속에서 나오는 것을 볼 뿐만 아니라 천국에서 비처럼 내리는 것도 볼 수 있을 것이다. 심지어 사람들 위에 떨어질 것이다.
>
> 너희는 건물 안에서 비가 내리는 것을 볼 수 있는 모임에도 참석할 것이다. 너희는 사람들에게 금가루가 떨어지는 것을 볼 수 있는 모임에도 참석할 것이다. 나는 교회 안에서도 행하지만, 교회 밖에서도 행할 것이다. 나는 이 마지막 때에 놀라운 일들을 행할 것이다.
>
> 믿음은 교리 그 이상이어야 하며 나는 너희의 믿음을 증가시킬 것이다. 믿

음은 매일의 일상에서 겪는 경험이 되어야 하며, 내가 보내는 표적과 기사와 이적들을 보면 의심 없이 믿게 될 것이다.

나는 너희에게 단순한 믿음을 부어 주고 있으며 너희는 그 안에서 행하게 될 것이다. 너희는 죽은 자를 살릴 것이다. 마지막 때에 너희 중 많은 이가 이런 식으로 쓰임 받을 것이다.

더 큰 기적과 더 큰 표적과 더 큰 이사가 바로 앞에 와 있다. 오늘도 나는 내 백성을 위해 기적을 행할 것이다. 나는 나의 영으로 너희 가운데 표적을 행하고 기적을 행할 것이다.

나의 임재에 대한 놀라운 감각이 너희에게 임할 것이며, 오늘부터 함께할 것이다. 그리고 너희는 부드럽게, 부드럽게, 부드럽게 걸을 것이다. 너희는 내 앞에서 부드럽게 걸을 것이며, 내가 땅에서 하는 일들을 놓치지 않을 것이다.[3]

나는 이 예언의 말씀이 그 어느 때보다도 지금 우리를 위한 것이라고 믿는다. 믿음을 가지고 이 계시 속으로 나아가자. 이 말씀을 우리의 영에 담아 주님께서 초자연적인 방법으로 실현해 주실 수 있도록 허용해 드리자.

> 창조적 기적이란 본질적으로 인간의 언어로
> 설명할 수 없는 하나님의 독창적인 아이디어나 상상력이
> 이 땅에 나타나는 것을 말한다.

영광의 금가루와 기적들

하나님께서 특정한 때에 우리에게 창조적 기적을 베푸신다는 것을 계시하는 방법의 하나는 루스 헤플린이 예언한 것처럼 영광의 금가루 표적이 나타나는 것이다. 나는 사역 초기에 인도 첸나이로 선교 여행을 갔을 때 이런 방식으로 나타나는 창조적 영광을 목격했다. 예언적 의미로 금색은 하나님의 영광과 위엄을 상징한다. 인도에서 열린 부흥 집회에서 소경이 눈을 뜨고, 귀머거리가 듣고, 다리 저는 자들이 온전해지는 등 하나님만이 하실 수 있는 많은 육체의 치유, 표적, 기사, 이적들을 목격했다. 그리고 거의 모든 예배에서 영광의 금가루가 비처럼 쏟아져 내려 피부와 옷에서 반짝이는 것을 보았다. 그 결과 집회 때마다 많은 영혼이 하나님 나라에 추가되었다. 밤마다 강단은 그리스도께 결단하는 사람들로 가득 찼다. 열매가 많이 맺힌 사역의 시간이었다.

특별한 기회들

부흥 집회는 끝났지만 그렇다고 사역이 끝난 것은 아니었다. 집으로 돌아가는 비행기를 타려면 공항 보안 검색대를 통과해야 한다. 보안 검색대 금속 탐지기를 수백 번 통과했지만 늘 별다른 일은 없었다. 보통은 바로 통과한 후 내 길을 갔다. 그런데 이번에는 기계에서 '삐' 소리가 나더니 공항 보안 요원이 뒤로 물러섰다가 다시 통과해 보라고 했다. 다시 탐지기를 통과했을 때도 경고음이 울렸다. 나는 다시 뒤로 물러났다가 탐지기를 통과해야 했고, 여전히 탐지기에서는 신호음이 울렸다.

보안 요원은 금속 탐지봉을 사용하여 이유를 찾으려 했다. 보안 요원은 바닥에 있는 발자국 위에 서 보라고 했다. 나는 발자국 위에 발을 올리고 팔은 양옆으로 벌렸다. 보안 요원은 탐지봉으로 내 몸 주위, 양팔 위아래, 옆구리를 훑고, 몸 앞뒤도 검사했다. 탐지봉을 다리 한쪽으로 가져갔을 때도 아무 일이 없었다. 그런데 탐지봉으로 정강이 부분을 훑을 때 삐 소리가 났다. 나는 숨긴 것이 아무것도 없었기 때문에 적잖이 당황했다.

보안 요원이 바지를 들어 올리라고 해서 시키는 대로 했다. 다리 아래쪽을 영광의 금가루가 넓게 덮고 있어서 깜짝 놀랐다. 내 다리에 영광의 금가루가 그렇게 덮인 적은 한 번도 없었다. 나도 놀랐지만 보안 요원도 아주 놀랐다. 보안 요원이 "와, 당신은 반짝반짝 빛나네요!"라고 말했다.

"네, 이것은 하나님의 영광이에요. 예수님이 이렇게 하셨어요." 보안 요원이 신발을 보여 달라고 해서 나는 신발을 벗어 주었다. 보안 요원은 내 신발을 다른 직원에게 건네주었고, 그 직원은 검사를 위해 다른 방으로 가져갔다. 신발을 기다리는 동안 그 보안 요원에게 예수님에 대해 이야기하기로 결심했다. 인도는 힌두교 국가이고 공공장소에서 전도하는 것은 위법이지만, 만약 누군가 질문하면 그에 대답하는 것은 허용되었다. 보안 요원이 내 정강이를 덮고 있는 영광의 금가루에 대해 물었고, 나는 예수님과 그분의 기적과 예수님의 사랑에 대해 나누었다. 우리의 믿음은 전도를 위함이 아니겠는가. 성령님께서는 우리에게 그분의 창조적 영광을 보내주셔서 아직 주님을 모르는 사람들에게 복음을 전할 특별한 기회를 주신다. 그날 첸나이에서 내가 할 수 있었던 일이 바로 그 일이었다.

나는 공항 보안 구역에서 이 여성을 예수님께 인도했다. 그녀는 고개를 숙이고 영접 기도를 따라 했다. 나는 성령님께서 이 만남을 의도적으로 마련하셨다고 믿는다. 이전에는 금속 탐지기가 영광의 금가루를 감지한 적이 없었고, 그 이후에도 그런 일은 일어나지 않았다. 창조적 영광은 하나님의 독특한 방법으로 우리에게 새로운 기회들을 가져다준다.

나는 성령님께서 여러분의 삶 속에서 하나님의 능력을 증거하고 전할 기회를 주신다고 믿는다. 이러한 순간들은 예고 없이 갑자기 찾아올 수 있으므로 항상 깨어 있어야 하고 창조적 영광과 동역할 준비가 되어 있어야 한다.

기사와 이적

하나님의 영광이 나타날 때는 기사와 이적들이 동반된다. 여러분이 집에서 혼자, 혹은 교회에서 다 같이 주님을 예배할 때, 손가락 끝이나 손바닥에 금색 또는 다이아몬드 같은 작은 가루가 나타나는 것을 볼 수도 있다. (여러분의 손을 한번 확인해 보라.) 영광의 금가루는 처음에는 아주 미세하게 보이기 때문에 조명 아래에서 손을 앞뒤로 움직여야만 발견할 수 있다. 또 어떤 때는 크고 반짝이는 형상으로 눈에 잘 띄게 보일 수도 있다. 이러한 현상은 하나님에게서 오는 것이기 때문에 하나님께 감사하며 영광을 돌려야 한다.

예수님은 주님이시다! 성령님께서 우리의 손에 금가루 표적을 주실 때 놀라지 마라. 우리의 손은 우리를 통해 다른 사람들에게 하나님의 기적적인 능력을 나타내시려고 선택하신 것 중 하나다. 이 표적은 우리의 삶에 흐르는 하나님의 기적적인 능력을 나타낸다.[4]

하지만 어떤 사람들은 도대체 왜 하나님께서 우리에게 영광의 금가루를 부어 주시는지 궁금할 수 있다. 성경에 따르면 솔로몬왕이 하나님의 성전을 건축하고 장식하도록 이끈 것도 창조적 영광이었다. 그리고 동일한 창조적 영광이 성벽을 순금으로 덮고 성전을 금으로 만든 도구들로 장식하도록 지시했다(왕상 6:19-35). 오늘날 거듭난 성도로서 우리는 하나님의 성전이며(고전 3:16, 6:19), 그분은 우리를 창조적 영광의 광채로 장식하기로 선택하셨다. 그분의 영광을 통해 우리는 기적을 위한 더 위대한 기름 부음을 받을 것이다.

자넷과 나는 애리조나주 스코츠데일 근처에서 열린 대규모 집회에서 사역하고 있었다. 어느 날 밤 호텔에서 잘 때 아주 짙은 황금빛 영광이 우리에게 임했다. 다음 날 아침에 일어났을 때 베갯잇과 침대 시트 전체에 영광의 금가루가 묻어 있었다. 우리는 천국의 무거운 임재를 느꼈고, 곧바로 주님께 예배드렸다. 우리는 주님께서 우리를 위해 행하신 모든 일에 대해 영광을 돌리고 싶었다.

잠시 후 우리는 호텔 프런트에 전화해서 "우리 방에 있는 침구를 구매할 수 있을까요?"라고 물었다.

프런트 직원은 놀란 듯한 목소리로 "왜 그걸 구입하고 싶으신 거죠?"라고 물었다.

"실은 어젯밤에 천국이 우리 침실로 내려와서 시트 전체가 금으로 덮였어요. 그래서 가져가고 싶어요."

그녀는 "손님의 말씀은 이해가 안 되지만, 구입하실 수는 있습니다"라고 대답했다.

우리는 호텔 로비에서 구입한 침구를 작은 조각으로 잘랐다. 이 조각들을 사람들에게 나눠 줄 생각이었다. 창조적 영광의 실재적인 증거가 사람들에게 축복이 될 수 있기 때문이다. 하나님께서 초자연적인 일을 행하실 때는 항상 목적이 있고, 그 기사와 이적을 많은 사람과 나누기 원하신다.

사도행전 19장 11-12절에 나오는 초대 교회 신자들처럼, 우리가 기름 부음이 있는 천 조각들을 아픈 사람들에게 나눠 주었을 때 많은 기적이 일어났다.

우리는 하나님의 성전이며, 그분은 우리를 창조적 영광의 광채로 장식하기로 선택하셨다.

천국 영광의 금가루가 나타날 때 하나님께서는 예수님이 곧 다시 오실 것을 말해 주는 표적이라고 말씀해 주셨다. 고대에는 유대인 신랑이 멀리 여행을 가면 예비 신부에게 금으로 된 선물을 보내기도 했다. 나는 성령님께서 예수 그리스도께서 이제 곧 다시 오신다는 것을 예언적으로 말씀하시는 것이라고 믿는다.

어떤 이들은 영광의 금가루를 받았을 때 주님께서 천국에서 백마를 보여 주셨고, 그 백마는 황금빛 거리를 달리길 열망하며 쉴 새 없이 발을 구르고 있었다고 말했다. 그들에게 있어서 영광의 금가루는 하늘이 이 땅에 임하는, 즉 하늘의 차원이 이 땅의 차원에 실재적으로 나타나는 표적인 것이다. 그렇다. 하나님께서는 우리의 삶을 천국의 선한 것들로 채우기 원하신다.

그리고 주님께 영광의 금가루에 관해 물었을 때, 주님은 창조적 기사이자 이적이며, 그곳의 영적 기류 속에 창조적 기적이 임했음을 보여 주는 것이라고 말씀해 주셨다. 하나님은 보이지 않는 것을 취하여 보이게 하시는 분이다. 하지만 우리가 그분의 창조적 기적을 받기 위해서는 창조적 기적의 임재를 분별할 필요가 있다.

하나님께서 창조적 기적을 통해 하늘의 계시를 주시는 것은 우리가 복음의 증인의 삶을 사는 데 그 목적이 있다. 우리는 가는 곳마다 창조적 영광을 나르며 세상 사람들에게 하나님만이 그들의 전부임을 보여 주어야 한다.

기적이 일어나는 영적 분위기

많은 창조적 기적은 하나님 영광의 기류 속에서 일어난다. 성경 여러 곳에 이러한 사실이 언급되어 있고, 내 삶에서도 이와 동일한 경우를 여러 번 목격했다. 나는 물이 포도주로 변하고, 음식이 초자연적으로 증가하고, 없어졌거나 손상된 신체 부위가 다시 재생되고, 심지어 새로운 신체 부위가 만들어지는 등 성경에 나오는 기적들을 목격했다. 이처럼 창조적 영광에는 한계가 없다.

그렇다면 어떻게 영광의 기류를 조성할 수 있을까? 창조적 영광은 우리가 주님을 예배할 때, 하나님의 말씀을 선포할 때, 예언적 감동으로 말할 때, 하나님 나라에 재정을 심을 때 임한다.

이러한 행동들은 영광의 기류를 조성하고, 영광의 기류가 존재하는 곳에서 우리는 창조적인 기적을 경험하게 된다.

하나님의 뜻은 여러분의 영·혼·육이 부족함이 없는 것이며, 그분이 여러분의 필요를 공급하는 방식은 하나님의 영광을 통해서다. 그분은 여러분이 필요가 풍성하게 넘치기를 원하신다. 이러한 흘러넘침은 기적을 받아들일 준비가 되어 있는 사람들에게 창조적인 기적으로 다가온다.

주님께서 무엇을 보여 주시든 받아들여라. 주님께 이렇게 외쳐라.

"주님, 제가 받습니다. 눈에 보이는 주님의 창조적 영광을 받습니다. 성령님, 저에게 말씀해 주십시오. 제가 듣고 있습니다. 제 귀가 열려 있습니다. 제 눈이 열려 있습니다. 주님께서 말씀하시는 것을 받기 위해 제 마음이 열려 있습니다."

우리는 영광의 금가루뿐만 아니라 초자연적인 소리를 통해서도 창조적 기적을 위한 기류가 형성되었는지 분별할 수 있다. 집회 중에 나는 종종 영광이 그 공간에 임하는 어떤 진동을 느낀다. 우리 가운데 운행하시는 성령님의 주파수가 어떤 허밍(humming)처럼 느껴진다. 이것이 바로 하나님의 소리다. 우리가 그 소리에 동참하면, 우리의 삶과 주변 사람들의 삶에 그분의 영광을 경험할 수 있는 큰 차원의 환경을 조성하게 된다.

또 어느 때는 하나님께서 거룩한 기름을 우리 가운데 흐르게 하시는 것을 느낀다. 나는 그 기름이 내 이마에 떨어져 뺨을 타고 흘러내리는 것을 느낀다. 그분의 기름 부음이 성대에 닿으면 성대는 하나님 찬양의 도구가 된다. 우리가 창조적 영광의 영역에 반응할 때 이처럼 놀라운 일들이 일어난다.

나는 하나님께서 그분의 영광을 위해, 우리 각자에게 그분만의 방식으로 기름 붓기 원하신다고 믿는다. 우리는 각자 다른 방식으로 창조적 영광을 경험하고, 하나님의 일에 대해서도 다른 관점을 갖게 될 것이다. 어떤 사람은 영광을 열기로 느낄 수 있고, 어떤 사람은 영광이 바람으로 다가오는 것을 느낄 수 있다. 하나님께 온전히 헌신한 사람에게는 거룩한 고요함으로 임하는 것을 경험할 수 있다. 영광이 어떤 방식으로 나타났는지는 중요하지 않다. 우리는 모두 고유한 개성을 지닌 것처럼, 성령님은 우리 각자와 마음과 마음으로 연결되시는 고유한 방법을 가지고 계신다. 그분은 우리에게 필요한 것이 무엇인지 아신다. 그러므로 우리는 그분의 지식과 지혜를 신뢰해야 한다. 여러분이 어떤 방식으로 영광을 느끼든, 그 영역에서 기적을 위한 기름 부음을 받고 있다는 사실만 기억하라.

창의적 예술과 창조적 기적

창조적 기적이 나타나는 또 다른 방식은 예술을 통해서다. 하나님은 항상 창의적 예술이 그분의 치유가 흐르는 통로가 되기를 원하셨다. 그분의 영광은 우리가 그분의 치유 능력과 연결될 수 있도록 우리에게 주어지며, 창조적 영광은 창조적인 치유를 가져온다.

사울왕이 악령의 공격으로 고통받을 때, 측근들은 그 끔찍한 눌림에서 해방될 수 있는 음악과 노래에 기름 부음을 받은 사람을 찾았다. 다윗이라는 양치기 소년은 하늘의 소리를 임하게 할 수 있었다. 양 떼와 함께 들판에 홀로 있을 때 다윗은 목소리와 악기로 하나님을 찬양하는 습관을 길렀고, 그 결과 그가 내는 소리에는 기름이 부어졌다. 다윗은 왕궁으로 소환되었고, 그가 연주할 때 사울왕에게서 악령이 떠나는 것은 당연한 일이었다. 다윗은 축사의 노래인 창조적 영광의 소리를 나르는 자였다. 다윗은 주님에 대해 다음과 같이 기록했다.

> 주는 나의 은신처이오니 환난에서 나를 보호하시고 구원의 노래로
> 나를 두르시리이다 (시 32:7)

창조적 영광의 소리에는 놀라운 능력이 있다. 하지만 그 소리가 한 번도 발산되지 않는다면 무슨 소용이 있겠는가. 어떻게 하나님의 뜻을 성취할 수 있을까? 우리는 창의력을 통해 기적을 일으키는 방법을 배워야 한다. 다윗은 음악을 통해 기적을 일으키는 방법을 배웠다. 나는 여러분에게도 그 소리가 있다고 믿는다. 그것을 발산하라! 성령님의 깊은 신음 소리를 내라! 소리를 풀어내라!

어쩌면 여러분은 수줍어서 다른 사람들 앞에서 그 소리를 내기 어려워할 수도 있다. 그렇다면 침실, 차 안, 화장실 등 혼자 있는 곳에서 시작하라. 화장실은 하나님께 찬양 드리기에 아주 좋은 장소다. 나는 화장실을 좋아한다. 소리가 아주 잘 울린다. 샤워할 때는 누구나 좋은 소리를 낼 수 있다. 나는 집회할 때 음향 담당자에게 마이크의 울림 효과를 높이면 기름 부음도 증가된다고 농담한다.

치유와 축사를 가져오는 노래가 있다. 노래는 예언의 흐름을 불러일으키고 계시가 임하는 분위기를 조성할 수 있다. 그 순간 하나님의 리듬과 연결되기 때문이다. 하늘의 소리는 끝이 없으며 영원히 흘러나온다. 우리가 하늘의 차원으로 들어갈 때 영광의 소리는 통찰력, 초자연적인 지혜와 지식을 수반한 성령님의 계시가 흐르게 한다. 여러분의 창조적 소리를 영적 대기에 발산하라.

어떤 의미에서 하나님은 음악을 창조하신 분이 아닌, 음악 그 자체임을 기억하라. 음악은 그분 본성의 일부다. 하나님은 소리와 리듬, 멜로디와 울리는 소리의 진동을 수반한 창조적 영광을 사용하여 우리를 그분의 임재 안으로 인도한다. 내가 성령님의 흐름을 탈 때 하나님은 내가 부르는 노래가 되신다. 그분은 혼 안에서 울려 퍼지는 음악이 되시고, 내 입에서 나오는 소리가 되신다. 내게서 나오는 목소리는 하나님의 임재이며, 임재는 곧 그분 자체의 한 부분이다.

주님은 우리가 작곡하여 그분께 감사하고 찬양을 드리도록 우리를 부르신다.

> 감사함으로 그의 문에 들어가며 찬송함으로 그의 궁정에 들어가서 그에게 감사하며 그의 이름을 송축할지어다 (시 100:4)

감사와 찬양으로 하나님의 임재 앞에 나아가야 하는 이유는 무엇일까? 성령님은 우리의 영과 연결되며, 음악은 하나님의 영으로 충만한 영적인 사람들에게 하늘 문을 열어 주기 때문이다.

어느 날 오후, 호텔 방에서 주님과 시간을 보낼 때 주님께서 어떤 노래를 주셨다. 이 노래는 하나님의 임재, 예배, 치유 사이의 연관성이 있었다. 처음에는 작은 멜로디가 나의 영을 통과했다. 나는 방언으로 노래를 불렀고 주님은 영어로 다음의 말씀을 주셨다.

> 우리는 찬양을 통해 하나님의 임재 안으로 들어갑니다.

우리는 우리의 노래로 그분의 치유를 받습니다.

우리는 우리의 목소리로 영광의 보좌로 나아갑니다.

우리가 주님을 찾을 때 그분의 기적이 알려집니다.

창조적 영광! 창조적 영광!

우리가 주님을 찾을 때 그분의 기적이 일어납니다.

창조적 영광은 우리에게 치유의 수단으로 노래, 춤, 악기 연주를 할 수 있는 능력을 부여한다. 하나님께서 우리에게 주신 가장 위대한 찬양의 도구는 우리의 목소리다. 하지만 하나님께서는 어떤 이들에게는 피아노, 기타, 드럼 등 악기를 연주하는 음악적 재능을 주셨다. 창조적 영광을 그곳의 영적 기류에 초청하기 위해 어떤 악기든 사용할 수 있다(대상 25:1-3).

창조적 영광은 내면의 감동을 외적으로 표현하게 한다. 영광의 차원에서 여러분은 보고, 듣고, 맛보고, 냄새 맡고, 느끼기 시작할 것이다. 성령님은 우리에게 창조적인 방법을 사용해 이러한 계시들을 다른 사람들과 나눌 기회를 주신다. 하지만 참된 예배는 단순히 노래 부르는 것 이상의 의미가 있다. 참된 예배는 우리가 소통할 수 있는 모든 방법으로 하나님께 우리의 헌신을 표현하는 것이다. 그리고 이런 진심 어린 표현을 통해 우리는 하나님 영광의 기적들을 경험하게 된다.

창조적 영광은 내면의 감동을 외적으로 표현하게 한다.

한 예로, 시각 예술 작품을 영적인 방식으로 풀어서 사람들에게 하나님 치유의 흐름을 경험하게 하는 것은 성경적이다. 민수기 21장 8-9절에서 하나님께서는 모세에게 매우 독특한 방식으로 이와 같은 일을 행하도록 하셨으며, 예수님은 이 사건에 대해 언급하셨다.

> 모세가 광야에서 (놋)뱀을 (장대에) 든 것 같이 인자도 (십자가에) 들려야 하리니 이는 그를 믿는 자마다 (육신의 죽음 이후에, 영원히 살기 위해) 영생을 얻게 하려 하심이니라 (요 3:14-15, 확대역)

이스라엘 백성이 이집트에서 약속의 땅으로 가는 여정 중에 하나님과 그분의 종 모세를 원망하였고, 그로 인해 독사가 나타나 많은 사람을 물어 죽였다. 하나님은 모세에게 "뱀을 만들어 장대 위에 매달아라. 물린 자마다 그것을 쳐다보면 살 것이다"라고 말씀하셨다. 놋 뱀 모형은 치유자이신 예수님과 하나님의 치유 능력의 창조적인 흐름을 상징한다. 인디애나 대학교 의과대학 부속 에스케나지 헬스(Eskenazi Health)의 대표 이사인 리사 해리스 박사(Dr. Lisa Harris)는 치유와 예술에 대해 이렇게 말한다.

"만약 어떤 예술 작품이 환자를 병실에서 나오게 하거나, 환자의 마음을 고통에서 벗어나게 하고 스트레스를 낮춘다면, 예술은 더 이상 단순한 장식이 아닙니다. 예술은 전인 치료의 일부가 됩니다."[5]

예술을 통해 예수님을 높여 드릴 수 있는 많은 창의적인 방법이 있다. 창조적 영광은 예수님을 높이기 때문이다. 하나님께서 우리를 채우시고 우리를 통해 흐르셔서 우리가 하는 모든 일을 통해 그리스도께서 높임 받기를 기도한다. 우리가 그분의 영광을 위해 기름 부음을 받을 때, 우리의 손이 닿는 이 땅의 모든 것에 그분 영광의 흔적이 남게 될 것이다.

이탈리아의 유명한 화가이자 조각가, 건축가, 공학자였던 레오나르도 다빈치(Leonardo da Vinci)는 "영혼이 손과 함께하지 않는 곳에는 예술도 없다"고 말했다.[6] 진정한 예술은 영적인 표현이며, 보는 이에게 창조적 영광을 선사하는 기름 부음을 동반한다. 그렇기 때문에 우리가 무엇을 바라보는지에 주의해야 한다.

여러분은 무엇을 관찰하고 있는가? 무엇에 주의를 기울이고 있는가? 영광의 것들에 마음을 두라. 영광의 것들에 시선을 고정하라. 하나님의 영광에 집중하며, 여러분의 목소리가 그분의 뜻을 선포하게 하라. 여러분의 발이 그분 영광의 길을 걷게 하라. 주 예수님을 높이고, 영광 안에서 그분을 찬양하기 위해 손을 들라. 하나님은 창조적 영광이 여러분을 통해 흐르기 원하신다.

주님께서는 예술 분야에서 그분의 백성이 이전보다 훨씬 더 크게 일어나기를 원하신다. 하나님은 그분의 영광을 다른 차원들로 전파하기 위해 이 땅에서 그분의 피조물인 사람들을 부르신다.

화가들은 그림을 그려라!

음악가들은 연주하라!

가수들은 노래하라!

하나님의 백성은 이 땅에서 창조적 영광을 드러내라!

"주님, 우리 안에서 새로운 것을 일으키시고 우리 위에 역사해 주셔서 감사합니다!"

어떤 사람들은 여전히 이렇게 말할 수 있다. "하지만 조슈아, 저에게는 창의력이 없어요. 당신이 말하는 그런 재능이 없어요." 여러분은 창조주의 형상대로 만들어졌다는 사실을 기억하라. 그리고 노래하는 시인 다윗을 인도하고 지시하신 성령님, 이스라엘 백성이 예술 분야에서 뛰어난 능력을 발휘하게 하신 성령님, 그림을 그리고 노래하고 춤추며 하나님께 영광을 돌리는 그분의 백성에게 흐르시는 성령님, 바로 그 성령님이 여러분 안에 계신다.

여러분에게는 창조적 영광이 있다. 그것을 취하라!

특별한 순종은 특별한 기적을 풀어낸다

영광의 차원에서 창조적 기적을 받는 것은 하나님의 지시에 대한 순종을 요구한다. 우리가 그 지시를 이해할 수 없을지라도 그러하다.

천사들을 위한 의자

몇 년 전에 나는 미네소타주의 작은 마을 와나밍고(Wanamingo)

에서 사역해 달라는 초대를 받았다. 열여섯 살 때부터 절친인 조슈아 페어웨더(Joshua Fairweather)와 함께 미니애폴리스로 날아갔다. 그리고 그곳에서 45분 정도 운전해서 목적지에 도착했다. 우리를 초청한 사역자 부부는 집회를 위해 지역 소방서를 빌렸고, 우리는 그곳에서 성령님께서 하실 모든 일을 설레는 마음으로 기대하였다.

그날 오후에 주님은 조슈아에게 호텔 방에 있는 우리 각자의 침대 끝자락에 의자를 하나씩 놓으라고 말씀하셨다. 조슈아는 왜냐고 질문하지 않고 즉시 말씀에 순종했다. 먼저 의자를 가져다 놓고 하나님께 이유를 물었을 때 "너희의 천사들을 위한 것이다"라고 말씀하셨다.

우리는 천사를 보지도, 천사의 임재를 느끼지도 못했지만, 하나님께서 우리에게 무엇을 말씀하시는지 알기 위해 이 계시에 대해 기도했다. 나는 일 년에 한 번씩 하늘에서 내려와 예루살렘 베데스다 연못의 물을 휘저었던 천사에 대한 성경 말씀을 기억했다. 내 머릿속에는 커다란 지팡이를 들고 물을 휘저어 치유의 물로 만드는 천사의 모습이 그려졌다. 그 물이 휘저어지는 순간 처음 발을 들여놓는 사람은 누구나 치유될 것이다. 평범한 물이 기적의 물이 되는 것이다(요 5:1-4).

베데스다 연못에 서 있던 기적의 천사는 창조적 영광을 손에 쥐고 있었다. 그 물이 휘저어진 것은 당연한 일이다. 치유의 물이 된 것도 당연하다. 그곳에서 창조적 기적이 일어난 것도 당연하다. 그리고 하나님은 여러분의 삶에도 창조적 영광의 천사들을 풀어놓을 준비가 되어 있으시다. 하나님의 천사들은 그분의 임재를 사랑하며 많은 시간을 천국에서 창조적 영광의 임재를 만끽하는 데 보낸다. 그런 다음 우리의 삶을 축복하기 위해 이 땅으로 파송될 때, 하늘의 창의성을 가지고 오는 것이다.

창조적 영광은 치유 이상의 능력도 발휘할 수 있다는 사실을 기억하라. 여러분의 삶, 여러분 가족의 삶, 직장, 여러분이 맺은 인간관계 등 모든 곳에서 온갖 종류의 창조적 기적들을 일으킬 수 있다. 창조적 영광이 그 장소에 임하면 언제든 창조적 기적은 일어난다.

어렸을 때, 사촌들과 나는 매해 여름이면 일주일 동안 할머니 댁을 방문했었다. 우리는 잠자리에 들기 전에 할머니의 침대에서 할머니가 읽어주는 성령 충만한 사람들의 이야기를 들었다. 책 중에는 한 소년이 천국의 차원에 들어간 이야기도 있었다. 나는 지금도 그 이야기를 기억한다. 소년은 천국에서 창고처럼 생긴 건물을 보았는데, 그 안에는 팔, 다리, 심장, 폐 등 온갖 종류의 신체 부위가 선반 위에 질서정연하게 정리되어 있었다. 소년은 자신이 본 것이 무엇인지 하나님께 여쭈었고, 하나님은 하나님의 백성을 위해 마련된 것들이라고 말씀해 주셨다. 사람들이 창조적 기적을 간구할 때 하나님은 그들에게 필요한 신체 부위들을 땅으로 보내주시는 것이었다. 나는 이러한 일이 실제로 나타나는 것을 여러 번 보았다. 기도할 때 나는 어떤 초자연적인 것이 하늘의 차원에서 이 땅의 차원으로 내려오는 것을 종종 본다.

나는 천사가 베데스다 연못의 물을 휘저었을 때, 천국에 있던 그 신체 부위들이 꼭 필요한 사람들에게, 그것을 받기 위해 간절히 나아간 사람들에게 주어졌다고 믿는다. 조슈아가 천사들을 위해 침대 끝에 의자를 놓았을 때 나는 하나님의 두 사자가 우리를 위해 치유의 물을 휘젓도록, 그래서 우리가 집회에 참석한 사람들에게 사역할 수 있도록 보내졌다는 것을 알았다.

물 휘젓기

그날 밤 미네소타의 소방서에 마련된 강대상 뒤에 섰을 때 나는 천사들의 임재를 느꼈고 천사들이 물을 휘젓기 위해 그곳에 있다는 확신을 받았다. 또한 내 앞에 마련된 강단 부근에 영적인 베데스다 연못이 있다는 것도 알 수 있었다. 자연적으로는 아무것도 보지 못했지만, 영광의 차원에서는 하나님 치유의 공급하심을 보고 느낄 수 있었다. 나는 우리가 받은 그 예언적 계시에 목소리를 내어 하나님께서 그분의 백성을 위해 행하시는 일들을 선포했다.

하나님께서 역사하고 있다고 선포하기 위해, 그 역사가 일어나는 것을 물리적으로 볼 때까지 기다리지 마라. 하나님께서 영광의 차원에서 여러분에게 무언가를 계시하실 때, 그때가 바로 선포할 때다. 입을 열어 선언하고, 선포하고, 명령하고, 공표하라. 그분이 영광의 차원에서 보여 주신 것이 바로 여러분이 자연계에서 받도록 하나님이 주시는 것이므로 담대하게 말하라. 믿음으로 취하고 성령의 기름 부음을 통해 아래로 끌어당겨라. 창조적 영광에서 꺼내라.

강력한 기름 부음으로 성령의 영감을 받은 말을 할 때, 여러분 주변의 영적 대기에 영광의 차원이 드러나게 될 것이다.

내가 강단 부근에 베데스다 연못이 있다고 선포했을 때, 그곳에 하나님의 창조적 영광이 나타났다. 내가 영의 차원에서 본 것이 육의 세계에서도 일어났다. 가슴에 혹이 있는 여성이 천사들이 물을 휘젓고 있을 때 치유의 연못에 들어갔다. 발을 들여놓자, 즉시로 혹이 사라졌다.

그 밖에도 수많은 놀라운 기적이 일어났다. 다리를 절거나 몸에 질병이 있는 사람들이 자리에서 일어나 성령님에 의해 휘저어진 보이지 않는 연못을 향해 몰려나왔다. 관절의 뼈들이 서로 맞닿아 걷기조차 힘들고 무릎 통증이 극심한 남자는 절룩거리며 그 연못에 들어갔지만, 나올 때는 뛰어서 나왔다. 그는 소방서 안을 한 바퀴 돌더니 원을 그리며 계속 돌았다. 그는 기적적으로 새 연골이 무릎에 삽입되었다고 믿는다고 간증했다. 그의 관절은 더 이상 뼈와 뼈가 맞닿아 있는 것처럼 느껴지지 않았다. 더 이상 통증이 없었고, 이제는 쉽게 걸을 뿐 아니라 심지어 뛸 수도 있었다. 무슨 일이 일어난 것일까? 하나님의 창조적 영광이 창조적 기적을 일으킨 것이다.

**하나님께서 영광 중에 보여 주시는 것은,
이 땅에서 누리라고 주시는 것이다.**

초자연적인 변화

그날 밤 호텔 방으로 돌아왔을 때, 우리는 영적으로 흥분된 나머지 잠을 이룰 수 없었다. 우리가 목격한 기적들과 흐르는 영광의 기름 그리고 물을 휘저은 천사들에 대한 생각뿐이었다. 하나님의 선하심과 그분의 거룩한 임재가 계속 생각나는데 어떻게 잠이 들 수 있겠는가?

기적이 풍성하게 나타난 날에는 쉽게 잠들 수 없다. 불면이 반복됨에 따라 잠을 잘 수 있는 다양한 방법을 시도해 보았다. 이윽고 지루한 텔레비전 프로그램을 켜면 곧 깊은 잠에 빠질 수 있다는 것을 발견했다. 그날 밤에도 지루한 프로그램 대신 기름 부음이 충만한 설교자가 성찬의 능력에 관해 이야기하는 프로그램을 보았다. 그의 설교는 정말 놀라웠고 깊은 계시가 흘러나오고 있었다. 목이 말랐지만 한 마디도 놓치고 싶지 않아서 화장실에서 양치질하던 조슈아에게 물 좀 가져다 달라고 부탁했다. 그 물을 두어 모금 마셨지만, 이상한 점을 느끼지 못했다. 하지만 세 번째 마셨을 때 뭔가 달라졌다는 것을 깨달았다. 컵에 담긴 것은 더 이상 물이 아니었다.

주님께서 조슈아한테 침대 끝에 의자를 놓으라고 말씀하시고 그 의자가 치유의 물을 휘젓는 천사들을 위한 것이라고 말씀하셨을 때만 해도, 나는 하나님의 사자들에게 또 다른 임무가 있다는 것을 전혀 몰랐다. 플라스틱 컵 안을 들여다보니 초자연적으로 그 물은 하늘의 포도주가 되어 있었다.

물의 변화를 확인한 조슈아는 칫솔을 삼킬 뻔했다. 우리는 웃다가 울다가 다시 웃었다. 우리는 하나님의 임재와 방금 일어난 일로 인해 크게 감동했다. 천사들이 물을 저어 기적의 포도주로 만든 것이다. 놀랍지 않은가!

왜 하나님께서는 이런 일을 하셨을까? 초자연적으로 우리에게 성찬 포도주를 주신 것이다. 그 순간 우리는 "주님께서 광야에서 그러셨던 것처럼 만나도 내려주실까?" 하는 궁금증이 생겼다. 만나는 내려오지 않았지만 아침 식사 때 먹다 남은 베이글이 있어서 성찬 빵으로 사용했다. 우리는 성찬 음료로 기적의 포도주를 마셨고, 그리스도 안에서 형제자매들과 예수님의 몸과 피를 나누었다.

텔레비전 화면 하단에 간증할 사람을 위한 전화번호가 지나가고 있었다. 우리는 성령님에 취해 전화했고, 전화받은 사람에게 하나님께서 방금 물을 포도주로 바꾸어 주셨다고 말했다. 그분들이 우리의 간증을 믿었는지는 모르겠지만, 하나님의 영광이 우리를 격려하고 하나님의 이름에 영광을 돌리기 위해 창조적으로 선물해 준 것이다.

우리에게 일어난 일이 성경적일까? 물론이다. 예수님 시대에도 창조적 영광이 창조적 기적을 일으켰다. 예수님이 행하신 최초의 기적은 갈릴리 가나의 혼인 잔치에서 물을 포도주로 바꾸신 사건이다 (요 2장 참조). 성경은 이 포도주가 나왔을 때 연회장이 감탄했다고 기록한다.

연회장은 물로 된 포도주를 맛보고도 어디서 났는지 알지 못하되 물
떠온 하인들은 알더라 연회장이 신랑을 불러 말하되 사람마다 먼저
좋은 포도주를 내고 취한 후에 낮은 것을 내거늘 그대는 지금까지
좋은 포도주를 두었도다 하니라 (요 2:9-10)

성령님의 새 포도주가 지금 흐르고 있으며, 하나님은 최고의 것
을 우리에게 주신다.

"너희는 여호와의 선하심을 맛보아 알지어다"(시 34:8).

천사가 물을 포도주로 바꾼 이야기를 들은 사람들은 "당신이
받은 포도주는 알코올 성분이 있는 술이었나요?"라고 묻는다. 이 질
문에 대한 나의 대답은 이렇다. 하나님께서 우리에게 주시는 모든
것은 살아 있다. 생명력이 있다. 그분 안에는 죽음이 없다. 술이 만
들어지기 위해서는 무언가가 죽고 발효되어야 한다. 성령의 포도주
를 마시는 것은 영생을 마시는 것이다.

성령의 포도주는 생명력이 있으며 빛, 기쁨, 평강 및 그분에게서
나오는 모든 좋은 것들로 가득 차 있다. 이것은 한 잔에 담긴 창조적
영광이다. 여러분도 이 생명력을 경험할 수 있다. 손을 앞으로 내밀
고 이렇게 기도하라.

"아버지, 예수님 이름으로 기도합니다. 저를 채워 주옵소서. 제
물을 주님께 드리니 하늘의 포도주로 만들어 주옵소서. 제가 가진
것을 주님께 드리니 휘저어 주시고, 재배치해 주시고, 주님께서 원
하시는 모습으로 변화시켜 주옵소서. 모든 것이 영광스럽고 기적적

인 천국의 것이 되기를 바랍니다. 이 모든 것을 예수님의 능력 있는 이름으로 기도합니다. 아멘."

나는 지금 이 순간에도 여러분 안에서 물이 초자연적으로 휘저어지고 있다고 믿는다. 여러분이 하늘의 영광을 느낄 때, 여러분 안에서 어떤 진동이나 전류가 몸을 통과하는 듯한 느낌을 경험할 수도 있다. 그것은 파동으로 몸 위아래로 움직이거나 파장을 일으킬 수 있다. 어떤 느낌이 들어도 그저 하나님이 하시는 일에 자신을 내어 드려라. 하나님께서 지금 여러분에게 보내주시는 성령님께 순복해라. 하나님께서 여러분을 변화시키는 과정, 즉 그분의 창조적 영광이 여러분 안에 새로운 것을 탄생시키는 그 과정에 내어 드려라.

가나의 혼인 잔치는 다음의 구절로 끝이 난다.

> 예수께서 이 첫 표적을 갈릴리 가나에서 행하여 그의 영광을 나타내시매 제자들이 그를 믿으니라 (요 2:11)

하나님께서 우리를 창조적 영광의 차원으로 인도하실 때, 그분은 우리 가운데 창조적 기적을 풀어내신다. 우리는 영적 기류의 실제적인 변화를 보고, 우리 몸에서도 실제적인 변화를 느끼며, 우리 가족과 우리가 맺은 인간관계에서도 실제적 변화를 보게 된다. 또한 재정을 포함한 각각의 공급의 영역에서도 변화를 보게 된다. 영광의 주님께서 창조적 영광을 나타내실 때, 그에 대한 표적이 바로 창조적 기적을 베푸시는 것이다.

창조적 영광이여, 내 안에서 일어나라!

Part 3 창조적 영광으로 들어가기

CHAPTER
9 창조적 기적 행하기

> 큰 무리가 다리 저는 사람과 장애인과 맹인과 말 못하는 사람과 기타 여럿을 데리고 와서 예수의 발 앞에 앉히매 고쳐 주시니 (마태복음 15:30)
>
> CREATIVE GLORY

성령님의 인도를 받아 기적을 일으키는 방법에는 정답이 없다. 하나님의 능력이 여러분의 삶과 여러분 주변 사람들의 삶 속에 풀어지는 것을 보려면, 하나님께서 여러분에게 그분과 동역할 수 있는 새롭고 신나는 방법들을 보여 주시도록 허용해 드려야 한다. 하나님께서는 여러분을 통해 그분의 영광과 사랑을 나타내실 때, 독특한 방식으로 하기 원하신다는 것을 기억하라.

예수님께서 행하신 창조적 기적들

이 땅에 인간으로 오신 예수님께서 기적을 행하신 3년 동안, 매우 다양한 방법으로 성령님의 능력을 발산하셨다. 이 장에서는 그 중 몇 가지를 깊이 있게 살펴볼 것이다.

- 예수님은 빵 다섯 개와 물고기 두 마리로 수천 명의 사람을 먹이셨다. 먼저 하나님께 감사드린 후 음식을 떼어 나눠 주심으로 그 일을 행하셨다(마 14:15-21).
- 예수님은 기름 부음 받은 손으로 병자들을 안수하셨고, 그분의 손길을 통해 기적적으로 치유되었다(눅 13:10-13).
- 예수님은 병자들이 그분을 만지는 것을 허락하셨고, 기적적인 치유의 능력이 흘러나왔다(눅 8:43-48).
- 예수님은 믿음으로 물 위를 걸으셨고 베드로에게도 똑같이 하라고 권하셨다. 그리고 베드로도 물 위를 걸었다(마 14:22-33).
- 예수님은 아버지께 기도드리고 나사로에게 무덤에서 나오라고 불러내심으로 죽음에서 부활시키셨다(요 11:38-44).
- 예수님은 정결 예식용 항아리에 물을 채우라 명한 후에 혼인 잔치용 포도주를 만드셨다(요 2:1-11).
- 예수님은 흙에 침을 뱉어 진흙을 만드신 후에 소경의 눈에 발라 기적적으로 그 눈을 고치셨다(요 9:1-11).
- 예수님은 물리적 거리에 구애받지 않고 치유의 말씀을 선포하시고 그 능력으로 치유의 기적을 행하셨다(마 8:5-13).

우리는 복음서에서 창조적 기적의 많은 예를 발견할 수 있으며, 이는 성령님께서 우리를 통해 기적을 일으키고자 하시는 창의적인 다양한 방법이 있다는 것을 믿게 해준다. 우리는 우리를 보내신 그분의 일을 해야만 한다(요 9:4). 무엇보다도 예수님은 다음과 같이 말씀하셨다.

내가 진실로 진실로 너희에게 이르노니 나를 (구주로) 믿는 자는 내가 하는 일을 그도 할 것이요 또한 그보다 큰 일도 (더 광범위 하게) 하리니 이는 내가 아버지께로 감이라 (요 14:12, 확대역)

우리가 기억해야 할 가장 중요한 점은 다른 사람에게 효과가 있는 것이 항상 나에게 효과가 있는 것은 아니라는 것이다. 이것이 바로 여러분이 창조적 영광의 인도하심을 따라야 하는 중요한 이유다. 그럴 때 성과주의와 '사람들의 요구'에서 자유로워지고, 성령님 안에서 같이 흘러갈 수 있는 자유를 얻게 된다.

독특한 치유 연고

예수님은 기적을 행하실 때 성령님의 인도하심을 받아 여러 가지 특이한 방법을 사용하셨다. 이에 대한 성경의 예를 자세히 살펴보자.

예수께서 길을 가실 때에 날 때부터 맹인 된 사람을 보신지라 제자들이 물어 이르되 랍비여 이 사람이 맹인으로 난 것이 누구의 죄로 인함이니이까 자기니이까 그의 부모니이까 예수께서 대답하시되 이 사람이나 그 부모의 죄로 인한 것이 아니라 그에게서 하나님이 하시는 일을 나타내고자 하심이라 때가 아직 낮이매 나를 보내신 이의 일을 우리가 하여야 하리라 밤이 오리니 그 때는 아무도 일할 수 없느니라 내가 세상에 있는 동안에는 세상의 빛이로라 이 말씀을 하시고 땅에 침을 뱉어 진흙을 이겨 그의 눈에 바르시고 이르시되 실로암 못에 가서 씻으라 하시니 (실로암은 번역하면 보냄을 받았다는 뜻이라) 이에 가서 씻고 밝은 눈으로 왔더라 (요 9:1-7)

종교의 영의 영향을 받은 예수님의 제자들이 그 맹인과 그의 부모에게 비난의 손가락질을 하려 했다는 점이 흥미롭다. "이 사람은 왜 눈이 멀었습니까? 그 사람과 그의 부모가 무슨 잘못을 해서 그가 이런 고통을 겪는 것입니까? 그들은 어떤 죄악 된 행위나 인간관계에 연루되었나요?"라고 물은 것이다. 이에 대한 예수님의 대답은 긍휼이 넘쳤다. "그의 죄나 그의 부모의 죄 때문이 아니다… 하나님의 권능이 그로 인해 나타나기 위해 일어난 일이다." 예수님은 계속해서 아직 낮인 지금 이때 일해야 한다고 선포하셨다.

예수님 말씀의 의미는, 지금은 그 사람이 왜 맹인이 되었는지 누구를 탓하거나 논쟁하거나 손가락질할 때가 아니라는 것이다. 질병이나 기근 등 어떤 심각한 문제가 있을 때 예수님께서는 그 상황 속에서 자신의 영광을 드러내기 원하신다. 예수님은 우리가 육신의 눈으로 보면 끔찍한 상황 속에서 그분의 영광을 보기 원하신다.

예수님께서는 땅에 침을 뱉으시고 침과 흙을 섞은 다음 맹인의 눈에 기름 붓듯 바르셨다. 참으로 이상한 행동이었다. 그리고 그에게 "실로암에 가서 씻으라"고 말씀하셨다. 그의 순종의 결과는 "밝은 눈으로 왔더라!"이다. 그의 치유로 인해 동네는 크게 술렁였다.

> 이웃 사람들과 전에 그가 걸인인 것을 보았던 사람들이 이르되 이는 앉아서 구걸하던 자가 아니냐 어떤 사람은 그 사람이라 하며 어떤 사람은 아니라 그와 비슷하다 하거늘 자기 말은 내가 그라 하니 그들이 묻되 그러면 네 눈이 어떻게 떠졌느냐 대답하되 예수라 하는 그 사람이 진흙을 이겨 내 눈에 바르고 나더러 실로암에 가서 씻으라 하기에 가서 씻었더니 보게 되었노라 (요 9:8-11)

치유를 주시는 하나님의 섭리에 대한 아주 놀라운 간증이다. 나는 이 이야기를 아주 좋아한다. 왜냐하면 예수님께서 침과 흙으로 진흙을 만들어 치유 연고로 사용하시는, 아주 창의적인 방법으로 그 사람을 치유하셨기 때문이다. 예수님은 아버지로부터 그렇게 하라는 계시를 받으셨고, 그 결과는 기적이었다.

예수님은 항상 창의적인 방식으로 치유하신다. 그렇기 때문에 우리 주변에 치유를 가져오고 싶다면 창조적 영광 속으로 들어가야 한다. 때때로 우리는 너무 바쁜 나머지 성령님께서 우리에게 주시고자 하는 것들을 구하지 못하며, 그로 인해 필요하거나 원하는 천국의 것들을 받지 못한다. 그리고 다른 사람이 한 일을 모방하거나 따라 하느라 너무 바빠서 치유의 기적을 완전히 놓칠 때도 있다. 하나님께는 우리 모두를 위한 고유한 것들이 있다. 하나님께는 우리 모두를 위해 특별히 디자인하신 창조적 흐름이 있다

한 번은 하나님께서 나에게도 독특한 형태의 치유 연고를 사용하도록 인도하셨다. 몇 년 전 텍사스의 한 교회에서 며칠간의 부흥 집회를 마치고 교회 주차장으로 걸어가는데 한 중년 여성이 다가왔다. 그녀는 어떤 질병을 앓고 있었고 간절히 치유를 바라며 부흥회에 참석했었다. 그녀는 "제가 환상을 봤는데요. 목사님이 제 머리에 초자연적인 기름을 붓자, 그 순간 제가 완전히 나았어요"라고 말했다. 나는 그녀에게 기적을 바라는 큰 믿음이 있어서 매우 기뻤다. 그런데 문제는 내게는 초자연적인 기름은커녕 그녀에게 부을 기름이 없다는 것이었다. 나는 차 앞에 서서 부탁을 들어줄 수 없다고 말하려 하는데, 내 마음에 성령님의 음성이 들렸다. 나는 하나님의 지시에 깜짝 놀랐다. 나는 그런 생각을 한 번도 한 적이 없었다. 성령님께서 "차의 보닛을 들어올리고, 엔진 오일을 체크하는 막대기로 기름을 찍어서 그녀의 머리에 바르라"고 말씀하셨다.

나는 '고대인들이 올리브기름을 기름 붓는 데 사용했다면 현대인들이 동일한 목적으로 엔진 오일을 사용하지 못할 이유가 없지. 하나님께서 엔진 오일에 축복하기 원하면 하시는 거지'라고 생각했다. 그 지시는 독특하고 창의적이지만, 성령님께서 종종 우리를 통해 그러한 방식으로 기적을 일으키신다. 성령님께서는 우리 마음속

에 특별한 감동을 직접 넣어 주시기도 한다.

친구 데비 켄드릭(Debbie Kendrick)은 이런 조언을 해주었다. "하나님께서 우리를 인도하실 수 있는 가장 높은 차원의 방법은 갈망이야. 그분은 영광 안에서 그분의 마음에 있는 갈망을 우리의 마음으로 옮기시거든. 그리고 우리는 우리의 마음을 신뢰할 수 있어. 왜냐하면 우리의 마음은 이미 죄 사함을 받았고 연단받았기 때문이지." 창조적 영광의 차원에서 여러분의 갈망이 여러분을 인도하도록 하라.

창조적 영광의 지시에 따라 엔진 오일을 머리에 발랐을 때, 기적적인 결과를 목격하였다. 그 평범한 엔진 오일이 하나님께서 위대한 일을 하실 수 있는 초자연적인 매개체가 된 것이다. 그녀가 환상에서 본 것처럼 하나님께서 초자연적인 능력을 불어넣으신 기름을 그녀에게 발랐을 때, 그녀의 육신에 완전한 치유가 임했다. 모든 영광을 하나님께 돌린다.

창의적 기적을 행하는 기법들

예수님께서 성령님의 이끄심에 따라 사용하신 창의적 기법 몇 가지를 더 살펴보자. 요한복음 11장에서 예수님은 친구인 나사로를 무덤에서 불러내기 위해 목소리를 사용하셨다.

예수께서 이르시되 돌을 옮겨 놓으라 하시니 그 죽은 자의 누이 마르다가 이르되 주여 죽은 지가 나흘이 되었으매 벌써 냄새가 나나이다 예수께서 이르시되 내 말이 네가 믿으면 하나님의 영광을 보리라 하지 아니하였느냐 하시니 돌을 옮겨 놓으니 예수께서 눈을 들어 우러러 보시고 이르시되 아버지여 내 말을 들으신 것을 감사하나이다 항상 내 말을 들으시는 줄을 내가 알았나이다 그러나 이 말씀 하옵는 것은 둘러선 무리를 위함이니 곧 아버지께서 나를 보내신 것을 그들로 믿게 하려 함이니이다 이 말씀을 하시고 큰 소리로 나사로야 나오라 부르시니 죽은 자가 수족을 베로 동인 채로 나오는데 그 얼굴은 수건에 싸였더라 예수께서 이르시되 풀어 놓아 다니게 하라 하시니라 (요 11:39-44)

예수님은 무덤으로 들어가 나사로를 직접 손으로 끌어내시지 않았다. 예수님은 그저 친구의 이름을 부르셨고, 나사로의 죽은 시체는 살아났다. 나사로는 무덤에서 살아서 걸어 나오므로 예수님의 부름에 응답하였다.

또 다른 경우, 예수님은 어떤 사람 안에 있는 귀신 무리에게 나오라고 명령하셨다. 예수님은 거기서 멈추지 않고 그 거칠고 악한 영들을 돼지 떼 속으로 들어가게 하셨고, 돼지 떼는 즉시 산비탈을 내려가 바다에 빠져 죽었다. 악한 영들의 억압에 얼마나 멋지고 공의로운 결말을 선사하셨는가!(눅 8:26-36)

누가복음 17장에서 예수님은 열 명의 나병 환자에게 제사장에게 가서 보이라고 말씀하심으로 그들을 치유하셨다. (제사장에게 보여 검사받는 것은 나병에서 완전히 깨끗해지기 위한 율법의 요구 사항이었다(레 14:1-32).) 하나님의 아들로서 예수님은 다른 병든 자들에게 하셨던 것처럼 그들에게 다가가 기름 부음 받은 손으로 직접 만져서 치유하실 수도 있었다(마 8:1-4, 눅 4:40). 하지만 예수님은 하늘의 흐름, 창조적 영광의 흐름을 타시기로 선택하시고, 성령님께서 주신 구체적인 지시를 그들에게 주고 순종하라고 하셨다(눅 17:11-19).

예수님께서는 본인이 하고 싶은 아무 일이나 하신 것이 아님을 우리는 반드시 기억해야 한다. 예수님께서는 다음과 같이 선포하셨다.

> 그러므로 예수께서 그들에게 이르시되 내가 진실로 진실로 너희에게 이르노니 아들이 아버지께서 하시는 일을 보지 않고는 아무 것도 스스로 할 수 없나니 아버지께서 행하시는 그것을 아들도 그와 같이 행하느니라 (요 5:19)

여러분과 내가 창조적 영광의 차원으로 들어가려면 우리도 의지적으로 천국 안을 들여다보고 그곳에서 아버지께서 하시는 일들을 보아야 한다.

창의적 기도

우리는 성령님의 인도를 받는 기도가 다른 사람들에게 하나님의 치유와 기적을 가져다주는 필수적 역할을 한다는 것을 알고 있다. 그리고 하나님께서는 우리의 중보 기도에도 창조적 영광을 사용하기 원하신다. 오래전 자넷과 나는 창조적 영광의 인도를 받고 전 세계 사람들을 위해 기도하는 새로운 방법을 발견했다. 우리는 각 나라의 지도 위에서 성령의 춤을 추며 하나님을 위해 그 나라들이 하나님의 것임을 주장했다. 침실에서, 교회 강대상에서 우리가 어디에 있든 간에 하나님께 열방을 달라고 기도했고, 그분은 그 나라들을 우리에게 주셨다. 우리는 그 지역들이 하나님의 구원하심을 배우고, 또 받을 수 있다고 믿으며 이 놀라운 계시를 특정 지역들을 위해 실행하기 시작했다. 한번은 거실 바닥에 캘리포니아 지도를 펼쳐놓고 그 위에서 춤을 추었다. 그 당시 뉴스를 통해 극심한 가뭄에 대한 보도를 접하였고, 여러 사람이 우리에게 그 상황을 위해 기도해 달라고 요청했기 때문이다. 가장 위대한 중보 기도는 매우 창의적인 방법으로 이루어지며, 하나님의 영이 우리를 인도하시도록 우리가 허용해 드릴 때 일어난다. 우리는 지도 위에서 춤을 추면서 비를 노래하고, 비가 내릴 것을 예언했으며, 영의 차원에서는 이미 빗속에서 춤을 추고 있었다. 며칠 후 캘리포니아에 비가 내리기 시작했다. 하나님은 창조적 영광을 통해 우리의 기도에 초자연적인 응답을 주신다. 하나님께서는 창조적 영광을 통해 우리의 기도에 초자연적으로 응답해 주신다.

여러분의 배우자, 형제자매, 자녀, 손자·손녀, 직장 동료 또는 하나님께서 여러분의 마음과 생각에 감동을 주시는 모든 이를 위해 이 같은 기도를 할 수 있다. 여러분이 사랑하는 사람이나 도움이 필요한 사람들의 사진을 예배와 중보 기도 장소로 가져오라. 그 사진들을 하나님 앞에 올려 드리거나 그 위에서 춤을 추라. 하나님께서는 우리를 위해 큰 기적을 행하기 원하시고, 그러한 하늘의 갈망을 이 땅에 풀어내기 위해서는 영적인 사람들이 필요하다. 이것이 바로 창조적 영광의 역사하심이다.

> **하늘의 갈망을 이 땅에 풀어내기 위해서는 영적인 사람들이 필요하다.**

여러분의 가족이 얼마나 오랫동안 하나님으로부터 달아났는지, 얼마나 완악했는지에 더 이상 집중하지 마라. 그들을 향한 하나님의 뜻이 영광 가운데 이루어질 것을 믿고, 그들을 향한 하나님의 약속을 선포하라. 그러면 변화가 일어날 것이다. 하나님께서는 우리에게 창조적 영광을 통해 우리의 어려움에 대한 그분의 독특한 해법들을 제시해 주신다.

창의적 예배

창조적 영광을 통한 치유는 주변 사람들뿐만 아니라 우리 자신에게도 가능하다는 사실을 잊지 말자. 그리고 많은 경우 창조적 영광의 차원은 우리의 믿음 충만한 예배를 통해서도 열린다. 몇 년 전 대만에서 사역하는 중에 매우 특별한 일이 일어났다. 나는 대만에서 몇 년 동안 '영광 학교의 프로그램' 활용법을 가르치기로 했다. 이 집회에는 대만 전역은 물론 홍콩, 싱가포르, 중국 본토 등 여러 나라의 목회자들이 참석했다. 그해의 영광 학교에는 수천 명의 성도를 대표하는 400여 명의 지도자가 참석했는데 그중 어떤 목회자들은 수백 개의 교회를 감독하고 있었다. 그들과 함께할 수 있어서 큰 영광이었고 매우 기대가 되었다.

긴 비행 끝에 대만에 도착한 나는 집회 주최 측의 배려로 가장 아름답고 호화로운 호텔 중 하나인 그랜드 호텔에 묵을 수 있었다. 그 호텔은 정말이지 '그랜드(웅장한)' 했다. 로비는 미식축구 경기장 크기만 했으며 화려한 가구들, 대리석 바닥, 멋지고 거대한 붉은 기둥, 아주 큰 꽃 장식 등으로 아주 고급스럽게 꾸며져 있었다. 내가 묵은 스위트룸 또한 아주 인상적이었으며 머물기에 좋은 곳이었다.

나는 그 도시에 모인 하나님의 백성에게 전할 메시지로 인해 매우 들떠 있었다. 집회 시간이 되어서 나갈 준비를 하는데 갑자기 내 오른쪽 다리가 움직이지 않았다. 다리는 완전히 뻣뻣하게 굳었고 고관절과 무릎이 고정된 것 같았다. 이런 적이 한 번도 없었고 무엇 때문인지 그 원인조차 알 수 없었다. 어떻게 해도 굳은 다리가 풀리지 않았다.

로비에서 목사님 한 분이 나를 기다리고 있었고, 이제 집회 장소로 가야 했다. 어떻게 하면 좋을까? 대만은 아시아 투어 5개국 중 첫 나라였다. 오른쪽 다리를 움직일 수 없는데 어떻게 그 많은 사역을 소화할 수 있을까? 나는 "예수님, 제발 도와주세요"라고 기도했다.

　나는 성경책을 집어 들었다. 그리고 다리를 끌며 천천히 긴 복도를 지나 승강기를 타고 로비로 내려갔다. 마중 나온 목사님을 만나기 위해 그 광활한 공간을 가로지르는 동안 나는 제대로 걸을 수 없다는 사실을 숨기려고 노력했다. 무슨 일이 있었는지, 왜 그런지를 어떻게 설명해야 할지 몰랐기 때문에 내 모습을 보여 주고 싶지 않았다.

　마침내 호텔 정문에 도착해 목사님을 만나고 대기 중인 차에 다리를 절며 올라탔다. 나는 조용히 기도했다.

　"주님, 저는 이 강당에 와본 적도 없고, 자리가 어떻게 배치되었는지 모르지만 주님은 아십니다. 계단을 오를 필요 없는 곳에서, 제자리와 최대한 가까운 곳에서 설교할 수 있게 해주세요."

　집회 장소에 도착한 나는 거대한 강당 안으로 힘겹게 걸어갔다. 강단을 보자마자 내 심장이 내려앉았다. 이제껏 본 무대 중 가장 높았기 때문이다. 나는 설교할 시간이 되면 그 높은 계단을 모두 올라가야 했다. 어떻게 올라가야 할지 감이 오지 않았다.

　나는 찬양할 때 일어나서 엉덩이를 움직여 보고 무릎도 굽혀 보았지만, 여전히 경직되어 있었다. '어떻게 하면 사람들에게 이 심각한 문제를 보이지 않고 강단에 올라갈 수 있을까?' 생각하고 또 생각한 끝에 한 아이디어가 떠올랐다. 내 차례가 되자 목사님이 내 앞에서 마이크를 건네주었고, 나는 청중을 향해 "하늘을 향해 손을 들고, 눈을 감고, 주님께 경배합시다"라고 말했다. 모두가 눈을 감고 있을 때 다리를 당긴 후 질질 끌고 계단을 올라 단상 중앙까지 갔다. 저녁 내내 그 자리에서 한 번도 움직이지 않고 설교했다. 그날 밤 하나님께서는 다른 사람들에게는 많은 기적을 베푸셨지만, 정작 나는 말을 듣지 않는 다리 때문에 고통스러웠다.

나는 사람들이 "캐서린 쿨만은 놀라운 기적의 치유 사역자인데, 왜 정작 본인은 질병의 고통을 겪어야 했을까?"라고 말하는 것을 들었다. 치유는 우리 자신의 공로 때문이 아니라는 것을 나는 알고 있다. 치유는 갈보리 십자가에서 예수 그리스도께서 마치신 사역 때문에 우리에게 임하는 것이다. 예수님은 우리가 치유받을 수 있도록 채찍에 맞으셨다. 우리의 삶에서 매일 하나님의 치유를 누리며 살 수 있는 것은 우리에게 달려 있다. 우리가 한 어떤 행위 때문에 그러한 특권을 받는 것이 아니다. 모든 것은 주님 때문이다.

그렇다면 나는 왜 그날 저녁에 고통받아야 했을까? 그날 나에게 일어난 일에 대해 온전히 이해할 수는 없지만, 이는 명백한 원수의 직접적인 공격이었다. 나는 진리에 집중하기로 했다. 바로 하나님께서는 항상 우리를 치유하기 갈망하신다는 것이다. 하나님은 우리를 치유하기 원하신다. 이것이 여러분이 어떤 일을 겪든 가장 먼저 기억해야 할 중요한 진리다.

만약 내가 그 상황에서 굳은 다리에 집중했다면 절망이나 의심에 빠져들었을 것이다. 하지만 진리에 집중할 때 나에게 필요한 치유를 얻을 수 있다는 것을 알고 있었다. 내 상황은 바뀌어야 했다.

하나님의 치유에 대한 약속과 일치하도록 말이다.

> **우리의 삶에서 매일 하나님의 치유를 누리며
> 살 수 있는 것은 우리에게 달려 있다.**

나는 원수에게 매우 화가 났다. 다리가 완전히 굳은 채로 아시아 5개국에서 사역할 수 없다는 것을 다시 한 번 깨달았다. 나의 육체적 건강과 전쟁을 벌이고 있는 사탄의 임무에 좌절한 채 앉아 있을 때 주님께서 영으로 말씀하셨다. 그날 밤 주님께서 하신 말씀은 오래전에 나에게 해주셨던 말씀을 상기시켜 주었다. "조슈아, 매일이 새로운 날이면 새 노래가 임하고, 새 노래가 임할 때마다 새로운 영광의 차원이 임한단다."

그래서 나는 '그래, 이 상황에서 새로운 노래를 부르면 되잖아' 하고 생각했다. 늦은 밤이었지만 갑자기 아주 가볍고 경쾌한 곡이 내 영혼을 진동시켰다. 천국의 주파수, 영광의 파장이 느껴졌다. 나는 그 소리를 듣고 흥얼거리기 시작했다. 그것은 멜로디가 되었다. 나는 그 멜로디로 무엇을 해야 할지 깨달았다. 바울은 다음과 같이 말했다.

> 그러면 어떻게 할까 내가 영으로 기도하고 또 마음으로 기도하며 내가 영으로 찬송하고 또 마음으로 찬송하리라 (고전 14:15)

이 하늘의 노래를 이해하려면 먼저 방언으로 기도하고 노래해야 한다. 나는 그렇게 했다. 나는 방언으로 하나님께서 내 마음속에 넣어 주신 멜로디를 부르면서 다리를 끌며 방을 돌아다녔다. 억지로 다리를 움직였다. 다리의 치유를 원한다면 다리가 하는 일을 해야 하며, 다리가 하는 일은 걷는 것이다. 내 다리는 걷기 위해 만들어졌기 때문에, 하나님께서 나에게 주기 원하시는 치유를 실현하려면 믿음으로 기적을 행해야 했다. 그래서 나는 방언 찬양을 하면서 다리에 모든 방향으로 움직일 것을 선포하며, 다리를 끌고 방안을 돌아다녔다.

> **여러분의 상황에 대한 하나님의 진리를 믿고 그 진리 안으로 나아가라!**

원수는 여러 가지 방법을 동원하여 여러분이 치유받지 못하도록 막으려 할 것이다. 그는 하나님께서 여러분을 위해 예비한 최고의 것들을 여러분이 받는 것을 원하지 않는다. 그러니 그의 거짓말을 믿지 마라. 그의 저주에 동의하지 마라. 대신 하늘의 축복에 동의하라. 여러분의 상황에 대한 하나님의 진리를 믿고 그 진리 안으로 나아가라. 성경은 우리에게 이렇게 말한다.

세례 요한의 때부터 지금까지 천국은 침노를 당하나니 침노하는 자는 빼앗느니라 (마 11:12)

어떤 기적은 '강권적'으로 이루어진다. 창조적 영광은 그러한 기적들을 담대하게 받을 힘과 용기를 가져다준다. 나는 믿음으로 굳건히 서서 하나님의 말씀을 붙잡고 "이것은 내 영역이고 내 영토다. 하나님의 창조적 영광이 나에게 치유를 이미 주셨다"라고 담대하게 선포했다.

원수는 절대 페어플레이하지 않는다. 그는 거짓의 아비이며 아주 끔찍하게 폭력적이다(요 8:44). 그는 우리를 아주 악랄하게 공격하며 상상할 수 있는 모든 속임수를 사용한다. 그렇기 때문에 우리는 우리의 믿음을 총동원해서 그를 대적해야 한다.

방언으로 찬양하는 중에 내가 이해할 수 있는 언어로 새 노래가 들려오기 시작했다.

하나님의 영광이 내 안에서 일하고 있네. 내 안에서 일하고 있네.
하나님의 영광이 내 안에서 일하고 있네. 내 안에서 일하고 있네.
내가 이 믿음의 길을 걸을 때,
내가 내딛는 발걸음 발걸음마다,
하나님의 영광이 내 안에서 일하고 있네. 내 안에서 일하고 있네.

그러더니 갑자기 영광이 강타하듯 임하면서 무릎과 고관절이 풀리며 자유롭게 되었다. 나는 춤추고 걸으면서 계속해서 찬양했다.

하나님의 영광이 내 안에서 일하고 있네. 내 안에서 일하고 있네.

하나님의 영광이 내 안에서 일하고 있네. 내 안에서 일하고 있네.

내가 이 믿음의 길을 걸을 때,

내가 내딛는 발걸음 발걸음마다,

하나님의 영광이 내 안에서 일하고 있네. 내 안에서 일하고 있네.

하나님의 영광이 여러분 영혼에 임할 때, 그분은 새로운 노래를 주실 것이고, 여러분은 한밤중에도 그 노래를 부르며 잠에서 깨어날 것이다. 그 노래는 한동안 계속해서 여러분을 따라다닐 것이고, 하루 종일 그 노래가 생각날 것이다. 여러분이 영광에 들어가고 영광도 여러분 안에 들어오면 그 흐름을 타라. 성령님의 노래를 부르며 잠들고 그 노래를 부르며 깨어나라. 그분이 영광 가운데서 여러분에게 주시는 것은 그것이 무엇이든 여러분을 위한 것이다.

하나님의 창조적 영광은 영광의 차원에서 나오는 영적인 노래를 통해 나에게 절실히 필요했던 치유를 가져다주었다. 때때로 우리는 치유가 임하는 중에 노래하고 춤추며 하나님께 찬양해야 한다. 우리와 우리 가족의 필요를 해결해 주실 것을 믿으며 영광 안에서 행해야 한다. 우리는 "주님, 주님의 창조적 영광이 임하여 기적이 풀어지고, 주님의 능력이 부어지게 하소서. 주님의 창조적 영광이 임하게 하소서"라고 기도할 수 있다. "우리의 길을 인도해 주시고 주님께서 인도하시는 곳으로 나아가게 하소서. 우리의 모든 발걸음이 주님 영과 정렬되게 해주소서"라고 기도할 수 있다.

하나님께서 부르신 아시아 사역 여정에서 다리를 사용하는 것은 매우 중요한 일이었다. 마찬가지로 여러분의 다리와 발도 주님을 위한 현재와 미래의 사역에 매우 중요하다. 하나님께 그분의 영광을 위해 여러분의 다리를 치유하도록 내어 드려라. 성경은 "아름답도다 좋은 소식을 전하는 자들의 발이여!"라고 말한다(롬 10:15, 사 52:7). 여러분은 영적인 걸음을 걷는 사람이 되어야 하며, 하나님께서는 여러분이 밟는 모든 곳을 그분의 영광과 여러분의 유익을 위해 주실 것이다. 오늘 여러분의 아름다운 발이 창조적 영광으로 축복받아 발과 다리의 모든 문제가 치유되어 영광스러운 미래를 현실화할 수 있기를 기도한다.

오늘 여러분의 발을 움직여 보라. 주님 앞에서 춤을 추고 성령님의 창조적인 흐름 속에서 그분의 치유 영광이 여러분에게 임하게 하라. 치유는 영광 가운데 임한다. 한번 그렇게 해보고 하나님이 여러분을 위해 어떤 일을 행하셨는지 확인해 보라. 그분에게 있어서 여러분의 상황은 결코 어려운 일이 아니다. 그분께는 불가능한 일이 없다. 바로 오늘 그분의 약속을 믿고 그 약속대로 행하라. 그럴 때 하나님의 영광이 여러분의 손과 발에 임할 것이다.

우리는 그저 그분으로부터 무엇을 얻을 수 있는지 보기 위해 전능하신 하나님께 나아오는 것이 아니다. 우리는 그분이 하나님이시기에 나아와 높여 드리고, 찬양하며, 예배하는 것이다. 그럼에도 불구하고 여러분이 그분의 임재에 들어가면, 결코 왔을 때와 같은 상태로 떠날 수는 없다. 전능하신 하나님의 임재 안에 있으면 창조적 영광의 차원, 즉 공급의 차원, 치유의 차원, 기적의 차원을 접하게 된다. 그곳에는 항상 새로운 것이 여러분을 위해 예비되어 있다.

하나님의 임재 안에서 창조적 영광의 차원을 접하게 된다.

하나님의 창조적 지시 듣기

창조적 기적을 위해서는 예수님께서 하신 것처럼 먼저 아버지의 음성을 듣고 그분의 지시에 따라야 한다. 그리고 그분이 우리에게 말씀하실 때 깨닫는 법을 배워야 한다. 성령님께서는 이와 같은 진리를 예상치 못한 방식으로 보여 주셨다. 언젠가 나는 입 뒤쪽 부위가 아파서 고생하고 있었다. 물론 하나님께서 곧 낫게 해줄 것을 믿었지만, 통증이 심해져서 치과 예약을 잡을 수밖에 없었다.

나를 진찰하고 엑스레이를 찍은 후 치과의사는 이같이 말했. "사랑니가 밖으로 나오지 않고 안에 있네요. 흔한 일이긴 하지만 사랑니를 발치해야 하고 회복하는 데 며칠 걸릴 겁니다."

나는 며칠의 회복 기간이 필요하다는 점이 마음에 들지 않았다. 사역 일정이 꽉 차 있었기 때문이다.

"언제 발치할 수 있을지 잘 모르겠네요. 일정이 꽉 차 있거든요."

"빠를수록 좋습니다. 되도록 빨리 예약을 잡으세요. 이대로 두면 꽤 심각해질 수 있습니다."

집에 돌아와서도 통증은 계속되었고 점점 더 심해져서 다음 주말에 예정된 집회를 취소해야 했다. 나는 다른 사역자가 그 집회에서 사역할 수 있도록 조처했다.

나는 치과에 전화해서 수술 일정을 잡았고 치과에서 매우 구체적인 지침을 주었다. "수술 전날 자정 이후에는 아무것도 드시지 마세요. 하지만 사막 기후 때문에 탈수 증상이 나타날 수 있으니 물은 많이 드세요."

나는 시키는 대로 했다. 수술 전날 자정 이후 아무것도 먹지 않았고 다음 날 아침도 먹지 않았다. 물을 많이 마시라는 말을 기억하고 사무실에 있는 물까지 모두 마셨다. 하지만 부족한 듯해서 작은 생수 한 상자를 사서 모두 마셨다.

수술을 받으러 갈 때 나는 수분이 매우 충만한 상태라는 느낌이 들었고, 좋은 징조라고 생각했다. 수술받을 준비가 충분히 된 것 같았다.

치과 직원이 "자정 이후 아무것도 안 드셨죠?"라고 물었다.

"네, 아무것도 안 먹었어요"라고 대답했다.

"그리고 아무것도 마시지도 않았죠?"라고 물었다.

깜짝 놀란 나는 "네? 물을 엄청 많이 마셨어요. 물은 마시라고 하신 줄 알았는데요."

"안 돼요! 수술 전에는 절대 마시면 안 돼요."

"어쩌지요. 마셨는데요."

"마지막으로 마신 게 언제였어요?"

"10분 전쯤이요."

"음, 그러면 괜찮을 거예요. 얼마나 마셨나요?"

"물 한 박스를 다 마셨어요. 열두 병 정도 마신 것 같아요."

뒤쪽 방에서 우리의 대화를 듣고 있던 치과 의사가 바퀴 달린 의자를 타고 복도로 나왔다. 그는 복도 맞은편에서 이쪽을 바라보고 "수술 못 하겠네요"라고 말했다.

치과 직원은 화를 내며 "제가 물 마시지 말라고 했잖아요"라고 말했다.

나는 "하지만 여긴 사막이니 탈수 증상이 나타나면 안 된다며 물을 많이 마시라고 아주 구체적으로 말씀하셨잖아요"라고 대답했다.

"제가 그렇게 말할 리 없어요"라고 그녀가 주장했다.

나는 더 이상 말하지 않았지만 속으로 '난 분명히 당신이 그렇게 말한 것을 들었어요'라고 생각했다.

그때 나는 예수님께서는 아버지께서 하시는 것을 본 대로 행하셨고 아버지께서 하신 말씀을 들은 대로 말씀하셨다고 하신 것을 기억했다. 어쩌면 나는 그 직원의 말을 들었다고 생각했지만, 사실은 하나님의 말씀을 듣고 있었던 것일지도 모른다.

때때로 사람들은 내가 예배 중에 한 어떤 말이 그들에게 정말 필요한 말이었다고 말한다. 어떤 말씀이었는지 물으면, 내가 하지 않은 말을 해준다. 나는 그들이 하나님께 직접 들었다고 믿는다.

하나님께서는 계시의 순간에 개입하셔서 우리가 특별히 들어야 할 어떤 말씀을 들려주실 때가 있다. 그때 우리는 사람의 말을 듣는다고 생각하지만 실제로는 하나님의 말씀을 듣는 것이다. 이런 특별한 방식으로 주님의 말씀을 듣고 순종할 때, 우리는 하나님의 초자연적인 차원으로 들어가게 된다. 내 경우에는 그것이 하나님 치유의 차원이었다.

물을 너무 많이 마신 탓에 수술은 취소되고 며칠 뒤로 다시 잡혔다. 그런데 그날 오후 집에 돌아왔을 때는 통증이 상당히 줄어든 상태였다. 나는 물을 많이 마시는 것만으로도 통증이 호전되었다면 더 많이 마셔야겠다고 생각했다. 다음 날 아침에는 입안에 통증이 전혀 없었다. 그리고 그다음 날에도 통증이 없었다.

나는 치과에 전화해서 "수술을 취소할게요. 지금은 전혀 아프지 않거든요"라고 말했다.

"그래도 사랑니는 당신을 계속 괴롭힐 겁니다. 꼭 치료받으셔야 해요"라고 말했다.

13년 전의 일이다. 그때부터 지금까지 전혀 통증이 없으며, 사랑니도 여전히 있다. 하나님께서는 창조적 치유를 행하셨고 나는 모든 영광을 그분께 돌린다. 심지어 취소한 집회 일정의 반은 참석할 수 있었다.

성령님의 창조적 흐름 속에서
그분의 치유 영광이 여러분에게 임하게 하라!

치아가 아플 때 물을 열두 병 마시라는 것이 아니다. 나에게는 효과가 있었지만, 여러분에게는 효과가 없을 수 있다. 핵심은 하나님의 창조적 지시에 귀를 기울이고, 창조적 영광이 여러분에게 임하여 그때 필요한 것을 보여 주시도록 하라는 것이다.

때때로 하나님은 우리에게 그 사람이 실제로 한 말 대신, 우리가 들어야 할 말을 듣게 하신다. 이것이 창조적 영광이 작동하는 방식이다. 창조적 영광은 우리가 치유자이신 예수 그리스도와 연결되는 데 필요한 초자연적인 도구를 준다. 창조적 영광은 씨앗이며, 온전하게 됨은 그 씨앗이 자라서 맺은 열매다.

창조적 영광이여, 내 안에서 일어나라!

CHAPTER
10 | **창조적 연결**

> 위의(천국의) 것을 생각하고 (세속적이고 일시적 가치밖에 없는) 땅의 것을 생각하지 말라
> (골로새서 3:2, 확대역)

CREATIVE GLORY

최근에 나는 영의 차원에서 내가 '창조적 영광의 허브(hub)'라고 부르는 특별한 장소에 대한 환상을 보았다. 하나님께서 그분의 뜻을 위해 창의적인 사람들을 모으실 때, 그들이 어떻게 영적으로 연결되는지를 시각적으로 보여 주는 환상이었다. 각 영광의 허브는 회전하는 커다란 바퀴와 튜브처럼 보이는 다양한 바큇살 그리고 가운데에 심장 박동이 뛰는 것 같은 핵이 있었다(마치 에스겔서 1장 15-21절의 에스겔의 환상에 나오는 바퀴 속의 바퀴와도 같았다). 중앙의 핵은 믿음으로 이루어졌는데 바로 창의적인 사람들이 모이는 곳이기 때문에 하나님의 신성한 에너지로 가득 차 있었다. 이 허브는 다양한 능력이 있는 남녀노소와 모든 인종의 사람이 완전히 포용되고 연결되어서 주

님 안에서 하나로 연합해서 유기적으로 동역하였다.

다양한 바큇살은 시각 예술, 음악, 발명, 사회운동, 행위 예술, 디자인, 소셜 미디어, 출판, 엔지니어링 등 창의성을 세상에 발산할 수 있는 다양한 수단을 상징하며, 각각의 고유한 표현의 통로들을 가지고 있었다. 강력한 힘이 이 튜브로 된 바큇살들을 통해 마치 기름처럼 흐르며 바깥쪽 바퀴로 이동하고 있었다. 이 흐름은 마치 전기가 흐르는 것 같이 시너지 효과를 일으켰다. 바깥쪽 바퀴가 빙글빙글 돌면서 다양한 창의적인 표현들로 충전되는 동안 바퀴 전체에서 초자연적인 번개가 방출되며 주변 대기에 영향을 미쳤다. 이는 영광이 나타나는 모습이었다. 그리고 이 바퀴들은 앞으로 나아가고 있었다. 마치 에스겔이 본 바퀴들이 움직인 이유를 "이는 생물의 영이 그 바퀴들 가운데에 있음이니라"고 말한 것처럼 말이다(겔 1:20).

바퀴 중심에 있는 핵은 창의적인 사람들이 함께 모이는 곳이기 때문에 연합으로 가득 차 있었다. 에스겔이 묘사한 생물들의 모습에서 볼 수 있듯이 성령으로 충만한 예술인들은 하나님의 본성을 그대로 지니고 있다. 즉 우리가 인류에게 주어진 창조적 기름 부음으로 행할 때 우리는 사자처럼 담대하고 용맹하며, 소처럼 겸손하고 하나님의 뜻을 위해 기꺼이 섬기며, 독수리처럼 강한 분별력과 선지자적 통찰력을 지닌다(겔 1:5-10).

환상 속에서 바퀴들은 움직이고 있었고, 바퀴들이 가는 곳마다 영광이 큰 능력으로 나타났다. 이 바퀴들은 여러 지역과 영토를 가로질러 움직였고 영광이 가진 영향력을 나르고 있었다. 바퀴의 바깥쪽 테두리에서 번쩍이면, 다른 핵에 불이 붙고, 그 핵에서 바큇살들이 자라나 바깥쪽 테두리를 다시 형성하는 식으로 바퀴가 다른 바퀴들을 만들고 있었다.

나는 하나님께서 이 땅에 창조적인 거점을 세우기 위해 그분의 백성을 움직인다고 믿는다. 이러한 허브들은 창의적인 사람들이 모여 자기 재능이나 은사를 기여함으로 다양한 형태의 창의적인 방법으로 주님을 예배하며, 서로가 서로를 육성하는 장소다. 이러한 연결은 하나님의 계획이 발전되고 세상으로 흘러나가 더 큰 영광을 드러낼 수 있는 공간을 제공할 것이다. 그리고 그렇게 드러난 하나님의 능력은 다른 사람들에게도 창의성을 임파테이션 하게 될 것이다.

연합하는 영광과 창조적 영광

이러한 창조적 영광의 허브들이 존재하고 하나님 나라를 위해 영향력을 발휘하려면 성령 안에서 믿는 사람들이 연합해야 한다. 예수님께서는 죽으시고 부활하기 직전에 아버지께 다음과 같이 기도하셨다.

내게 주신 영광을 내가 그들에게 주었사오니 이는 우리가 하나가 된 것 같이 그들도 하나가 되게 하려 함이니이다 곧 내가 그들 안에 있고 아버지께서 내 안에 계시어 그들로 온전함을 이루어 하나가 되게 하려 함은 아버지께서 나를 보내신 것과 또 나를 사랑하심 같이 그들도 사랑하신 것을 세상으로 알게 하려 함이로소이다 (요 17:22-23)

이는 주님께서 우리에게 주신 매우 중요한 말씀이다. 예수님은 모든 믿는 자를 위해 기도하시면서 자신이 아버지와 하나이신 것처럼 우리도 서로 하나 되기를 원한다고 말씀하셨다. 이를 이루기 위해 우리에게 아버지의 영광을 주신 것이다. 그리스도의 몸 안에서의 연합은 그분이 우리에게 주시는 영광 안에서만 이루어질 수 있다. 그러므로 오늘날 우리에게 필요한 것은 창조적 영광을 이끌어내는 연합하는 영광이다. 나는 창조적 영광이 우리에게 연합하는 영광을 받을 수 있도록 인도한다고 믿는다. 이것은 양방향으로 작동하기 때문이다.

나는 성령의 능력으로 행하는 다른 사역자들과 연결되는 것을 매우 좋아한다. 그러한 연결 속에서 기름 부음은 서로 융합된다. 창조적 영광은 우리를 하나로 모으고 각자의 은사를 하나님의 더 큰 목적과 연결하기 위해 임한다.

우리의 모든 창의적인 시도는 궁극적으로는 아버지 하나님, 아들 예수님, 성령님과 우리와의 관계에서부터 시작되는 공동체적인 맥락에서 이루어진다. 성령님께서는 아들을 통해, 아버지의 이름으로 우리에게 천국의 혁신적인 아이디어들을 가져다주신다. 우리 안에서 일하시는 성령님께서는, 우리를 통해 창의적인 일들을 흘려보내시며, 그로 인해 그것을 필요로 하는 사람들이 혜택을 받게 된다.

이러한 일들은 우리가 다른 사람들과 협업할 때 일어난다.

혼자서 창의력을 발휘할 수도 있지만, 이는 창의적인 활동의 전체 과정 중 어느 한 부분일 뿐이다. 예를 들어 예술가들은 자기 작품이 대중의 관심을 받기 위해서는 다른 사람들의 도움이 필요하다. 시나리오 작가에게는 시나리오에 생명을 불어넣기 위해 프로듀서, 감독, 배우 등이 필요한 것처럼 말이다. 우리가 어떤 노력을 하든 그 노력이 성공적이고 최고의 결과를 내기 위해서는 어떤 식으로든 다른 사람들의 도움이 필요하다. 내가 창작의 과정에서 배운 것이 있다면 바로 창의성은 또 다른 창의성을 촉발한다는 것이다.

신성한 연합

창조적 영광은 연합하는 영광으로부터 자연스럽게 발전한다는 것을 기억하라. 고인이 된 루스 워드 헤플린은 이 중요한 주제에 대해 그녀의 저서 《연합하는 영광*Unifying Glory*》에서 다음과 같이 말한다.

연합하는 영광이란 무엇인가?

- 형제와 형제 사이의 신성한 결합을 가져오는 영광의 손길이다.
- 하나님 가족의 다양한 구성원이 기적적으로 연합하는 것이다.
- "그들도 다 하나가 되게 하옵소서"라고 하신 예수님의 기도에 대한 응답

이다.[7)]

《연합하는 영광》은 루스 헤플린이 20여 년 전 영원한 상급을 받으려 소천하기 전에 쓴 책 중 하나다. 그녀는 하나님의 영광에 관한 선두 주자였고, 오늘날 우리 사역의 많은 부분이 그녀의 믿음과 가르침을 통해 우리에게 임파테이션 되었기 때문에 나는 그녀를 매우 존경한다. 나는 루스 헤플린을 개인적으로 만난 적도, 그녀의 집회에 참석한 적도 없다. 하지만 그녀가 쓴 책들을 통해 지울 수 없는 기름 부음을 전수해 주었다.

십 대 시절, 영광 차원의 영적인 실재를 처음 알았을 때, 하나님께서는 방언으로 노래하고, 새 노래를 부르고, 영광 안에서 행하는 것들에 대해 가르쳐 주셨다. 루스 헤플린의 첫 번째 책 《영광: 천상의 대기 경험하기 Glory: Experiencing the Atmosphere of Heaven》는 하나님께서 나에게 가르쳐 주시는 것을 이해하는 데 큰 도움이 되었다. 나는 《부흥의 영광 Revival Glory》과 《영광의 강 River Glory》도 읽었다. 그리고 이십 대 때는 《황금빛 영광 Golden Glory》, 《추수의 영광 Harvest Glory》, 《연합하는 영광 Unifying Glory》, 《계시의 영광 Revelation Glory》을 읽었다.

하나님께서는 이 책들과 다른 자료들을 사용해서 영적인 진리를 깨닫도록 도와주셨다. 나는 책을 통한 영적 전이의 능력에 대해 의심할 여지가 없을 정도로 그 책들 하나하나에서 실로 엄청난 임파테이션을 받았다. 이것은 직접적인 신체 접촉뿐만 아니라 글, 음반, 미술 작품 등 그 사람의 작업을 통해서도 그 사람의 삶에 있는 기름 부음이 다른 이들에게 전달될 수 있음을 말해 준다. 그 책들이 나에게 준 임파테이션은 영광의 차원에 관한 나만의 책을 쓰도록 영감을 주었고 전 세계 사람들도 나의 책들을 통해 임파테이션 받을 수 있음을 믿게 해주었다.

> 창조적 영광은 우리를 하나로 모으고 각자의 은사를 하나님의 더 큰 목적과 연결하기 위해 임한다.

다양함 속의 하나 됨

연합하는 영광은 아주 강력한 영적 실재다. 나는 요한복음 17장의 이 구절을 아주 좋아한다. 나는 예수님이 아버지와 하나이셨고, 지금도 하나이시며, 우리 또한 아버지와 다른 믿는 자들과 하나가 되기를 원하신다는 진리를 사랑한다. "이는 우리가 하나가 된 것 같이 그들도 하나가 되게 하려 함이니이다… 그들로 온전함을 이루어 하나가 되게 하려 함은…"(요 17:22-23). 예수님께서는 이러한 하나 됨을 중요하게 여기셨다. 그러므로 우리도 중요하게 생각해야 한다. 믿는 자들의 연합은 복음이 성공적으로 전파되게 하고 그리스도의 구원하심을 아는 지식에 이르게 한다.

예수님께서는 계속해서 (우리가 마침내 그분이 원하시는 연합을 이루면)

"아버지께서 나를 보내신 것과 또 나를 사랑하심 같이 그들도 사랑하신 것을 세상으로 알게 하려 함이로소이다"라고 말씀하신다(23절). 이러한 연합이 이루어지기 전에는 세상이 이 진리를 알지 못한다는 의미다.

하나님의 자녀인 우리는 그리스도 안에서 하나. 연합이란 거창하거나 환상적인 아이디어가 아니다. 예수님께서도 이를 위해 기도하셨으며, 이러한 생각 자체가 하나님의 마음속에서 탄생한 것이다. 그렇기에 이 연합은 반드시 실현될 수밖에 없다.

루스 헤플린이 말처럼 연합하는 영광은 "형제들을 하나님의 뜻대로 연합하게 하는 영광의 손길이다. 하나님 가족의 다양한 구성원들이 기적적으로 연합되는 것이다. 이는 '그들 모두가 하나가 되게 해주십시오'라고 하신 예수님의 기도에 대한 응답인 것이다.[8] 오늘날 우리는 이 중요한 진리를 충분히 강조하지 않는다.

그리스도의 몸인 우리는 어떻게든 상처받은 세상에 본보기가 되어야 한다. 세상은 그 어느 때보다 일어나 빛을 발하고, 연합하고, 하나 됨의 모범이 절실히 필요하다. 교회가 먼저 치유되지 않으면서 어떻게 세상이 치유되기를 기대할 수 있을까? 교회가 분열되어 있는데 어떻게 세상이 하나 되기를 기대할 수 있을까? 교회가 세상에 모범이 되어야 하며, 오직 예수님만이 우리를 하나 되게 하실 수 있다.

예수님께서는 "화평하게 하는 자는 복이 있나니 그들이 하나님의 아들이라 일컬음을 받을 것임이요"라고 말씀하셨다(마 5:9). 그리스도인들은 종종 여러 이슈와 교리, 전통에 관한 입장 차이로 분열하지만, 하나님은 그분의 백성 사이에서 평화를 추구하는 사람들을 사랑하신다. 우리를 분열시키는 것들에 초점을 맞추는 대신 연합시키는 것에 초점을 맞추고, 이와 관련하여 우리가 무엇을 해야 할지 성령님께 가르쳐 달라고 기도해야 한다.

우리는 믿는 자들이 이런저런 문제들에 대해 말하는 그들의 입장을 듣는다. 그들의 주장은 단호하고, 그들의 생각과 신념만이 올바르다고 믿는다. 이러한 접근은 그리스도의 몸에 전반적인 해를 끼친다. 우리가 취해야 할 첫 번째 단계는 예수님으로 시작해서 예수님으로 끝나는, 기독교의 긍정적인 면들을 강조하는 것이다. 우리가 예수님께 집중하고 하나 되기를 바라는 그분의 마음에 집중한다면, 우리는 전 세계에 큰 변화를 일으킬 수 있다. 하나님은 한 분이시니 우리도 하나가 되어야 한다. 여기에 이견은 있을 수 없다.

안타깝게도 오늘날 교회 내에 경쟁심이 너무도 많다. 특히 예배팀이나 창의적인 사람들 사이에서 그렇다. 이 문제는 오늘날 생겨난 것이 아니다. 아주 오래전 하늘에서부터 시작된 딜레마다. 한때 하나님의 천사장 중 한 명이었던 루시퍼는 자신이 하나님보다 더 아름다워질 수 있다고 믿었으며 교만해져서 스스로를 높였다(사 14:12-14). 그 결과 순수한 천사에서 타락한 천사가 되어 하나님께 반역하였고 다른 천사들까지 부추겼다(계 12:3-4). 하나님과 그분의 신성한 능력을 바라보지 않고 우리 자신과 인간의 능력을 바라보면 자기 영광을 추구하는 구렁텅이에 빠지게 된다. 이는 모든 문제의 길을 여는 마귀의 문이다.

하나님의 자녀인 우리는 그리스도 안에서 하나다!

여러분은 무슨 맛인가?

한 번은 어떤 그리스도인이 나에게 "당신은 무슨 맛 그리스도인인가요?"라고 물었다. 나는 사람들이 왜 이런 질문을 하는지 잘 안다. 그리스도인들 사이에는 부인할 수 없는 교파적·신학적 차이가 있고, 어떤 교리적 이슈들에 대해 내가 어떤 입장인지 알고 싶은 것이다.

하지만 예수님께서는 연합을 꿈꾸셨고 우리는 분명 연합할 수 있다. 그리고 우리가 연합을 꿈꾼다면 함께 노력할 수 있다.

간단한 예를 들면, 나에게는 특별히 좋아하는 특정한 맛의 음식이 있다. 다섯 식구인 우리 가족의 입맛은 다양하고 각자 다른 음식을 선호한다. 그렇다고 해서 우리가 서로 사랑하지 않거나 삶의 크고 중요한 문제에 대해 동의하지 않는다는 의미는 아니다. 과연 누가 한 가지 맛이 다른 맛보다 더 우월하다고 말할 수 있겠는가? 나는 피자에 햄과 파인애플이 들어가는 것을 좋아하고, 자넷은 페퍼로니, 피망, 버섯이 들어간 '트리플 크라운' 맛을 좋아하며 우리 아이들도 각자의 취향이 있다. 하지만 우리는 모두 피자를 좋아한다.

마찬가지로 기독교에도 다양한 '토핑', 즉 교단들이 존재하지만 모든 그리스도인의 예수님을 향한 사랑은 동일하다. 놀라운 현실은 현재 미국에는 200개 이상의 기독교 교단이 있고 전 세계적으로는 45,000개 이상의 기독교 교단이 있다.⁹⁾ 심지어 이 숫자는 어떤 교단에도 소속되지 않은 교회들은 포함되어 있지 않다. 만왕의 왕이시며 만주의 주이신 예수님을 공통분모로 삼는다면 연합은 가능하다. 무엇보다 인간에게는 불가능해 보이는 일도 하나님께는 가능하기 때문이다(막 10:27).

함께하는 것이 더 좋다. 함께할 때 우리는 복을 받는다. 이것이 바로 창조적 영광의 열매다.

능력을 위한 연합

우리는 우리가 집중하는 것에 힘을 실어주게 된다. 분열에 집중하면 분열에 힘을 실어주어 더 많은 벽을 만들게 된다. 우리는 새로운 벽을 만드는 것이 아니라 벽을 허무는 것에 최선을 다해야 한다. 하나님은 성경 말씀과 성령님을 통해 우리의 말에 생명과 죽음의 권세가 있다고 가르치신다(잠 18:21). 우리의 말과 행동에는 우리의 현실을 만들어 내고 영적 분위기를 바꿀 수 있는 능력이 있다. 그러므로 우리는 연합을 일으키는 사람이 되어야 한다.

우리는 반드시 연합해야 하며, 연합을 선포해야 한다. 그러기 위해서는 덜 중요하거나 비본질적인 문제들에 관해서는 우리의 방식만이 유일한 길이라고 선언하는 것을 멈춰야 한다. 그러한 문제들은 하나님께서 해결하시도록 맡겨 드리자. 그리스도인인 우리를 하나 되게 하는 것, 즉 예수님과 이 땅에 하나님의 왕국 건설을 추구하고 선포하는 데 우리의 마음을 모아야 한다.

비록 하나님의 백성이 물리적으로는 전 세계에 흩어져 있지만, 우리는 생각과 영으로 하나 되어 하나님 나라의 발전을 위해 가장 중요한 영향력을 발휘해야 한다. 하나님께서도 이러한 연합을 위해 그분의 역할을 하신다. 그러므로 우리도 우리의 역할을 해야 한다. 연합된 교회는 아주 강력한 교회가 될 것이다.

전 세계적인 연결

하나님께서는 역사 속에서 매우 독특하고 강력한 방법으로 하나님의 백성을 하나로 모으셨다. 오늘날도 마찬가지다. 코로나19 팬데믹 때 출근하거나 멀리 여행 갈 수 없어서 집에서 지내야 했다. 많은 지역에서 교회 예배가 허용되지 않거나 제한되는 바람에 성경에서 명하는 실제적인 모임조차 가질 수 없었다(스 3:1, 느 8:1, 마 18:20, 행 14:27, 히 10:25). 하지만 정부가 교회와 공공장소에서 여러 사람이 모이는 것을 금지했음에도 불구하고 하나님께서는 믿는 자들이 '모일 수 있는' 다른 길을 열어 주셨다. 그중 하나가 소셜 미디어들과 팟캐스트를 통해 온라인으로 예배, 성경 공부, 기도 모임 등을 하는 것이었다. 수백만 명의 그리스도인이 이러한 공간들을 통해 소통했다.

수많은 사람이 이전 같으면 결코 만날 수 없는 믿는 자들과 간증을 나누고 건강한 인간관계들을 만들었다. 주님은 그분의 백성이 하나님과 연결되고, 같은 지역, 같은 국가를 넘어 전 세계의 믿는 자들과 연결될 수 있는 창의적인 해법을 주셨다.

그리고 하나님께서는 이 일을 나에게도 행해 주셨다. 전국적 봉쇄 기간에 하나님의 백성을 지속적으로 만날 수 있는 방법을 찾아야 한다는 도전을 받았다. 나는 20년 동안 미국 전역과 세계를 여행하며 사역하였다. 그런데 갑자기 여행이 제한되고, 더 이상 할 수 없게 되었다. 그렇게 힘든 몇 주를 보내던 어느 날, 자넷과 나는 다음 주일에 '미국 국가 기도의 날' 행사가 열린다는 소식을 들었다. 우리는 이 어려운 시기에 우리의 사역을 알고 있는 사람들에게 소셜 미디어를 통해 기도 지원과 격려를 전해야겠다고 생각했다.

우리는 미디어를 잘 알지도 못했고 수준 높은 방송 프로그램을 만들 수 있는 기술적 노하우도 없었다. 하지만 휴대전화와 태블릿을 켜고 소셜 미디어를 통해 라이브 방송하는 방법은 알고 있었다. 반응은 아주 뜨거웠다! 새로운 방식으로 사람들을 격려하고 섬기는 것은 축복이었다. 그래서 우리는 화요일 밤에 다시 진행하기로 했다.

성령님과 동행하면서 우리가 배운 한 가지는 하나님께서 여러분의 일을 축복하시면, 더 많이 하라는 것이다. 화요일 밤 모임에 하나님 영광의 손길이 임했고, 우리는 매주 이런 방식으로 모임을 계속하면서 페이스북과 유튜브를 통해 라이브 방송을 했다. 우리는 이 시간을 '영광의 성경 공부'라고 불렀다. 매주 갖는 온라인 모임을 통해 같은 생각을 가진 믿는 자들로 구성된 영광의 공동체가 형성되기 시작했다. 전 세계의 사람들로 이루어진 이 멋진 커뮤니티를 하나로 모은 것은 전적으로 하나님이시다. 자넷이나 내가 아니다. 우리가 미처 알기도 전에 하나님께서는 이미 이 아이디어를 구상하셨다. 우리는 그저 그분의 지시를 따랐을 뿐이고, 그분의 성령의 바람에 이끌렸을 뿐이다.

이 기간에 나는 독일 슈투트가르트에 있는 게오르그 칼(Georg Karl) 목사와 함께 인터넷으로 사역할 수 있는 특권을 누렸다. 팬데믹 초기에 "목사님의 사역은 좀 어떠신가요?"라고 물었다. 나는 그의 대답에 놀라지 않을 수 없었다.

하나님께서 이곳 슈투트가르트의 글로리 라이프 센터(Glory Life Center)에서 하시는 일들은 정말 놀랍습니다. 비록 강당에서 예배드리지는 못하지만, 저는 기적 사역 예배를 생방송합니다. 예배 중에 시청하는 이들에게 교회로 전화하라고 권합니다, 우리 교인들은 그들이 있는 장소에서 전화 응대를 합니다. 대부분이 한 번도 교회에 온 적이 없는 사람들입니다. 하나님께서는 인터넷을 통해 그들을 교회로 인도하고 있습니다. 그리고 전화하는 사람 중 상당수는 오순절 교회나 은사주의 집회에 한 번도 참석한 적이 없거나 이 계열의 기독교에 대해서 전혀 모르는 사람들입니다. 하지만 그들은 방송을 통해 기쁨으로 하나님의 만지심을 받으며, 함께 모이고 있습니다.

그렇다. 하나님의 연합하는 영광은 지금 이 순간에 이 땅에서 역사하고 있다. 여러분은 주위를 둘러보며 "여전히 교회에는 이런저런 문제가 있고, 이런저런 분열이 있습니다"라고 말할 수 있다. 눈을 높이 들어 다시 주위를 둘러보라. 천국을 바라보고, 예수님을 바라보고, 그리스도 몸의 연합을 위한 그분의 기도에 동참하라.

서로 도와주고 지지하기

역대하에서 우리는 다윗이 성전 건축에 관하여 아들 솔로몬을 어떻게 격려했는지 볼 수 있다.

> 또 장인이 네게 많이 있나니 곧 석수와 목수와 온갖 일에 익숙한 모든 사람이니라 금과 은과 놋과 철이 무수하니 너는 일어나 일하라 여호와께서 너와 함께 계실지로다 하니라 (대상 22:15-16)

고대 이스라엘 사람들은 하나님을 위한 성전을 건축하고자 했고, 성전 건축을 돕기 위해 많은 일꾼이 부름을 받았다. 이 이야기는 21세기를 살아가는 우리와 어떤 상관이 있을까? 먼저 (여러분과 나를 포함한) 하나님의 백성 가운데에는 재능과 능력, 은사를 가진 일꾼, 즉 창의성이 풍부한 일꾼들이 아주 많이 있다. 이러한 창의성은 타고나는 것만이 아니다. 기술은 배울 수 있고, 타고난 재능도 더 계발하고 성장할 수 있다. 믿는 우리는 우리의 삶을 통해 흐르는 모든 좋은 것은 성령님에게서 온다는 사실을 알아야 한다. 하나님께서는 여러분이 하는 모든 일을 성공적으로 해낼 수 있도록 하늘의 기술, 하늘의 재능, 하늘의 능력들을 주기 원하신다.

> 우리의 삶을 통해 흐르는
> 모든 좋은 것은 성령님으로부터 임한다.

창조적 영광으로 가득 찬 교회

성전 건축을 도운 다양한 일꾼을 생각하면 매우 놀랍다. 이 특별한 프로젝트에 참여한 사람들은 '기꺼이' 일한 것으로 묘사되어 있다(대상 28:21). 그리고 이스라엘 백성의 지도자들은 성전 건축을 위해 아낌없이 헌금을 드렸다(대상 29:1-20). 나는 성전의 일꾼들이 각자의 재능들을 사용해서 함께 일하는 모습을 상상해 본다. 그들은 서로 경쟁하지 않았을 것이고, 누가 최고인지, 누가 가장 많은 관심을 받는지 확인하지 않았을 것이다. 그들은 각자 맡은 일은 주님께 하듯 했을 것이다. 그들에게는 각각의 구체적인 부르심과 임무가 있었고, 자신의 부르심에 응하여 최선을 다해 임무를 완수했으며, 주님은 그들과 함께 일하셨다. 그 결과 성전은 잘 지어졌으며 제때 완성되었다.

우리는 다른 사람을 비판하는데 에너지를 낭비해서는 안 된다. 교회에서 이런 일이 있는 것을 보면 슬퍼진다. 주님을 모르는 사람들이 비판하거나 불평하는 것은 이해할 수 있다. 하지만 믿는 자들, 심지어 목회자들까지 그러는 것을 보면 그들의 동기가 무엇인지 의구심이 든다. 다른 사람을 깎아 내려서 얻는 기회가 무슨 가치가 있을까? 다른 사람의 사역보다 자기 사역을 높이려는 것은 의로운 행위가 아니다. 지금은 서로 경쟁할 때가 아니다. 우리는 다음 성경 말씀의 진리를 깨달아야 한다. "스스로 분쟁하는 나라마다 황폐하여 질 것이요 스스로 분쟁하는 동네나 집마다 서지 못하리라"(마 12:25). 우리는 끊임없는 분열을 일으키는 대신 다른 믿는 자들에게 먼저 손을 내밀어 맞잡고 하나님의 백성을 하나 되게 해야 한다. 그리스도의 몸은 성령님 안에서 반드시 하나가 되어야만 한다. 그러면 하나님께서 우리 안에, 우리를 통해 그분의 뜻을 이루실 것이다.

창조적 영광은 초자연적인 방법으로 하나님의 백성을 하나 되게 한다. 특히 요즘처럼 어려운 시기에 다양한 사역자가 손을 맞잡는 모습을 보거나 이 같은 소식을 들으면 나는 큰 은혜를 받는다. 그들은 서로에게 "나는 당신을 돕고 싶습니다. 당신을 높여 드리고 싶습니다. 우리 도시, 우리 지역, 우리나라에서 하나님 나라의 목적을 위해 함께 일합시다"라고 말하는 것이다.

최근에 바바라 루이스 버클리(Barbara Louise Buchli)의 '위대한 귀환'이라는 아름다운 그림을 엽서 크기로 인쇄한 작품을 선물받았다. 이 그림에서 영광의 주님은 만왕의 왕으로 왕관과 위엄 있는 예복을 입고, 천군 천사들에 둘러싸여 백마를 타셨으며, 지상으로 재림하시기 위해 구름 속에서 내려오고 있었다.

바바라는 예수님이 나타나 이 말씀을 하시는 예언적 환상을 본 후 이 작품을 그렸다. "나의 모든 영광으로 나를 그려라. 내가 곧 돌아올 것이다. 내 백성은 여전히 십자가에 달린 나를 바라보고 있다. 하지만 너는 나를 지금 보았으니 있는 그대로 그려라. 나는 곧 돌아올 것이다. 그런데 내 백성은 아직 준비되어 있지 않다."

성령님은 바바라에게 예수님의 현재 모습을 그리라는 긴급한 메시지를 전하셨다. 많은 사람이 여전히 십자가에 매달려 고통당하고, 지치고 매 맞은, 원수의 영에 패배한 것 같은 육신을 가진 그리스도를 떠올리는 것이 사실이다. 하지만 이 이야기의 가장 위대한 대목을 보려면 하늘을 향해 눈을 들어야 한다. 예수님은 죄와 무덤을 이기고 부활하셨다. 창조적 영광은 우리의 눈을 열어 영적인 차원에서 지금 무슨 일이 일어나고 있는지 볼 수 있게 한다. 이처럼 우리는 예술이나 여러 다른 창의적인 방법을 통해 하나님의 현재 메시지를 공유하고 전파할 수 있는 특권을 부여받았다. 우리는 창조적 영광이 이 시대에 하나님의 백성에게 더 큰 비전을 가져다줄 것을 기대해야 한다.

예수님의 예언적 메시지의 핵심은 "내가 곧 돌아올 것이다"이다. 예수님이 다시 오실 때는 사소한 문제들로 분열되거나 서로를 미워하는 삶을 사는 사람들을 위해 오시는 것이 아니다. 예수님은 아름답고 은혜로운 교회, 창조적 영광으로 가득 찬 교회를 위해 다시 오시는 것이다. 우리가 연합할 때 교회는 훨씬 더 아름다워질 것이다. 그리스도 몸의 모든 부분이 각자 맡은 자리에서 함께 결합해야 한다.

창조적 영광은 믿는 자들에게 천국의 하나 됨 안에서 하나가 되어 흐르게 한다. 우리 주변의 모든 것이 무너지는 것처럼 보이는 격동의 시기에 하나님께서는 그리스도의 몸이 하나 되어 그분의 선하심과 권능 그리고 예수님만이 주실 수 있는 구원을 보여 주는 기사와 이적이 되기를 원하신다.

주님은 우리를 위해 그분의 계획을 실행하시며, 모든 장애물을 제거하시며, 오직 그분만이 이루실 수 있는 것을 이루고 계신다. 주님은 모든 방해, 분열, 경건하지 못한 태도들을 제거하심으로 영광스러운 교회를 만들고 계신다. 에스겔서 37장 1-14절에 나오는 유명한 장면처럼 하나님께서 골짜기에서 마른 뼈들을 연결하신 것과 동일한 방법으로 우리를 창조적 영광 안에서 하나로 모으고 계신다.

그 마른 뼈들을 보시며 성령님은 에스겔에게 "이 뼈들이 능히 살 수 있겠느냐?"라는 도전이 되는 질문을 하셨다(3절). 그리고 성령님께서 말씀하시자 갑자기 뼈들이 덜거덕거리는 소리를 냈다. 성령님께서는 이 뼈들을 하나로 모이게 하셨을 뿐만 아니라 힘줄과 살을 붙여 주셨다. 그리고 생명을 불어넣으셨다. 메마르고 빛바랜 뼈들은 살아 있는 몸이 되었고, 하나님의 군대가 되었다.

오늘날 하나님의 창조적 영광은 그리스도의 몸이 본래의 아름다운 신부로 일어날 수 있도록 모든 조각을 하나로 모으고 있다. 예수님은 티나 주름이 없는 신부를 위해 다시 오실 것이다(엡 5:27). 그리고 신부로 준비시키는 일은 오직 하나님만이 하실 수 있다.

창조적 영광이여, 내 안에서 일어나라!

CHAPTER
11 창의성의 부어짐

> 내가 너를 모태에 짓기 전에 너를 알았고 네가 배에서 나오기 전에 너를 성별하였고 너를 여러 나라의 선지자로 세웠노라 하시기로 (예레미야 1:5)
>
> CREATIVE GLORY

하나님께서는 창조적 영광을 여러분의 삶을 통해 풀어내기 원하신다. 여러분은 받을 준비가 되었는가? 아니면 아직도 과거의 실수, 실패, 실망들로 인해 하나님께서 여러분을 사용하실 수 없다고 생각하는가?

나는 종종 하나님께서 주시는 것을 받을 만한 자격이 없다고 생각한 나머지 주저하는 사람들을 본다. 여러분 또한 삶에서 많은 어려움과 좌절을 경험하지만, 하나님께서는 여러분에게 그분의 영광을 불어넣기 원하신다.

자신이 부족하다는 생각을 버려라

여러분이 태어나기 전부터 하나님께서는 여러분 존재의 모든 부분, 즉 영·혼·육을 세심하게 뜨개질하듯 지으셨다. 그분은 특별한 목적을 위해 여러분을 만드신 것이다. 그 목적은 바로 하나님의 인도하심을 받는 모든 곳에서 여러분의 특별한 기름 부음을 전하는 것이다. 여러분이 경험한 많은 저항, 견뎌낸 고난, 통과해야 했던 고통은 여러분의 삶에 대한 하나님의 부르심을 막기 위해 원수가 계획한 임무들이다. 하지만 하나님의 은혜로 여러분은 여전히 살아 있다. 여러분의 삶은 좋은 일과 나쁜 일 모두를 통해 그분의 신실하심을 보여 주는 살아 있는 간증이다.

여러분은 폭풍우를 이겨냈고 여러분의 평강을 무너뜨리려는 파도 위로 올라섰다. 이제 여러분은 원수가 해하려고 했던 바로 그 영역들을 취해 어둠에 대항하는 빛의 무기로 사용하라는 부르심을 받았다. 하나님께서는 삶의 가장 큰 어려움을 극복할 수 있도록 창조적 영광을 주셨다. 성령님께 삶을 제사로 드리는 법을 배울 때 여러분의 고통은 강력한 영적 무기가 된다.

자신이 평범하다는 생각을 버려라

어떤 사람들은 자신이 무가치한 존재라고 생각하지는 않지만,

삶을 통해 뭔가 특별한 일을 하도록 지음 받았다고도 생각하지 않는다. 만약 이것이 여러분의 관점이라면, 여러분이 지금까지 교육받은 평범한 사고방식에서 벗어나 창조적인 자아, 즉 하나님이 창조하신 '나'로 나아가는 데 많은 용기가 필요할 것이다. 하지만 성령님의 기름 부음은 그 발걸음을 내딛는 데 필요한 용기와 함께 임하므로 지금 바로 성령님의 기름 부음을 받아라. 주님께 두 손을 들고 잘못된 생각과 두려움의 손아귀에서 해방해 주신 주님을 찬양하라. 성령님이 주시는 생명의 자유가 여러분을 여러분답게 만들어 주는 것을 느껴 보라.

- 예수님을 통해 여러분의 삶에서 모든 수치심과 죄책감, 죄의 묶임을 제거해 주신 하나님께 감사하라.
- 예수님을 통해 새로운 시작을 주시고 충분한 믿음을 주신 하나님께 감사하라.
- 여러분을 하나님의 형상대로 창조하시고 그분의 영광을 이 땅에 비추게 하신 하나님께 감사하라.

하나님께서는 삶의 가장 큰 어려움을 극복할 수 있도록 창조적 영광을 주셨다.

지속적으로 임하는 선물

1960년대에서 80년대 사이에 성장한 사람들은 시드와 마티 크로프트(Sid and Marty Krofft) 형제의 이름을 기억할 것이다. 이들이 제작한 어린이 프로그램 〈H. R. 퍼프엔스터프Pufnstuf〉, 〈버갈루스The Bugaloos〉, 〈리즈빌Lidsville〉, 〈잃어버린 자들의 땅Land of the Lost〉은 토요일 아침의 고정 프로그램이었다. 시드는 그 세대에게 월트 디즈니 같은 존재였다. 선명한 색채와 익살스러운 프로그램들을 제작한 그의 상상력은 아주 독보적이었다.

나는 최근 예술과 창의성의 천재인 시드 크로프트와 이야기할 기회가 있었다. 캐나다 몬트리올에서 태어났지만, 로드아일랜드 프로비던스에서 자란 시드는 매우 소박한 가정에서 자랐다. 그는 나에게 이 같은 이야기를 들려주었다.

나는 모든 것을 독학으로 배웠네. 연극을 하는 집안 출신도 아니고 쇼 비즈니스에 대해 전혀 몰랐지. 그래서 나만의 작은 제국을 건설했네. 사실 인형에 대해서는 아무것도 몰랐지.

그 당시 인형극을 하는 사람들은 마술사와 같았지. 대를 잇는 도제 방식으로 전수되었거든. 인형에 줄을 다는 방법, 인형의 놀라운 동작 등은 그들만의 비밀이었지. 나는 그런 것을 전혀 몰랐다네. 모든 것을 혼자 만들었네. 나는 우리가 그런 재능을 타고난다고 확신하네.

재능을 바탕으로 시드는 소극장 공연단에서 인형극 배우로 경력을 쌓기 시작했다. 이후 그는 링글링 브라더스(Ringling Bros.), 바넘 앤 베일리 서커스(Barnum & Bailey Circus)와 함께 투어를 다녔다. 결국 주디 갈랜드(Judy Garland)가 그를 발견하였고, 그녀의 첫 번째 월드 투어 오프닝 공연을 맡게 되었다. 오랫동안 시드는 리버라치(Liberace), 프랭크 시나트라(Frank Sinatra), 앤드류 시스터즈(the Andrew Sisters) 등 유명 인사들과 투어를 하면서 하나님이 주신 많은 기회와 인연들을 경험했다. 하지만 무엇보다도 그의 삶 자체가 창의력으로 가득 차 있었다.

나는 시드에게 월트 디즈니를 만난 적이 있는지 물었고, 그는 이런 이야기를 들려주었다.

나는 토니 마틴(Tony Martin), 시드 카리스(Cyd Charisse)와 함께 투어를 하고 비벌리힐스 호텔 폴로 라운지에서 점심을 먹고 있었네. 그때 옆 테이블에 월트 디즈니가 앉아 있었는데 나는 말 그대로 얼어붙었지. 그를 처음 만났거든. 열 살 때 그에게 편지를 썼고, 그가 답장을 보내준 적은 있었네. 그때 편지로 우리집 뒷마당에서 피노키오 인형극을 할 수 있냐고 물었네. 그때가 1940년이었고 피노키오 음반이 막 나왔었거든. 그는 '그렇게 해라. 하지만 돈을 받으면 안 된다. 내가 지켜볼 거다'라는 답장을 보내왔지.

어쨌든 식당에서 월트 디즈니와 인사하게 되었지. 내 동생 마티와 함께 있었는데 월트 디즈니가 다가오더니 '아, 자네들에 대해 들은 적이 있네. 몇 가지 조언을 하면, 언젠가는 아주 가치 있을 테니 자네들이 만든 모든 창작물에 자네들의 이름을 꼭 넣게'라고 하더군. 그의 말이 맞았네.

창의적인 사람들이 모이면 창의적인 일들이 일어난다.

시드가 아흔두 번째 생일을 맞은 다음 날, 나는 그에게 일상생활 중 영감을 주는 것이 무엇인지 물었다.

"삶… 깨어나는 것! 나에게는 매일이 내 생일이네. 인생을 즐기게. 누군가에게 선물하거나 축하하기 위해 어떤 날짜를 기다리지 말게. 매일이 기념해야 할 선물이거든."

이러한 삶의 태도는 여러분의 삶에 계속해서 창의성이 흐르게 한다. 우리는 삶을 계속해서 주어지는 선물로 보는 법을 배워야 한다. 이러한 사고방식에서 훌륭한 아이디어가 나온다. 나는 시드에게 텔레비전 시리즈 제작에 대한 영감을 어디서 얻었는지 물었다.

지금은 몇 킬로만 걸어도 아드레날린이 솟구치지만, 원래 나는 달리기를 좋아했네. 달리다가 아드레날린이 솟구치면 바로 그곳에서 작품 구상을 했지. 그렇게 대부분의 프로그램을 해변에서 만들었다네. 보통 15킬로 정도 달리는데, 3킬로 정도 지나면 세상도 창조할 수 있겠구나 싶더군. 〈리즈빌〉이 바로 그 해변에서 탄생했지. 바람이 내 모자를 가져갔고, '와! 잠깐만! 이거 좋은 쇼가 되겠어. 내가 왜 모자를 쫓고 있지? 왜 모자를 향해 소리를 지르고 있지?'라고 생각했지. 나는 '돌아와'라고 말했고, 바람은 내가 가장 좋아하는 모자를 가져갔고, 그렇게 쇼가 탄생했다네.

또한 시드는 가끔 밤에 꿈꿀 때 기발한 아이디어가 떠오른다고 말했다. "나는 매일 밤 꿈을 꾼다네. 내 머릿속은 항상 돌아가고 있거든. 그래서 항상 침대 옆에 종이를 준비해 두지."

우리는 아이디어가 떠오르는 순간 포착하는 법을 배워야 한다. 떠오르는 아이디어를 기록하지 않거나 계속해서 생각하지 않으면, 그 아이디어는 빠르게 사라질 수 있다. 창조적 영광은 우리가 아이디어의 흐름을 계속 유지할 수 있도록 도와준다.

대화가 끝날 무렵 시드는 이같이 말했다. "우리 모두에게 창의력이 있네. 모두가 받았지. 다만 어떤 사람들은 사용하지 않는다네."

창조적 영광은 우리를 성장시킨다

여러분은 하나님께서 주신 창의력을 사용할 준비가 되었는가? 하나님께서 여러분과 함께 동역하라고, 혹은 여러분을 도우라고 보낸 사람들과 함께할 준비가 되었는가?

주저하지 마라. 여러분의 창의성이 부족하거나 하나님께 쓰임 받을 자격이 없다는 의심이나 선입견은 버려라. 다음의 유명한 말처럼 하기 바란다. "그러한 생각은 보내 버리고 하나님이 원하시는 일은 하나님이 하시도록 허용해 드려라."

하나님께서는 나를 창조하도록 디자인하셨고, 여러분도 마찬가지다. 전 세계에 여러분과 똑같은 사람은 없다. 모든 역사를 통틀어도 여러분과 같은 사람은 없었고 앞으로도 없을 것이다. 창조적 영광 안에서 우리는 우리가 지어진 목적에 맞는 모든 일을 자유롭게 할 수 있다. 하나님께서 여러분을 만드셨고, 그리스도께서 이루신 일을 통해 여러분의 모든 죄가 용서받았음을 기억하라. 하나님은 여러분을 받아들이셨고, 여러분을 통해 새로운 방식으로 세상에 하나님 자신을 드러내실 준비가 되셨다.

여러분의 창의성은 하나님과 그리고 다른 사람들에게 매우 중요하며, 여러분이 창의성을 다른 사람들과 나눌 때, 세상에 변화가 일어난다. 사람들의 삶을 바꿀 수도 있다. 여러분의 창의성은 받아들이는 사람들의 삶뿐만 아니라, 여러분의 전 존재도 변화시킬 수 있다. 우리는 우리의 과거를 내려놓을 때 개인적인 성장을 경험하게 되며, 창의성은 매우 건강하고 자유로운 방식으로 가능하게 한다.

여러 면에서 창의적인 표현은 "영광에서 영광으로"(고후 3:18) 나아갈 수 있게 한다. 또한 우리를 방해하는 영적·정신적·육체적 장애물을 제거하는 데도 도움이 된다. 하나님과 사람들과의 만남에 대한 노래를 쓰고, 여러분의 경험을 그림으로 표현하고, 여러분의 느낌에 맞춰 춤을 추는 등, 이 모든 표현은 우리를 자유롭게 하고 앞으로 나아가도록 도와줄 것이다. 여러분은 창조하도록 창조된 사람이기 때문에 주저할 필요가 없다. 하늘의 것들에 집중할 때, 여러분의 삶은 주님을 향한 아름다운 예배의 향기가 된다. 그러면 그분 영광의 아름다움이 이 땅에 부어지게 된다.

> 창조적 영광 안에서 우리는 우리가 지어진 목적에 맞는
> 모든 일을 자유롭게 할 수 있다.

비범한 일을 행하는 평범한 사람들

'평범한' 사람들이 그들의 창조적 행위에 성령님을 초대하면 특별한 일을 행할 수 있다. 창조적 영광은 우리의 평범함에 비범함을 가져다준다는 사실을 기억하라. 그것은 우리의 자연적인 면에 초자연적인 것을 더해 준다. 그리하여 우리의 창의성은 하늘의 영광을 초자연적으로 드러내게 된다. 전도자 윙키 프랫니(Winkie Pratney)는 "과거에 하나님께서 사용하신 사람들은 비범한 주님을 둔 평범한 자들이다"라고 말했다.[10] 이것은 진리다. 우리는 성경 전체에 기록된 하나님 백성의 삶에서 이 사실을 확인할 수 있다. 예를 들어 다음의 믿음의 영웅들을 생각해 보라. 그들은 모두 결함이 있었다.

- 아브라함과 사라는 아이를 가질 수 있는 나이가 아니었다. 하지만 아브라함은 아들을 낳을 것이라는 하나님의 약속을 믿었기 때문에 여러 민족의 조상이 되었다(창 17:3-7).
- 요셉은 형들에게 학대받았지만 고통이 자신을 정의하도록 허락하지 않았다. 그는 피해자 대신 승리자가 되는 길을 택했다. 그 결과 요셉은 궁전에서 살게 되었고 메시아가 태어날 가계를 포함한 세상을 굶주림에서 구할

수 있었다(창 37장, 39:1~47:11).

- 라합은 전쟁으로 곧 멸망할 도시에 살고 있는 기생이었다. 그녀는 믿음으로 자신을 주님과 주님의 백성에게 정렬시키기로 선택했고, 그녀와 그녀의 가족은 멸망에서 구원받았다(수 2장, 6:17, 25장, 히 11:31, 약 2:25).

- 다윗은 간음과 살인을 저질렀지만, 깊이 회개하는 마음으로 주님께 돌아왔을 때, 그의 삶을 회복시켜 주셨다(삼하 11:1~12:25, 시 51편).

- 모세는 언어 장애가 있었고 이집트인을 살해했지만, 주님께 자기 생명을 내어 드렸을 때 하나님은 그를 통해 히브리 민족을 종살이에서 해방하시고 약속의 땅으로 인도하셨다(출 4:10-17, 14:1~15:20).

- 기드온은 이스라엘 지파 중 가장 작은 지파 출신이고, 그의 가족 중에서도 가장 보잘것없는 사람이었다. 그는 두려움이 많았고 군대를 이끌 자격이 전혀 없는 사람이었다. 하지만 하나님께 순종함으로 135,000명의 노련한 병사를 물리치는 위대한 승리를 경험했다(삿 6~8:21).

- 막달라 마리아는 귀신이 들렸지만, 예수님 덕분에 자유로움을 얻고 가장 헌신적인 추종자가 되었다. 그녀는 부활한 주님을 가장 먼저 뵙는 특권을 누렸다(막 16:9-10).

- (원래 이름이 사울이었던) 바울은 초대 교회 신자들을 아주 극렬하게 박해했다. 그러나 다메섹으로 가는 길에서 부활하신 예수님을 만나고 주님께 자기 삶을 내어 드린 후, 헌신적인 예수님의 사도가 되었다. 바울은 남은 생애 동안 교회들을 세우고 신약 성경의 절반에 가까운(약 3분의 1) 분량을 기록하며 열정적으로 주님을 섬겼다(행 9:1-19, 22:3-17, 26:12-18, 고전 15:9).

- 마가 요한은 선교 여행 중에 바울과 바나바를 떠난 미성숙한 성도였다. 하

지만 바나바의 영적 격려를 통해 주님 안에서 성장한 그는 나중에 바울과 화해하고 복음 선포에 함께 헌신했다(행 13:4-14, 15:36-41, 딤후 4:10-11).

창조적 영광은 언제나 하나님의 선택된 백성이 그들의 좌절을 하나님의 뜻을 성취하는 기회로 삼을 수 있도록 도와주었다. 위에 언급된 사람들은 저마다 타고난 결점들과 하나님을 위해 위대한 일을 하는 데 결격 사유가 있었다. 하지만 그들의 이름은 성경의 신성한 페이지들에 기록되었으며, 그들의 이야기는 대대로 전해지고 있다. 그리고 우리는 삶을 하나님께 내어 드림으로 자신들의 고통과 어려움을 극복하는 법을 배운 이 믿음의 선진들을 기억한다.

이처럼 창조적 영광은 우리의 약점에도 불구하고 우리를 가르치고, 세워주고, 직면한 어려움을 뛰어넘을 수 있도록 우리에게 임한다. 창조적 영광은 우리가 나쁜 상황을 바꿀 수 있게 도와주고, 불의 연단을 통과해 순금 같이 나올 수 있게 한다(욥 23:10).

믿는 자로서 우리의 주요 임무는 어디를 가든 하나님 영광의 기류를 그곳에 전하고 그분의 빛을 발하는 것이다. 따뜻한 햇살처럼 느껴지는 사람들과는 모두가 가까이 지내고 싶어한다. 세상은 하나님의 사랑에 대해 알아야 하고, 그 사랑을 진정으로 느낄 필요가 있다. 여러분의 창조적 기름 부음은 가장 어두운 날을 비추는 빛이 되어 따뜻함과 위로, 선명한 시야를 선사할 것이다. 또한 여러분의 창의적 재능은 폭풍우 한가운데 나타나는 아름다운 무지개처럼 도움이 필요한 사람들에게 희망의 약속을 가져다줄 수 있다.

창조적 영광은 피조물인 우리가 관심받기 위해 주어지는 것이 아니라 창조주이신 하나님께 관심을 돌리기 위해 주어지는 것이다. 우리가 창조하는 것들은 그분의 영광을 위한 것이다. 이러한 관점을 염두에 둔다면, 우리는 다른 사람들과의 경쟁심이나 비교하는 마음에서 벗어날 수 있다. 우리가 할 일은 오직 하나님만을 위하는 것이다.

창조적 영광과 동역하는 법 배우기

열여섯 살 때 내 삶을 송두리째 변화시키는 성령님과의 만남을 경험했다. 나는 교회에서 자라났다. 그때까지만 해도 하나님과 예수님에 대해서는 많이 알았지만, 성령님에 대해서는 거의 알지 못했다. 첫 만남 이후 성령님은 나에게 찬양과 예배를 가르쳐 주시고 훈련시켜 주셨다. 그분은 내가 부를 노래를 주셨다. 피아노 앞에 앉으면 성령님께서 어떤 건반을 어떻게 연주해야 하는지 알려 주셨다. 나는 이런 식으로 성령님의 인도하심과 조언, 가르침을 통해 피아노를 배웠다. 훈련은 초자연적으로 빠르게 진행되었고 나는 초고속으로 배울 수 있었다.

사실 나는 피아노에 관심이 없었다. 하지만 하나님께서는 내 마음속에서 나를 이끄셨다. 요샛말로 표현하면 하늘에서 '다운로드' 받은 것이다. 3년 동안 약 600곡을 작곡하였다. 그중 어떤 곡은 음반으로 나왔지만, 대부분은 내지 않았다. 그 곡들은 성령님께서 나에게 주신 선물이다. 그때 받은 창조적 영광의 임파테이션은 나의 삶을 변화시켰다.

우리가 무언가를 창조할 때 창조적 영광의 흐름을 거스르지 않고 그 흐름을 타는 것이 중요하다. 솔로몬은 시편 127편 1절에서 다음과 같은 중요한 조언을 한다. "여호와께서 집을 세우지 아니하시면 세우는 자의 수고가 헛되며." 마치 책임감 있는 일꾼이 집을 지을 때 총책임자에게 순복하듯, 우리가 행하는 모든 창조적인 노력도 동일한 자세로 해야 한다.

예수님은 교회가 성공하고 성장하는 방법에 대해 베드로에게 말씀하시면서 다음과 같은 진리를 확인시켜 주셨다. "내가 이 반석 위에 내 교회를 세우리니 음부의 권세가 이기지 못하리라"(마 16:18). 창조적 영광이 우리 영감의 원천이 될 때, 그 어떤 반대 세력도 하나님께서 우리를 통해 이루고자 하시는 일의 진행과 완성을 막을 수 없다.

나는 사역 초기에 하나님의 부르심을 위해 회원 전용 대형 마트에서 일했다. 그 대형 마트에서 계산원, 안내요원 같은 멋진 업무도, 사무실에서 일하는 직책도 아니었다. 나는 박스 빈(box bin)에서 일했다. 그곳이 무엇을 하는 곳인지 아는가? 나도 그 일에 채용되기 전까지는 몰랐다. 박스 빈은 철제 담이 처진 공간이었고, 창고에서 온 빈 상자들로 가득 차 있었다. 내 일은 상자를 정리하고 재사용할 수 있도록 만드는 것이었다.

나는 하루 종일 박스 빈 안에 혼자 있었고 마치 감옥에 있는 것 같았다. 하지만 박스 빈 안에서도 나의 마음은 창조의 영광으로 소용돌이치기 시작했고, 성령님께서는 내가 부를 새 노래들을 주셨다. 나는 성령님이 주시는 영감을 바로 포착하지 않으면, 기억하지 못한다는 것을 잘 알고 있었다. 그래서 골판지를 찢어서 가사가 임하는 대로 적었다. 가사를 적는 데는 몇 초밖에 걸리지 않았다. 이런 식으로 내가 처한 상황 속에서 창조적 영광의 흐름을 타는 방법을 배웠다.

나는 첫 번째 예배 음반 〈폭포Waterfall〉에 박스 빈에서 만들어진 노래 중 하나를 녹음해서 넣었다. '내 마음을 드립니다I Surrender My Heart'라는 곡으로 어머니와 듀엣으로 불렀다. 초기 예배 곡 중 상당수가 이와 비슷한 방식으로 작곡되었다. 나는 창조적 영광의 흐름을 타는 법을 배울 수 있어서 너무도 기쁘다. 그리고 여러분도 창조적 영광의 흐름을 타기를 기도한다.

> 우리가 무언가를 창조할 때 창조적 영광의 흐름을 거스르지 않고
> 그 흐름을 타는 것이 중요하다.

창조적 영광에 접근하기

어떻게 하면 하나님의 창조적 영광에 온전히 접근할 수 있을

까? 다음은 접근하기 위한 다섯 가지 실제적인 방법이다.

창조적 영광과 연결되기 위한 다섯 가지 실제적인 방법

하나님의 사랑 안에서 세워지기

창의력을 마음껏 발휘하려면 내가 사랑받고 있다는 사실을 알아야 한다. 여러분이 창조주로부터 진정으로 사랑받고 소중히 여겨진다는 사실을 깨닫는 순간, 여러분의 창의적인 은사들은 꽃을 피우기 시작할 것이다. 그런 다음 믿는 자들과 서로 사랑하고 지지해 주는 인간관계를 맺으면 하나님께서 여러분에게 주신 창의성을 더욱 온전히 표현할 수 있다.

어렸을 때 나는 그림 그리기를 정말 좋아했고, 사랑하는 사람들에게 줄 그림을 그릴 때 최고의 작품들이 나왔다. 친구에게 보낼 편지에 몇 시간 동안 공들여 그림을 그리고 색칠하고 심지어 봉투에도 만화 캐릭터들을 그려 넣었다. (지금도 그 시절의 친구들을 만나면 그림 때문에 편지를 간직하고 있다고 말한다.)

모든 아이는 언제나 이런 행동을 한다. 그들은 사랑하는 엄마 아빠, 형제자매, 할머니 할아버지 또는 특별한 친구들을 위해 그림을 그리거나 작품을 만든다. 어렸을 때 사랑하는 가족이 없어서 자신을 예술적으로 표현한 적이 없을 수도 있다. 여러분의 창의력을 키워 주고 지지해 줄 가족이 없을 수도 있다. 그러한 상황들이 여러분의 창의성을 방해하게 할 필요는 없다. 나는 이런 말을 좋아한다.

"친구는 우리가 선택한 가족이다." 맞는 말이다. 과거의 인간관계들이 어떠했는지는 상관이 없다. 그리스도의 몸 안에서는 여러분은 환영받고 사랑받는 존재다. 왜냐하면 하나님께서 여러분을 창조하셨고, 그분의 자녀라고 부르시며, 그분의 가족 안에 두셨기 때문이다.

창작의 자유를 경험하는 데 있어서 한 가지 장애물은 두려움이다. 두려움은 창작하는 사람들이 극복해야 할 큰 장애물 중 하나다. "사랑 안에 두려움이 없고 온전한 사랑이 두려움을 내쫓나니"(요일 4:18)라는 성경 말씀처럼 우리는 사랑으로 두려움을 극복해야 한다. 두려움은 몇 가지 이유로 우리의 삶을 지배할 수 있다. 어쩌면 다른 사람에게 거절당하거나, 자신의 재능이 오해받거나, 사회적 통념의 틀에 '맞지 않아' 자신을 창의적으로 표현하는 것에 불안함과 두려움을 느낄 수도 있다. 이유가 무엇이든 두려움은 꿈을 마비시키고, 하나님의 사랑은 꿈을 자유롭게 한다는 사실을 깨달아야 한다. 그리고 서로 사랑하는 문화 속에서 여러분은 성장하고, 형통하고, 성공할 수 있다.

다양한 창의적 표현들에 대해 서로 이해하고, 환영받고, 사랑받는다는 느낌을 받을 수 있는 친구, 동료, 교회 공동체를 찾기를 권한다. 같은 생각을 하는 사람들을 찾는 데 시간이 걸릴 수는 있지만 포기하지 마라.

나도 사랑받는다고 느꼈을 때 매우 창의적이 될 수 있었다. 모두 그럴 것이다. 반면에 내가 무언가에 두려움을 느낄 때는 창의적인 흐름이 막히는 것을 느낀다. 두려움은 억누르고 사랑은 풀어준다. 두려움을 인지하고 정면으로 대면하는 것이 중요하다. 두려움을 억누르지 마라. 그렇게 하는 것은 오히려 두려움에 힘을 실어주고 여러분의 창의력을 제한할 뿐이다. 하나님의 도우심을 구하고 그분이 보내주시는 도우심을 찾아보라. 그분의 창조 천사들을 통해 도움이 올 수도 있다. 두려움은 여러분을 닿아 버리지만 사랑은 일깨운다는 사실을 기억하라. 하나님은 창의성의 대가이시다. 그분은 여러분과 그분이 여러분에게 주신 모든 은사로 인해 기뻐하신다.

창의성 촉발하기

양초의 불꽃은 다른 양초의 심지에 불을 붙일 수 있다. 이는 불꽃이 자연계에서 작동하는 방식이지만, 우리의 영과 감정도 동일하다. 여러분의 창의력은 여러분이 일상의 삶에서 받는 영향들에 의해 점화될 수도, 억제될 수도 있다. 매일 시간을 내서 창의적인 사람들과 그들의 작업에서 영감을 얻어라. 예를 들어 영감을 주는 지도자의 평전을 읽을 수도 있다. 어렸을 때 나는 애니메이션에 관심이 많았다. 그래서 샤무스 컬헤인(Shamus Culhane), 월트 디즈니(Walt Disney), 월터 랜츠(Walter Lantz), 척 존스(Chuck Jones) 등에 관한 책들을 많이 읽었다. 이 책들은 나만의 만화 캐릭터들을 만들고, 상상 속의 프로젝트들을 실행하도록 영감을 주었다. 그리고 성령님께서 나를 전임 사역으로 이끄실 때는, 스미스 위글스워스(Smith Wigglesworth), 존 G. 레이크(John G. Lake), 마리아 우드워드-에터(Maria

Woodworth-Etter), A. A. 앨런(A. A. Allen), 에이미 셈플 맥퍼슨(Aimee Semple McPherson) 등 위대한 부흥 사역자들에 관한 책을 읽었다. 그들의 이야기는 그들이 이루어 낸 승리 속에서 계속 나아갈 수 있도록 영감을 주었고, 그들의 실수에서도 배울 수 있게 해주었다.

창의력을 자극할 수 있는 또 다른 방법은 미술관에서 다양한 관점으로 작품들을 감상하고 상상력을 확장하는 시간을 갖는 것이다. 혹은 연극 공연이나 교향악단 콘서트를 관람하는 것도 좋다. 그리고 여러분이 거주하는 도시에서 한 번도 가보지 않은 장소들을 방문해 보라. 새로운 레스토랑에서 식사를 하거나 새로운 요리를 만들어 보고, 새로운 맛과 독특한 음식들의 조합을 실험해 보라.

우리 교회에는 제빵을 좋아하는 남자분이 있다. 그분은 뛰어난 솜씨로 빵을 굽고, 우리 가족을 위해서도 계시적 예언의 메시지를 담은 쿠키와 케이크들을 만들어 주었다. 한 번은 금빛 가루를 뿌린 '엔젤 푸드 케이크'를 만들어서 금색 접시에 내주었다. 그분이 그 케이크를 만드는 동안, 우리 가족과 우리의 사역을 위해 기도했다고 한다. 우리에게는 매우 의미 깊은 일이었고, 그분은 매우 창의적인 방법으로 우리를 축복한 것이다. 그는 재료를 선택하고 빵을 만들 때, 성령님을 초청하여 그 과정들을 인도하시도록 내어 드리는 것을 좋아한다. 영광의 차원에서 보내는 시간은 주방에서 요리하는 시간에도 영감을 준다.

그리고 관심 있는 동영상을 보고 한 번도 해보지 않은 일을 시도하는 것이다. 이 모든 것이 여러분의 창의성에 불을 지피는 실제적인 방법이다. 적어도 일주일에 한 번은 새로운 것을 시도해 보라. 만약 창의성이 좀 막혀 있었다면, 이러한 방법으로 다시 활성화될 수 있을 것이다.

창조주의 작품 감상하기

하나님의 피조물을 즐기고 그 피조물이 여러분의 삶에 활력을 불어넣도록 하라. '장미꽃 향기를 맡는' 여유를 갖는 것도 매우 중요하다. 잠시 휴식을 취하면서 자연을 즐기면 놀랍도록 상쾌하고 활력이 넘치게 된다. 정원이나 들판을 산책하든, 숲을 산책하든, 바다를 보기 위해 해안선을 여행하든, 하나님의 창조물 한가운데 있으면 여러분의 삶에 새로운 창조적 영광의 불꽃이 일어나게 된다.

최근에 나는 리버티와 레거시를 데리고 짧은 여행을 다녀왔다. 우리는 느긋한 휴양을 위해 플로리다의 북서부 지역으로 갔다. 고운 백사장을 함께 걸을 때, 바람에 의해 모래 위에 만들어진 아름다운 무늬들이 눈에 들어왔다. 나는 아이들에게 "와, 저 무늬 우리 거실 벽지로 하면 좋겠다!"라고 말했다. 그것은 모래 위에 나타난 하나님 창의성의 흔적이었다.

레거시는 해변에 널려 있는 다양한 조개껍질을 발견했다. 레거시는 갈색과 흰색이 섞인 독특한 디자인의 조개껍질을 보여 주면서 "이것도 하나님이 만드신 거예요!"라고 말했다. 나는 조개껍질 하나하나가 모두 다르며 하나님께서 그렇게 특별하게 디자인하셨다고 말해 주었다. 우리는 모든 곳에서 하나님의 손길을 발견했다. 자연속에서 시간을 보내는 것은 우리의 혼에 회복과 활력을 불어넣어 준다.

창의적인 분위기 속에 거하기

자연뿐 아니라, 다른 창의적인 분위기에도 둘러싸여 보라. 우리는 모두 서로 다르게 창조되었다. 나에게 영감을 주는 것이 꼭 여러분에게도 영감을 주는 것은 아니다. 창의력을 자극하는 요소들을 찾아보라. 하나님의 영광을 깊이 느낄 수 있는 음악, 색상, 향기에도 주목하라. 예를 들어 우리가 그저 좋아하는 음악도 있지만, 우리 몸의 모든 신경을 살아나게 하고 하나님의 임재를 강하게 느끼게 하는 음악도 있다. 영적으로 회복되는 분위기를 조성하라. 좋아하는 성경 구절을 벽에 걸거나 하나님께서 함께하심을 상기시키는 예술 작품을 책상 위에 두는 것도 좋다.

우리집은 예언적인 예술 작품, 성경을 주제로 한 조각상, 기름부음이 있는 음악, 우리에게 의미 있는 성경 구절이 적힌 액자들로 가득 차 있다. 이 모든 것이 우리에게 영감을 주고 적절한 분위기를 조성하여 창조적 영광 안에서 생산적이 되도록 도와준다.

필요한 도구 찾기

필요한 도구를 찾는다는 것은, 컴퓨터 프로그램, 휴대전화 앱, 미술용품, 악기, 사무용품 또는 공책과 같은 간단한 물건들을 구입하는 것을 의미할 수 있다. 무언가를 하도록 영감받았음에도 창의력을 표현하기 위한 적절한 도구가 없는 것보다 더 나쁜 것은 없다. 여러분에게 무엇이 필요한지는 여러분만이 알 수 있다. 어쩌면 값비싼 도구나 악기를 구입할 돈이 지금은 없을 수도 있다. 현재 가능한 것들부터 시작하고, 가지고 있는 도구들을 활용하라. 믿음을 세우고, 은사를 활용하고, 재정을 비축하면서 여러분의 창조적인 여정을 진행해 나가다 보면, 창조적인 부르심의 성취를 도와줄 좀 더 비싼 도구에 투자할 수 있게 된다.

나는 잘 나오는 펜과 두꺼운 메모지 패드를 침대 머리맡에 두는 것을 좋아한다. 한밤중에 책에 대한 아주 좋은 아이디어가 떠오르면 적기 위해서다. 영감은 붙들 준비가 되어 있지 않으면 빠르게 사라질 수도 있다. 그리고 나는 항상 키보드를 세팅해 놓는다. 새로운 곡이 떠오르면 바로 키보드 앞에 앉아 그 멜로디의 코드 구성을 찾은 뒤 휴대전화에 녹음하기 위해서다. 또한 내 공구함에는 물감, 붓, 연필, 스펀지 등 미술용품이 항상 준비되어 있다. 적절한 도구를 준비해 두면 창조적 영광이 홍수처럼 밀려올 때 그 흐름을 포착하는 데 도움이 된다.

다음은 내가 창조적 영광 안에 온전히 들어가기 위해 사용하는 몇 가지 방법이다.

좋아하고 필요한 것 창조하기

여러분이 원하는 것을 만들면, 다른 사람들도 원할 가능성이 높다. 예를 들어 다음 책을 쓰기 위해 기도할 때 나는 내가 읽고 싶은 책을 쓰도록 성령님의 인도를 받는다. 베스트셀러 《영광 안에서 전진하라 Moving in Glory Realms》를 쓴 이유도, 사람들이 영적으로 고착되어 있으며, 영적 성장을 제한하는 보이지 않는 천장을 느낀다고 말했기 때문이다. 나는 그들에게 문제 해결에 도움이 되는 책을 추천하고 싶었다. 그런데 내가 그 책을 직접 쓰게 될 줄은 꿈에도 몰랐다. 《영광 안에서 전진하라》에는 개인적 부흥을 경험하기 위한 청사진이 담겨 있다. 오늘날 이 책은 다양한 언어로 번역되었고, 전 세계 사역 지도자들과 평신도들에게 큰 도움이 되었다.

이와 비슷한 필요에 의해 《천사를 보다 Seeing Angels》도 집필했다. 나는 초자연적인 현상을 많이 경험한 어떤 할리우드 유명인에게 천사의 차원에 관해 많은 편지를 보냈다. 그는 이 주제에 관해 중요한 질문을 했고, 나는 이러한 질문에 대답할 필요가 있었다. 내가 쓴 편지들이 비단 이 사람뿐만이 아니라 다른 사람들에게도 중요하겠다는 생각이 들었고 이 책의 기초가 되었다.

최근에 이런 편지를 받았다. "목사님의 책 《천사를 보다》는 저에게 큰 영감을 주었습니다. 이 책은 제 인생에 큰 변화를 불러왔고, 저는 천사를 볼 수 있게 되었습니다." 이런 간증은 수고한 노력과 감정적 헌신에 대한 아름다운 보상이 된다.

다양한 프로젝트를 통해 생산성 높이기

나는 항상 여러 창의적인 프로젝트를 동시에 진행한다. 한 번에 두세 권의 책을 쓰거나, 하나 이상의 음악 프로젝트에 참여하고, 사역 일정과 개인적인 예술 작업을 동시에 진행한다. 나는 많은 프로젝트에 손대는 것을 좋아한다. 이러한 접근 방식 덕분에 나는 항상 창조적 영광의 흐름에 따라 움직일 수 있고, 그 흐름에 거스르지 않는다.

글에 영감이 떠오르면 앉아서 펜을 들거나 컴퓨터를 켜서 작업을 시작한다. 그림에 대한 영감이 떠오르면 미술 도구들을 집어 들고 작업을 시작한다. 새로운 곡이 임하면 키보드 앞에 앉아 연주한다. 나는 '성령님의 흐름에 따라' 자유롭게 움직일 수 있도록 내 삶의 환경을 배치하였다.

어쩌면 여러분은 '조슈아 형제는 환경이 받쳐 주겠지'라고 생각할 수도 있다. 하지만 여러분도 그렇게 할 수 있다. 중요한 것은 여러분이 어떤 자원을 가지고 있느냐가 아니라, 창조적 영광을 위해 어떤 공간을 만들 수 있느냐이다. 여러분은 영광을 위한 공간을 반드시 만들어야 하며, 이것은 어디서든 할 수 있다. 예를 들어 나는 비행기를 타고 여행하다가 글에 대한 영감이 떠오르면 휴대전화로 메모를 시작한다. 이것은 글을 쓰기에 가장 즐거운 방법도, 가장 편리한 방법도 아니지만, 순간의 영감을 포착할 수 있는 가장 쉬운 방법이다.

어떤 사람들은 다음 프로젝트로 넘어가기 전에 진행 중인 프로젝트를 끝내야만 한다고 생각한다. 사람에 따라 다르겠지만, 어떤 면에서 이런 생각은 스스로를 제한할 수 있다. 내가 어떤 틀에 갇혀 있다고 느낄 때 창의력은 떨어진다. 영광의 차원은 무한한 잠재력으로 가득 찬 넓고 광활한 차원이다.

천국에 있는 '공간'들은 결코 어떤 방들이 아닐 것이다. 나는 천국의 공간들은 하나의 공간이 다른 공간들로 이어지는, 일종의 복도 같은 것으로 생각한다. 하나의 공간을 통과한 우리의 여정은 더 큰 공간을 열어 주고, 그 공간은 계속해서 다음 공간을 열어 주는 것이다. 영원의 차원에는 끝이 존재하지 않는다.

하나님 안에서 발견할 수 있는 것은 언제나 한 가지 이상이다. 성령님께서 지금 여러분에게 치유 능력에 대해 가르치신다면, 이를 위한 공간을 마련하라. 그분이 여러분의 마음에 말씀하시는 모든 것을 메모하고 기록하라. 혹은 성령님께서 하늘의 영광에 대한 환상을 보여 주시면 연필을 들고 스케치하거나 붓을 들고 그려라.

만약 하나님의 사랑이 여러분 안에서 넘쳐흐르거나 그 사랑이 새로운 노래로 내면에서 솟구치면, 그 아름다운 멜로디를 녹음하라. 내 휴대전화에는 수백 개의 음성 녹음 파일이 있다. 나는 하늘이 주신 이 선물들을 절대 버리지 않는다. 오늘날 우리는 첨단 기술을 통해 음악, 사진, 동영상 및 창의성의 산물을 디지털로 분류하고 정리할 수 있게 되었다. 이는 큰 축복이다.

한 번에 두 개 이상의 프로젝트를 진행하면 창조적 영광이 주는 영감을 받는 데에도 도움이 될 뿐만 아니라 생산성도 높다. "조슈아, 당신은 어떻게 그 많은 책을 그렇게 빨리 쓰나요?"라는 질문을 자주 받는다. 내가 아주 빠른 속도로 글을 쓰는 것처럼 보일 수도 있지만, 사실 책의 내용을 나의 영 안에 오랫동안 품고 있다. 어떤 책은 빠르게 완성되기도 하고 또 어떤 책들은 시간이 걸리기도 한다.

몇 주 전 나는 20년 전에 시작했지만, 그동안 잊고 있었던 원고 세 개를 발견했다. 나는 우리가 하나님을 위해 살기로 선택할 때부터 낭비되는 순간은 없다고 믿는다. 어쩌면 여러분도 어떤 프로젝트를 꽤 오랫동안 작업하고 있을 수 있다. 어쩌면 그 프로젝트의 완성과 출시는 "이 때를 위하여"(에 4:14) 아껴져 왔던 것일 수도 있다. 성령님께서 인도하시는 어떤 작업은 빠르고 간결하게 완성될 수도 있다. 다시 한 번 강조하지만, 핵심은 성령님의 인도하심에 따라 창조적 영광과 함께 행하고 일하는 것이다.

하나님 안에서 발견할 수 있는 것은 언제나 한 가지 이상이다.

라이프라인 능력 활용하기

나는 창의적인 사람 중에 데드라인(deadline, 마감일)에 얽매이는 것을 좋아하는 사람을 본 적이 없다. 데드라인은 그 자체로 옥죄이고 숨 막히는 느낌이다. 하지만 프로젝트에 대한 목표와 마감일을 설정해 놓지 않으면 그 프로젝트는 영원히 끝날 수 없다는 것도 사실이다. 여러분에게도 나에게도 목표는 필요하다. 목표가 필요한 이유는 우리가 시작한 일을 끝낼 수 있도록 우리를 밀어붙이기 때문이다. 어떤 이는 데드라인이라는 말 대신 라이프라인(lifeline, 생명줄)이라는 말을 사용해야 한다고 말한다. 사실 마감일은 생명줄이다. 사전에 의하면 라이프라인은 '누군가 또는 무언가가 의존하거나, 어려운 상황에서 벗어날 수 있는 수단을 제공해 주는 것' 혹은 '인명 구조에 사용되는 밧줄이나 줄, 일반적으로 물에 빠진 사람을 구하기 위해 던지는 것, 또는 선원들이 배에 몸을 고정하기 위해 사용하는 것'[11]이라고 정의한다.

결국 라이프라인은 우리의 창의적인 배를 항구에 정박시켜 다른 이들도 볼 수 있게 한다. 창의적인 사람들인 우리는 새로운 풍경과 소리, 경험을 탐험할 수 있는 넓은 바다에서 모험을 아주 좋아한다. 하지만 언젠가는 이러한 창의적인 모험의 과정을 끝내야 한다. 모든 일에는 마무리가 있어야 한다.

책을 쓰는 나에게 가장 어려운 일 중 하나는 집필을 끝내는 것이다. 추가하고 싶고, 추가해야 할 내용이 끝없이 나온다. 초고를 출판사에 보낸 후, 책이 인쇄소로 가는 마지막 순간까지 나는 편집자에게 다시 쓴 원고, 추가된 부분, 수정된 부분들을 계속해서 보낸다. 넣고 싶은 내용이 계속해서 생각나기 때문이다.

이것이 바로 라이프라인이 필요한 이유다. 라이프라인이란 진행 중인 프로젝트에 에너지를 집중하도록 완성할 날짜, 시간, 때다. 나는 출판사에서 정해 주는 라이프라인을 최대한 미뤄보려 하고 저항하지만, 동시에 그만큼 감사한다. 왜냐하면 라이프라인 덕분에 책이 완성될 수 있고, 다른 이들도 내 책을 읽을 수 있고 그 축복을 나눠 받을 수 있기 때문이다.

구체적인 목표를 설정해야 구체적인 성공을 이룰 수 있다.

준비의 시즌

모든 사람의 삶에는 영적 준비의 시즌이 있다. 창의력의 부어짐이 다가오고 있다. 주님께서는 "영광이 다가오고 있다. 성령 안에서 장애물을 허물고 문을 열어 주는 하나님의 영광이 오고 있다. 너희가 들어갈 새로운 문들(portals)이 열리고 있다"라고 말씀하신다. 만약 여러분이 이 문으로 들어간다면, 이 문들은 여러분 안에서 빛의 광선이 되어 열릴 것이고, 그 광선은 여러분 사역의 대상인 사람들의 마음과 생각 속으로 침투할 것이다. 여러분이 서 있는 새로운 영광의 차원 안에는 새로운 기사와 새로운 이적들이 있다. 영광의 차원은 무한하다.

어쩌면 여러분은 전환의 시기를 맞이하고 있을 수도 있다. 믿음을 가져라! 주님을 사랑하는 사람들에게는 언제나 그렇듯이 모든 것이 합력하여 선을 이룬다(롬 8:28). 여러분이 과거에 알고 있던 모든 것이 미래에는 더 이상 똑같이 보이지 않을 것이다. 과거에 경험했던 것보다 더 영광스러운 미래가 여러분 앞에 펼쳐져 있기 때문이다. 어쩌면 여러분은 "하지만 과거도 아주 좋았어요"라고 말할지도 모르겠다. 그럴지라도 더 멋진 삶을 맞이할 준비를 하라.

지금 억눌리는 사람들은 이것을 기억하라. 가해지는 압력을 참아내지 않으면 더럽고 검은 석탄 덩어리가 결코 투명하고 눈부신 다이아몬드가 될 수 없다. 하나님께서는 여러분이 살아갈 수 있고 사랑할 수 있는 새로운 길을 열어 주신다. 그분의 천사들이 여러분에게 파송되고 있다. 하나님께서 여러분에게 주신 모든 부르심을 성취할 수 있도록 특별한 은사들이 주어지고 있다.

우리가 사는 이 험난한 시대에 더는 슬퍼하거나 화내지 마라. 주님 안에서 기뻐하라. 그분의 영광 안에서 즐거워하라. 하나님께서 여러분의 지금을 위해 예비하신 것은 이전에 알던 것보다 더 위대하기 때문이다. 창조적 영광의 차원 안에서 무한한 가능성을 누려라.

주님께 순복하라. 여러분의 어려움과 두려움을 그분께 올려 드려라. 여러분의 힘든 부분을 그분께 맡겨 드려라. 성경은 우리가 하나님 은혜의 보좌 앞에 나아갈 때 긍휼하심과 때를 따라 돕는 은혜를 얻는다고 말한다(히 4:16). 여러분이 느끼는 우울함, 삶의 무게, 억눌림은 주님께 드려라.

여러분이 겪고 있는 질병과 걱정, 의심을 떨쳐 버려라. 지금 당장 버려라. 여러분은 지금 하나님의 창조적 영광의 능력의 문 안에서 해방되고 있다. 여러분은 지금 자유롭게 되고 있다.

아들이 너희를 자유롭게 하면 너희가 참으로 자유로우리라 (요 8:36)

영광 안에서 자유롭게 되다

나는 영으로 원수가 여러분에게 재갈을 물리려는 것을 본다. 원수는 여러분의 찬양을 침묵시키고 여러분의 입을 막으려 한다. 하지만 주님께서는 "너는 자유롭다. 그 무엇도 너의 찬양과 간증, 네 입술에 있는 주님의 말씀에 재갈을 물릴 수 없다"고 말씀하신다. 하나님은 입술에 찬양을 명하셨다. 여러분의 입술은 그분을 찬양하기 위해 만들어진 것이며, 그분을 높이도록 창조되었다. 나는 여러분의 입에서 황금빛 멜로디가 흘러나오는 것을 본다. 이는 세상에 임할 새로운 찬양이며, 결코 멈출 수 없는 새로운 소리가 될 것이다.

여러분은 주님의 쇼파르(shofar)다. 주님은 "나의 거룩한 산에서 나팔을 불라"고 말씀하셨다(욜 2:1). 여러분의 찬양 소리가 지금 영적 기류를 바꾸고 새로운 시작, 완전히 새로운 시대를 불러일으키고 있다. 여러분의 입에는 하나님의 높은 찬양이, 여러분의 손에는 말씀의 양날의 검이 들리기를 기도한다.

같이 기도하자.

아버지, 우리 안에서 행하시는 일들을 감사합니다. 주님이 주시는 변화, 성령님의 운행하심, 지금도 우리에게 부어지는 주님의 은사들의 임파테이션 그리고 우리 위에 열어 주시고 넓혀 주시는 영적인 문들로 인해 감사합니다. 주님, 우리는 주저하지 않고 우리의 전부를 주님께 드립니다. 전능하신 예수 그리스도의 이름으로 기도합니다. 아멘.

창조적 영광이여, 내 안에서 일어나라!

창의력 임파테이션

하나님께서는 창조적 영광의 순간에 여러분이 그 길을 갈 수 있도록 재정렬하시고, 재설정하시고, 초점을 재조정하시고, 위치를 재배치하신다. 영적 기류에 변화가 일어나고 있다. 성령님 안에서 이제 여러분은 새로운 장소에 있다. 이 장소는 여러분이 이전에 있었던 곳과는 전혀 다른 더 높은 차원이다.

하나님께서 여러분에게 주신 모든 말씀은 '예'와 '아멘'이다(고후 1:20). 그분이 주신 모든 말씀은 진리다. 하나님은 거짓말을 하지 않으시며, 그분의 말씀이 여러분의 삶에 역사하고 이루어지도록 지켜봐 주신다(민 23:19). 그분의 입에서 나가는 말씀은 헛되이 그분께로 돌아가지 않으며, 보내신 뜻을 이룰 것이다(사 55:11). 여러분은 말씀의 실재와 진리, 능력과 영광에 재연결되고 있으며, 영광 가운데 나아갈 것이다.

나는 지금 성령님 안에서 갈망하며 펼쳐진 손들 위에 황금 열쇠들이 놓인 것을 본다. 이 열쇠들은 기적의 차원으로 통하는 문들을 열고, 여러분이 직면한 문제들에 대한 해결책을 제시할 것이다.

나는 성령님께서 여러분의 영에 어떤 코드를 다운로드해 주시는 것을 본다. 이것은 금고, 즉 하나님께서 여러분에게 주시는 풍성한 공급이 있는 하늘의 보물 창고를 여는 숫자임을 예언적으로 느낀다.

나는 하나님께서 여러분에게 황금 신을 주시는 것을 본다. 그 신을 신으면 성령님의 새로운 영역들을 걸을 수 있는 권한을 받게 된다.

영광의 영역에는 한계가 없고 여러분은 하늘의 것들을 볼 수 있는 새로운 시야를 받을 것이다. 하나님께서는 여러분을 통해 성취하실 하나님의 새로운 계획들과 하늘의 자원들을 보여 주기 원하신다. 그 비전들을 붙잡고 이 땅으로 당기어 성취되게 하라.

> **하나님께서는 여러분이 그 길을 갈 수 있도록 재정렬하시고, 재설정하시고, 초점을 재조정하시고, 위치를 재배치하신다.**

여러분의 손에 황금색 깃털 펜이 있는 것을 본다. 여러분은 하늘의 메시지, 즉 주님의 메시지를 필사하도록 부름 받고 있다. 여러분은 성령님으로부터 직접 임하는 새로운 방식으로 글을 쓰게 될 것이다. 새로운 방식으로 출판되고 퍼져나갈 하늘의 메시지들이 주어질 것이다.

주님께서 여러분에게 황금 열매 주는 것을 본다. 이것은 완전히 새로운 방식으로 맺게 될 성령의 열매다. 여러분은 이전과는 완전히 다른 방식으로 성령님 안에서 행하며, 성령의 열매를 먹고 소화하는 법을 배울 것이다.

여러분에게 황금빛 외투가 입혀지는 것을 본다. 이 옷은 코트보다는 기장이 바닥까지 닿는 가운에 가깝다. 여러분의 어깨에 입혀지고, 여러분을 감싸고 덮고 있다. 이는 주님의 덮으심이다. 새로운 영광의 외투가 여러분에게 임하여 주님의 부르심 속으로 걸어 들어갈 수 있게 한다.

주님께서 말씀하신다. "원수는 저항과 방해를 가져오지만, 내 영광의 영이 지금도 네 위에 있으며, 내가 너를 부르고, 기름 붓고, 임명한 일들 속으로 걸어 들어가게 될 것이다. 한계가 없는 새로운 차원, 하늘의 권세가 임하는 새로운 차원, 내가 네 위에 부어 준 새로운 영광이 네 앞에 있다. 그것을 받고 그 안에서 행하라."

나는 창조적 영광이 소용돌이치는 것을 본다. 주님께서 이같이 말씀하신다. "네가 해야 할 일은 내가 행하는 일과 연결된다. 너는 그것의 열매를 맺게 될 것이다. 창조적 영광은 내가 준 너의 몫이다. 그러므로 그 안에서 행하라."

하나님께서 여러분을 부르신 사역을 위한 새로운 기름 부음, 이전보다 더 큰 영광이 여러분에게 임했다. 그분의 영광이 여러분으로부터 빛줄기처럼 발산될 것이며, 그분이 거하는 여러분 존재의 가장 깊은 곳에서부터 뿜어져 나올 것이다.

하나님께서는 여러분에게 새로운 기회의 문들을 열고 계신다. 두려워하지 말고 그 기회들을 받아들여라. 그 기회들 속으로 들어가고, 그 기회들 속으로 뛰어들어라. 그 기회들 속으로 날아올라라. 각각의 기회는 여러분의 삶 속에 있는 창조적 영광의 새로운 공간들을 의미한다.

창조적 영광의 차원 안에는 새로운 사업, 사역, 직업, 인간관계 그 외 수많은 아이디어가 있다. 하나님은 그 누구도 재정적·영적·정서적으로 실패하거나 파멸하는 것을 원치 않으신다. 그분의 갈망은 여러분 삶의 모든 영역에서 여러분을 세우고 성장시키는 것이다. 그분의 계획은 여러분이 세상에 축복이 될 수 있도록 여러분을 축복하는 것이다. 여러분 안에서 창조적 영광이 일어나게 하라.

우리는 음악을 만든다

아서 오쇼너시(Arthur O'Shaughnessy)가 1873년에 쓴 시의 한 구절로 이 책을 마무리하려 한다. 이 시는 창의적인 사람들의 마음과 영혼을 잘 담고 있으며, 여러분이 창조적 영광의 차원 안에서 나아갈 때 격려가 되기를 기도한다.

우리는 음악을 만드는 사람들이라네.
그리고 우리는 꿈을 꾼다네.

고독한 바다를 떠돌아다니며

황량한 시냇가에 앉은,

세상을 잃은 자들과 세상을 버린 자들,

그들 위에 창백한 달이 빛나네.

하지만 우리는 세상을 움직이고 흔드는 사람들이라네. 영원히.

죽음이 없는 멋진 노래로

우리는 세계의 위대한 도시들을 건설한다네.

그리고 멋진 이야기들로 제국의 영광을 만들지.

꿈을 가진 한 사람은 기쁨으로

나아가 왕관을 정복하고,

새 노래 가락을 가진 세 사람은

왕국을 짓밟을 수 있다네.

거짓말하는 시대와

땅에 묻힌 과거 속 우리는

우리의 한숨으로 니느웨를 세웠네.

그리고 우리의 환희로 바벨을 지었지.

그리고 예언으로 그것을 뒤엎었네.

새로운 세상의 가치 속 오래된 사람들에게

각 시대는 죽어가는 꿈이거나

혹은 곧 태어날 꿈이라네.[1)]

PART 1

1) "Vincent Van Gogh Quotes," Vincent Van Gogh, https://www.vincentvangogh.org/quotes.

2) "Leonard Knight and Salvation Mountain," 107th Cong., 2nd sess., Congressional Record 148 (May 15, 2002): S4383-84, https://www.congress.gov/crec/2002/05/15/CREC-200205-15-pt1-PgS4383-3.pdf.

3) For more information about Salvation Mountain, visit www.salvationmountain.us.

4) The photo on the back cover of this book and the photos on the chapter start pages were taken at Salvation Mountain. Please see copyright page for photo credit.

5) To learn more about Akiane Kramarik, see "About Akiane," Akiane Gallery, https://akiane.com/about/.

6) John Almaguer, "Artist Statement," http://www.almaguerglass.com/p/about.html.

7) "About Jasalyn," Jasalyn Thorne Photography, https://jasalynthornephotography.com/info.

8) Merriam-Webster.com Dictionary, s.v. "amplifier," https://www.merriam-webster.com/dictionary/amplifier.

9) A. W. Tozer, The Quotable Tozer, ed. James L. Snyder (Bloomington, MN: Bethany House Publishers, 2018), 170.

PART 2

1) The Big Pineapple tourist attraction has since reopened, but not before God did a mighty work there.

2) If you would like to be baptized in the Spirit and receive a heavenly prayer language, too, please see my book Power Portals. I encourage you to read it and participate in the activation provided on pages 57-60.

3) Frank Lewis Dyer and Thomas Commerford Martin, Edison: His Life and Inventions, vol. 2 (New York: Harper and Bros. 1910), 616.

4) This quote is often attributed to Albert Einstein.

5) Glenn Clark, The Man Who Talks with the Flowers: The Life Story of Dr. George Washington Carver (Saint Paul, MN: Macalester Park Publishing Company, Inc., 1939), 17.

6) Mary Bagley, "George Washington Carver: Biography, Inventions & Quotes," Live Science, December 6, 2013, https://www.livescience.com/41780-george-washington-carver.html; The Editors of Encyclopedia Britannica, "George Washington Carver," Britannica, https://www.britannica.com/biography/George-Washington-Carver;

7) Clark, 18.

8) "George Washington Carver," Britannica; Rachel Kaufman, "In Search of George Washington Carver's True Legacy," Smithsonian, February 21, 2019, https://www.smithsonianmag.com/history/search-george-washington-carvers-true-legacy-180971538/; Bagley, "George Washington Carver: Biography, Inventions & Quotes."

9) Clark, 12.

10) "George Washington Carver," Britannica; Gary R. Kremer and Carlynn Trout, "George Washington Carver," Historic Missourians, https://historicmissourians.shsmo.org/georgewashington-carver; Bagley, "George Washington Carver: Biography, Inventions & Quotes."

11) Bagley, "George Washington Carver: Biography, Inventions & Quotes." 21. "George Washington Carver," Britannica; "George Washington Carver: A WorldFamous Scientist, Inventor, and Educator," National Peanut Board, https://www.nationalpeanutboard.org/news/george-washington-carver.htm.

12) "George Washington Carver," Britannica; "George Washington Carver: A World-Famous Scientist, Inventor, and Educator," National Peanut Board, https://www.nationalpeanutboard.org/news/george-washington-carver.htm.

13) "The Legacy of Dr. George Washington Carver," Tuskegee University, https://www.tuskegee.edu/support-tu/george-washington-carver.

14) Bonita Bush, His Passion to Provide: Heavenly Deposits, Multiplication, and Reserves of Heaven(Maitland, FL: Xulon Press, 2021), 1. This excerpt has been edited for this publication.

15) Angelic Activations: A Scriptural Look at the Modern-Day Ministry of Angels (New Kensington, PA: Whitaker House), 24-25.

16) Don Stewart, "Who Is the Angel Gabriel?" Blue Letter Bible, https://www.blueletterbible.org/faq/don_stewart/don_stewart_25.cfm.

17) "Quotes of Michelangelo," Michelangelo, https://www.michelangelo.org/michelangeloquotes.jsp.

18) Strong's Exhaustive Concordance of the Bible, #H8314.

19) Strong's, #H3556.

20) The Merchant of Venice, Act 5, Scene 1.

21) For related words, please see https://www.pealim.com/dict/6934-zimra/.

PART 3

1) Lexico, s. v. "creative," https://www.lexico.com/en/definition/creative.

2) Lexico, s. v. "miracle," https://www.lexico.com/en/definition/miracle.

3) Ruth Ward Heflin, Golden Glory: The New Wave of Signs and Wonders (Hagerstown, MD: McDougal Publishing, 2012), 274.

4) For more in-depth revelation about God's power flowing through our hands, please see my book Power Portals (New Kensington, PA: Whitaker House, 2020).

5) "The Healing Power of Art: Can Hospital Collections Help?" NBC News, September 23, 2014, https://www.nbcnews.com/health/health-news/healing-power-art-can-hospitalcollections-help-n208966.

6) "Quotable Quote," Goodreads, https://www.goodreads.com/quotes/9696713-wherethe-spirit-does-not-work-with-the-hand-there.

7) Ruth Ward Heflin, Unifying Glory (Hagerstown, MD: McDougal Publishing, 2000), back cover.

8) Heflin, back cover.

9) Donavyn Coffey, "Why Does Christianity Have So Many Denominations?" LiveScience, February 27, 2021, https://www.livescience.com/christianity-denominations.html.

10) Winkey Pratney, "Winkey Pratney Quotes," Quote Fancy, https://quotefancy.com/winkie-pratney-quotes.

11) Lexico, s.v. "lifeline," https://www.lexico.com/definition/lifeline.

나가는 글

1) Arthur O'Shaughnessy, "Ode," Poetry Foundation, https://www.poetryfoundation.org/poems/54933/ode-.

CREATIVE GLORY

영화롭고 아름답게 할지니
(출애굽기 28:2)

Creative Glory: Embracing the Realm of Divine Expression

Copyright ⓒ Joshua Mills 2022

Originally published in English under the title: Creative Glory: Embracing the Realm of Divine Expression
Published by Whitaker House 1030 Hunt Valley Circle New Kensington, PA 1506 USA
All rights reserved.

Korean Translation Copyright ⓒ 2024 by Pure Nard, Seoul, Republic of Korea
This Korean edition was published by arrangement with Whitaker House.

이 책의 한국어판 저작권은 Whitaker House와의 독점 계약으로 순전한 나드에 있습니다.
저작권법에 의해 한국 내에서 보호받는 저작물이므로 무단 전재와 무단 복제를 금합니다.

창조적 영광

초판 발행 | 2025년 2월 10일

지 은 이 | 조슈아 밀즈
옮 긴 이 | 조슈아 김

펴 낸 이 | 허철
책임편집 | 김은옥
디 자 인 | 이보다나
총　　괄 | 허현숙
인 쇄 소 | (주)프리온

펴 낸 곳 | 도서출판 순전한 나드
등록번호 | 제2010-000128
주　　소 | 서울특별시 강남구 언주로69길 16, (역삼동) 2층
도서문의 | 02) 574-6702
팩　　스 | 02) 574-9704
홈페이지 | www.purenard.co.kr

ISBN 978-89-6237-356-1 03230